2018

年度黑龙江省社会科学学术著作出版资助项目

面向人的本真

——马克思劳动理论与阿伦特行动理论比较研究

王晓蓓 著

黑龙江人民出版社

图书在版编目(CIP)数据

面向人的本真:马克思劳动理论与阿伦特行动理论
比较研究/王晓蓓著. —哈尔滨:黑龙江人民出版社,
2018.8(2021.3重印)
ISBN 978 - 7 - 207 - 11471 - 6

Ⅰ.①面… Ⅱ.①王… Ⅲ.①马克思主义—劳动
价值论—研究 ②阿伦特(Arendt,Hannah 1906—1975)
—政治思想—研究 Ⅳ.①A811.66 ②D097.125

中国版本图书馆 CIP 数据核字(2018)第 190202 号

责任编辑: 常　松
封面设计: 佟　玉

面向人的本真

——马克思劳动理论与阿伦特行动理论比较研究

王晓蓓　著

出版发行 黑龙江人民出版社
地　　址 哈尔滨市南岗区宣庆小区 1 号楼
邮　　编 150008
网　　址 www. longpress. com
电子邮箱 hljrmcbs@ yeah. net
印　　刷 三河市华东印刷有限公司
开　　本 787 × 1092　1/16
印　　张 13
字　　数 225 千字
版　　次 2018 年 8 月第 1 版　2021 年 3 月第 2 次印刷
书　　号 ISBN 978 - 7 - 207 - 11471 - 6
定　　价 38.00 元

马克思与阿伦特:一种比较的新尝试

（代前言）

  本书尝试做了一次比较性研究,旨在提供一种新的思路或理论交锋:在同一个问题或几个问题面前,把两个思想家各自的主张和论证进行交换,从而形成一个对话空间,由这样的比较出发,我们可以重新勾勒出马克思与阿伦特各自的思想体系。本书的出发点不是要将两个人的思想一分高下,而是试图通过对马克思劳动理论、阿伦特行动理论的文本梳理,来尝试厘清二人思想上所对立的一部分,另一方面是想邀请所有人去思考和判断人在现时代的危机中的生存情况及如何维护其政治尊严。诚然,作者并没有将20世纪所有思想家对现代性危机的讨论做一个总结或提供一个解决方法、路径,而是选取了两个相差近百年的思想家,讨论他们在直面危机时提出的两种不同主张。虽然不能给出明确的解决方案,但是他们对西方政治哲学传统的批判态度、对"政治"本真状态的消失的遗憾都让作者找到了可以将这两个人的思想进行比较的理由。

  本书通过政治哲学的双重维度,即"政治的哲学"维度和"哲学的政治"维度来对马克思劳动理论和阿伦特行动理论进行比较分析,从马克思和阿伦特分别选择劳动和行动作为自己哲学的阿基米德点的时候,就决定了二者哲学实践目标的不同、实践路径的不同。马克思把劳动作为范式,通过对现代资本主义社会异化形式的批判,来实现全人类的救赎和解放;阿伦特把行动作为始点,通过对政治和德性的拯救,来实现人与世界的和解。

  从二者的哲学目标和哲学实现路径我们可以看到,阿伦特所坚持的并非是根本的方法,而是对现代性方向的一种修正而已,她认为政治行动才是可以获得人的本真存在的方式,人的最终理想目标是实现自由,阿伦特主张我们应该回到古典共和的城邦政治生活中去寻找归家之路。与阿伦特不同的是,马克思创建了一种救赎的"政治",一种解放的"政治",一种普世的"政治",马克思哲学所提出的这种"政治"解决之路是一条根本的超越之路。

目 录

绪　　论

近些年来,随着"哲学的政治学转向",对政治制度和人的生活方式一直保持关注的"政治哲学"正在重新兴起,以至于"哲学"发生了政治哲学转向,政治哲学在今天尤为重要。而作为"最具争议性的人物"的马克思和"不断卷起种种思想漩涡"的阿伦特,二者的哲学思想和著作及其相互关系,以及他们对哲学与政治之间张力的关注、对现代性的批判、对哲学和政治实现的不同路径、对古希腊城邦的憧憬都让人们不得不把他们放在一起进行审视。在一定意义上,当前对马克思与阿伦特哲学的比较研究正在直接影响着国内当代政治哲学的兴起和发展。

一直以来政治哲学并非在统一的意义上被人们所使用,从概念的构成角度来看政治哲学(political philosophy),首先我们可以肯定的是政治哲学是哲学而不是科学;其次对政治哲学的界定实际上是对政治与哲学之间的关系的阐述,这也是理解和掌握政治哲学的关键问题。在面对政治哲学被泛用的情况下,我们有必要在正式探讨马克思劳动理论与阿伦特行动理论之前来厘清本书所涉及的政治哲学的向度、哲学与政治概念的使用维度等问题。

按照处理政治问题的方式不同以及对政治哲学的研究侧重点不同,我们可以对政治哲学进行划分,把它以"政治的哲学"和"哲学的政治"两个维度来考察。①在这一维度中以"哲学"的处理方式为主,以"政治"作为研究主题,而政治哲学就被理解为关注政治和人类事务的"哲学"。"政治哲学"维度始于苏格拉底,形成于柏拉图和亚里士多德,至此哲学的关注点从自然本性转向了人类自身的德行。这次哲学向政治哲学的转向实际上体现的是其"理论理性"的维度,也就是马克思所提到的"解释世界"的维度。所以我们可以说,政治哲学的本质是"哲学"而不是"政治科学",它也不是哲学的一个分支或某一个领域,政治哲学就是哲学本身,它

---

① 施特劳斯.柏拉图式政治哲学研究[M].张缨,等,译.北京:华夏出版社,2012:25.

是哲学自身的一种特殊转向,是一种对事物观看方向和批判方式的转变,"这种转变为哲学在整全中奠定了一种分别"①。

"哲学的政治"维度是指哲学的问题用一种政治的方式来处理,即用一种政治的(political)或审慎的(politic)方式对整体自然包括作为自然的一部分的人的哲学研究,在这一维度下,"哲学"成为研究主题,而"政治"则成为处理方式。作为"哲学的政治"维度区别于从马基雅维利开始的、关注政制的实证性政治科学,在本书中所提到的"哲学的政治"是指用现实"政治—实践"的方式来处理最根本的人类事务,它体现的是政治哲学"实践理性"的维度,即马克思提出的"改变世界"。在这一维度上,政治哲学体现的不是表现现实而是批判现实,不是反映现实而是超越现实。

对政治哲学做这样两个维度的界定可以深刻地揭示和说明政治哲学的内涵,即内在哲学与政治的关系问题,本书也是在这样两个维度下对马克思劳动理论与阿伦特行动理论展开比较研究的。

一、研究的目的和意义

经历了西方启蒙运动、工业革命和科学技术之后,人们沐浴在理性主义所带来的自由之光之时,"现代"进入了我们的视界。20世纪的历史向我们证明了这样一个事实,原本人类在享受物质文明高度发展的同时也应该感受到与之相对应的精神文明的设想已经破灭,科学的进步并没有带来道德感的提升,相反人类被自我不停地拉回到黑暗、迷信和野蛮的状态中。在现代社会中,现代人应该体会到的自由和幸福的感觉迟迟未曾来到,我们的内心一直被孤独、恐惧、不安所深深地束缚。面对如此处境我们不仅要质疑:缘何如此? 自20世纪以来哲学家就无法回避现代给我们带来的危机问题,这是时代对我们的提问,也是时代给予我们的重负。

人在这个世界上最重要的维度是政治维度,"政治"的衰落成为现代性哲学的主要问题,而现代性政治问题又是现代性危机的起源,所以要想解决现代性的危机首先就要拯救现代性政治所面临的困境,即如何对待"政治"的问题。汉娜·阿伦特就是其中的典型代表,之所以选取马克思与其进行比较研究,不仅是在她的背后始终有一个"巍然耸立的马克思形象",更是因为二者对现代性问题的批判、对人

---

① 迈尔.政治哲学与启示宗教的挑战[M].余明锋,译.北京:华夏出版社,2014:1.

的本质性生活范式的关注,以及对弥合哲学与政治之间裂痕的渴望,这些对于现实的共同关注让二者有了可以进行比较研究的基础。

作为19世纪和20世纪两位最激烈批判资本主义和最关心人类生存境况而追求人的自由和解放的哲学家,"改变世界"的马克思与"爱这个世界"的阿伦特都主张回到古希腊"城邦"中来寻求拯救西方现代性的危机的钥匙。正如阿伦特所言:"一解读马克思就发现不把政治哲学的所有传统放入自己的视野,就不能探讨他。"实际上,阿伦特对解读马克思的这个体会和说法,同样也适用于她自己。要想理解和把握马克思和阿伦特这两位19世纪和20世纪最伟大的哲学思想家,我们就必须把二者放到西方政治哲学传统这一"纵"的思想史中,再将他们放到当代政治哲学视野这一"横"的问题域中,才能在这一"纵横交错"中挖掘、揭示和对比出马克思和阿伦特各自政治哲学的不同理论特性及其相关理论诉求。也正是通过这一比较研究,我们方能既借鉴阿伦特的政治哲学来反观和透视马克思的政治哲学,以此还原、澄清和凸显马克思哲学的政治实现路径;又可以借助马克思的政治哲学来反观和透视阿伦特的政治哲学,以此来理解、阐释和彰显阿伦特政治的哲学实现路径。

在整个漫长的政治哲学史上,如何看待和处理"哲学与政治"的关系问题一直是政治哲学不变的主题。在此意义上,"哲学与政治"的关系问题也是马克思和阿伦特政治哲学都关注的主题。二者都认为造成现代政治哲学困境的原因在于哲学与政治之间的分裂,所以抓住"哲学与政治"的关系问题,既是解决现代政治哲学危机的关键,也是把握马克思和阿伦特相容之维的入口。

那么为什么选取马克思的劳动理论与阿伦特的行动理论作为比较点呢?那是因为"劳动"和行动的选取证明了马克思与阿伦特对于解决现代政治哲学危机所要实现目标及实践路径的不同。尤其是阿伦特的晚期思想,区别于早期她一直强调积极生活的重要性,这时,她指出了思(判断)于行的重要意义以及与建设公共领域的关系,她指出最终我们必须回到哲学中来寻求政治本真含义。这也为本书提供了更加有力的证明,马克思与阿伦特在相同的问题域中选取的哲学基点不同,关切的方向不同,切入的角度不同,最终导致了两个人哲学实现目标和理想的不同。

首先是实践目标的不同。马克思面临的问题是"资本具有独立性和个性,而活动着的个人却没有独立性和个性",因此他的任务是通过无产阶级"革命",消灭导致不合理的雇佣劳动的"资本主义私有制"来"改变世界",进而实现人自由个性的全面发展;而阿伦特面临的问题是垄断资本主义之"黑暗时代"人遭受极权主义的意识形态恐怖和大屠杀的"生存境况",因此她的任务是重新反思"政治的本质",希望通过"回归本真政治"来重建人类自由言说和行动的"公共政治空间"而"爱这个世界"。虽然,马克思和阿伦特面临着资本主义时代一个共同的人类性问题:个人受到"抽象"的统治。而这一"抽象",在马克思那里是资本对劳动的奴役和支配,在阿伦特那里是纳粹极权主义对人的意识形态的统治和大屠杀。面对这一问题,马克思为了摆脱这一困境"在批判旧世界中发现新世界"追求人的自由全面的发展、以人类解放为核心的社会共同体,选取的是"改变世界"的"超越政治"之路;而阿伦特为了摆脱这一困境,她带着对古希腊政治的美好憧憬呼吁人们重新重视政治自由问题,重建并维护公共领域的政治生活,她选取的是"携着传统工具面对未来"的"爱这个世界"的"回归政治"之路。

其次是实践路径的不同。对于这两种实践路径我们可以看作是政治哲学的两个不同维度,即"哲学的政治实现"及"政治的哲学实现"。在一定意义上,西方政治哲学的传统正是从古典的"政治的哲学实现"到近代的"哲学的政治实现"的转变和发展。马克思和阿伦特对于自柏拉图始到黑格尔以来的整个西方政治哲学传统都做出了相似的正确判断:马克思认为西方政治哲学传统"只是"在用不同的方式来"解释世界",而从未正视问题本身,解决问题的关键在于"改变世界",其实质是"理论"优先于"实践";而阿伦特则强调西方政治思想传统是以"哲学"来规范和引导"政治",即"沉思生活"高于"行动生活"。在此意义上,西方政治哲学从古典到近代的发展和演进,可以说都是"遗忘"和背离了政治哲学本义即"言说和行动"的传统的。所以,马克思和阿伦特最终反对的是用抽象思辨的理论哲学的方式来处理政治事务,而主张用现实"政治—实践"的方式处理哲学事务。只不过阿伦特主张回归和重建前苏格拉底哲学本真的"城邦政治",而马克思则主张彻底批判和超越西方政治哲学传统。

具体来讲,对于马克思劳动理论与阿伦特行动理论的比较研究有以下几点意义:

(一)为现代性危机提供途径指引

马克思与阿伦特都认为现代性危机的形成因素在于现代政治哲学遇到了困

境,而这一困境早在自古希腊开始的西方政治哲学传统形成之初,即"哲学"与"政治"的分裂时就被预示了。因此,马克思劳动理论和阿伦特行动理论的研究重点在于回到西方政治哲学开端中来厘清"哲学"与"政治"之间的内在关系,二者分别以劳动概念和行动概念作为理解西方政治哲学形态嬗变过程的钥匙,以哲学家对于劳动和行动的不同态度为切入点,考察了劳动和行动在西方哲学史上的演变过程。马克思与阿伦特通过对这一问题的深刻考察都分别建立了一个庞大的历史视角,对自古希腊、雅典城邦、古罗马至 18 世纪和 19 世纪的西方政治形态进行了分析和批判。二者对这一问题的考察作为理解现代性政治危机所带来灾难的基础,并在这种研究之中构建起自己的政治哲学。尽管两位哲学家都已经离我们很远,但是他们所描述的现代性政治危机依然存在于我们周围。现代性政治危机表现为人的本质的生活方式、政治本身的尊严遭到了严重遮蔽,人的本真状态被整体性地消解,剩下的只有形如动物般的、作为为了生存需要的必然性的存在。

马克思与阿伦特认为现代性政治危机的根源正是对"政治"本真状态的遗忘与遮蔽。我们从马克思对于劳动概念以及阿伦特对于行动概念的考察中把西方政治形态变化的细节清晰地整理出来,并厘清现代性政治危机的根源所在。只有把现代性危机根源进行梳理后才能开展有针对性、有力量的哲学批判。同时,对马克思劳动理论、阿伦特行动理论的研究是为了给最终实现现代性危机的化解构建一定的理论基础并提供思考路径。

(二)探讨实践哲学的政治意蕴:深化实践哲学研究的重要方向

本书所讨论的政治哲学不是作为一种政治意见、政治蓝图及政治信念的意义来使用的,而是作为哲学自身的一种特殊转向,它是一种对事物观看方向和批判方式的转变,这种转变为哲学在整全中奠定了一种新的分别方法。政治哲学就是一种实践哲学,或者说,它用"政治—实践"的方式来处理最根本的人类事务。

亚里士多德在《尼各马可伦理学》中指出,人的活动应该分成三种类别,即理论活动、实践活动和技术活动,其中"实践活动"区别于其他两种活动,它既不是一种把永恒事物作为对象的理论活动,也不是为了实现自身之外目的的技术活动,"实践活动"是一种以自身为目的的活动,它主要是关于人的伦理道德行为和政治行为的活动。伦理与政治作为其核心内容,一直以"究竟什么是善的生活"和"如何通达善的生活"作为其中心问题,实践哲学主要讨论的是人应该以何种方式来处理人与人之间、人与社会之间的关系从而过上自由的政治生活,它以实现人的真实的本质为其哲学任务,亚里士多德的实践哲学带有一种明显的政治意蕴。

马克思的劳动理论与阿伦特的行动理论都隐含着一种对希腊城邦精神的向往,所以他们的哲学无论是所要处理的问题还是基本的思想旨趣都有着一种前古希腊"政治实践"的意味,他们所要回答的核心问题是如何通过劳动、行动这种实践活动对与人本性不相符的社会政治关系的改造,让所有人都能生活在一个自由的社会生活共同体中并实现真正的自由,并建立一个"自由人的联合体"或恢复公共领域,这构成了马克思和阿伦特哲学的核心内容和根本旨趣。

马克思的劳动理论与阿伦特的行动理论无论是提出的背景还是所要处理的现实问题,无论是对"政治实践"的理解还是对"善的生活"的重新阐释,他们的理论观点都与以往的哲学有着明显的区别,二者的比较研究使得他们的理论思想呈现出了一种实践的意蕴。

(三)推进马克思实践哲学现代研究的解释学意义

马克思和阿伦特坚持用现实的"政治—实践"的方式处理最根本的人类事务的方式。所以,我们可以说马克思劳动理论与阿伦特行动理论的比较研究推进了马克思实践哲学现代研究。

阿伦特对马克思的政治哲学思想有着浓厚的研究兴趣,在她的背后有个"巍然耸立的马克思形象",马克思给予了阿伦特以"怀疑一切"的"批判"精神。在某种程度上可以说,阿伦特把自己的哲学思想置于同马克思主义相比较的过程中,把马克思当作一个"坐标轴",以此来锤炼自己的思想。这样就为我们将马克思和阿伦特进行比较并通过阿伦特来反观和透视马克思提供了条件和可能。

阿伦特认为马克思以"哲学家们只是用不同的方式解释世界,问题在于改变世界"①的命题终结了西方政治哲学传统。她认为,马克思的理论思想不仅是对西方政治哲学的简单终结,它自身也有一种连接传统与现代的特质。正如德里达所说,我们需要以一种超越者的方式来阅读和讨论马克思,因为在他的文本中蕴藏着能够不断被阐释的巨大宝藏。② 从马克思的这一命题中我们就可以看到他对传统哲

---

① 马克思,恩格斯.马克思恩格斯选集:第一卷[M].中共中央马克思恩格斯列宁斯大林著作编译局,编译.北京:人民出版社,1995:57.

② 德里达.马克思的幽灵:债务国家、哀悼活动和新国际[M].何一,译.北京:中国人民大学出版社,1999:21.

学批判的果敢,可以说马克思的劳动理论绝不是在社会政治经济领域中对现实问题进行的批判,他是在整个哲学的意义上推进了一个新时代的来临。同时,我们应该注意到,马克思提出对传统的终结指的是在现实中"理论理性"已经无法为人类解释政治事务提供有效的理论依据,而并非是对整个哲学问题的终结。相反,马克思认为哲学是没有,也不可能被终结的,哲学只是在自身之中发生了政治哲学"转向",它从关注自然回到了关注人自身,而关注人自身的哲学就是一种实践哲学。所以我们说,政治哲学是一种实践哲学,它的实践过程是"人类趋向于共产主义的现实的历史运动",它是以哲学的形式来对现实中历史运动的具体描述。从某一方面来说,阿伦特的行动理论是从不同于以往的哲学角度来重新理解马克思,它成为后马克思时代实践哲学的重要理论组成部分。因此,我们可以从马克思劳动理论与阿伦特行动理论的比较研究中发现马克思哲学在当代语境中的生命力。

二、国内外相关文献综述

(一)国内学者对马克思劳动理论与阿伦特行动理论的研究成果

劳动范畴作为马克思哲学的基础和核心概念,它指的是人与自然之间的一种持续的物质变换活动。结合国内外相关研究成果,我们集中对这些问题进行简要剖析,以大致勾勒出国内外关于这一问题研究的历史与现状。

1. 国内学者对马克思劳动理论的研究

(1)从总体角度论述劳动

徐长福教授在《劳动的实践化和实践的生产化》一文中指出,马克思的实践哲学是对亚里士多德实践哲学传统的继承和转化。亚里士多德的实践哲学通过实现目的在自身之内还是在自身之外把人类的知识和活动进行了分类,即理论、实践和创制。其中理论和实践是以实现自身目的活动,而创制则是以实现自身之外目的,把自身作为手段的活动。马克思把亚里士多德关于活动的三种分类结合起来并形成了自己独特的劳动理论,马克思通过劳动与实践的结合,把劳动自身当中的生产性作为人的全部生命活动来理解,人的本质就是劳动实践的过程,人通过劳动实践来形成自身以及形成人类的历史;另一方面,马克思认为劳动的本质就是实践的目的性,劳动从实现手段变为实现目的就是历史运动自身的价值指向,通过劳动来理解人类解放、实现人的自由全面的发展这本身就具有一种本体论的意蕴。马克思的劳动理论不是对西方传统哲学的一次断裂式的革命,而是对亚里士多德所开创的实践哲学传统的一种综合式的创新。

丁立群教授在《哲学·实践与终极关怀》一书中,也从总体上论述过劳动的问题。他认为唯心辩证法和现行的辩证法二者形成了一个怪圈,本身自身内的辩证法精神,即变动性、超越性和非原则性都成为限制自身的根本原则和规律,这种怪圈的根源在于人类本性中自然与精神、个体与类、理想与现实、理性与非理性,也即主客观的内在冲突。制造和使用工具的劳动实践,使人的精神从动物界超升出来,主观性从客观性中分离出来,理想与现实分裂开来,使之成为内蕴于劳动实践过程中的两极性。这样,就使人自身内蕴了动物性和神性的矛盾,普遍与个别的对立,成为人类存在的最根本的本体论困境。由此,一元化的世界分裂成二元化的世界,这给人类自身、社会及历史内部带来了根本性的分裂,它使得个人与群体之间、个人与社会之间充满了冲突。在现代社会里,人的主观性被挤压到一个极其狭小的空间里,不仅人与自然极度对立,人与人也极度对立;现代人进入了总体的、全面的异化状态,只有扬弃这种异化,才能使人得到自由和解放。类自由本质上是人以类的形式对自然的超越,个体自由归根到底取决于对社会和历史之总体异化的克服。在人类劳动实践中产生的异化,最终也要通过劳动实践加以扬弃。扬弃私有制和不自愿的分工,使人得以全面发展,个人利益和公共利益真正统一起来,使个人与社会的矛盾得到解决,人类以统一主体的形式去超越自然,由必然王国进入自由王国。这种人类自我原始的统一到分裂的过程又通过劳动实践的方式被再次统一在一起,辩证法的否定之否定使其成为具有批判精神和革命精神的哲学,为人类自由解放提供了丰富的理论资源。这些论述,从哲学人类学的视界,在对人自身的分裂和弥合的分析中,实际上言说了劳动的分裂与弥合的历史辩证法,因为劳动是人的存在方式;二者各自的分裂与弥合,是同一过程的两个方面。因此,这些论述对于正确理解马克思的劳动范畴,无疑是重要的思想资源。

吴晓明教授认为马克思的劳动理论是从黑格尔对于劳动的批判中展开的。马克思从黑格尔的《精神现象学》出发,对黑格尔辩证法中劳动的主体进行了批判性的考察,他认为黑格尔不是从经济学角度,也不是从方法论角度来对劳动问题进行考察,而是从存在论的角度对劳动问题进行了深刻的批判。所以我们通过确定这点可以得出结论:马克思对黑格尔劳动问题的考察也不在经济学范围内,所以关于马克思劳动概念是从经济学性质来理解的观点是对其劳动理论的一种误解,马克思的劳动理论是在哲学的层面上对劳动的重新理解和查实,它认为劳动是一种存在论意义上的"对象性活动"。

冯溪屏教授在《马克思哲学是劳动哲学》中对马克思的劳动概念是马克思劳动理论的核心概念和重要突破口进行了详细阐述。他认为马克思的劳动理论体现出了一种生存论,劳动是人的自由自觉的活动,劳动是实践的最基本形式。正是通过对劳动问题的深刻分析和考察,马克思才发展出了具有自己独特的生存论意蕴的实践哲学,实现了哲学的根本性转向,从而创立了马克思主义理论体系。

唐正东教授则对某些学者对马克思劳动理论误读的现象进行了分析,他指出,马克思的劳动理论是马克思通过用劳动作为原型对资本主义社会的经济现实情况进行了分析从中发现了资本主义私有制是现代性异化现象的根源,这不是把劳动放在经济学范围内进行理解,也不是简单地把劳动作为现代性危机的根源来阐释,马克思是把劳动概念放置在整个现实的历史社会关系中进行考察,从而构建了以劳动解放为基础的人类全面自由发展的伟大理想。

(2)关于异化劳动理论

张奎良教授在《马克思的哲学思想及其当代意义》中详细阐述了马克思异化劳动理论。他把异化劳动放置在整个近代哲学中来进行考察,首先指出了异化概念在不同哲学家思想中的含义变化,以及通过这种变化可以分析出劳动概念的逻辑发展轨迹,这说明了现代资本主义社会中的异化劳动现象不是突然在这个时代出现的而是有一定的历史根源性。他强调指出,马克思不仅在早期著作中使用异化和异化劳动的概念,而且在思想成熟时期的著作《政治经济学批判》和《资本论》中也使用异化概念来进行理论分析,异化劳动概念是对资本主义生产方式内在矛盾的理论表达,异化劳动的主体是苦难深重的无产阶级,扬弃异化劳动与无产阶级的解放是一回事。异化劳动概念在马克思哲学形成中起了巨大的作用,是马克思建立自己的独立学说的开端,它吸纳了深厚的历史和经济的实在内容;奠定了马克思哲学研究的正确方向,推动了他的共产主义观点的形成,对马克思哲学的产生起了奠基作用。由此就否定了那种认为马克思的异化劳动思想是黑格尔思辨哲学的残余的观点。同时,他追寻着马克思在不同时期的著作中,用异化概念揭示资本主义社会关系的不同的侧重点,深入分析了马克思在经济学研究的拓展中,制定新的概念和范畴来对异化劳动进行剖析,阐述分工、私有制与异化劳动的关系,并在剩余价值、商品拜物教、生产关系、阶级斗争、社会革命等一系列崭新的科学概念中,对异化劳动不同层面上的表现形式做了最深刻的揭示。在以上的分析中,实际上已经指出了马克思把人的内在自然在资本主义私有制条件下的表现形态——异化劳动,作为分析资本的逻辑展开的基本依据,以及阶级斗争和社会革命在劳动中内蕴的根源。这就为我们正确地理解马克思的劳动范畴,从一个重要的方面提供了基本的思路。

王德峰教授在《论异化劳动学说对于历史唯物主义的奠基意义》一文中对马克思的异化劳动与历史唯物主义之间的关系问题进行了详细论述,他认为我们可以在同一性的角度来理解马克思异化劳动该理论和历史唯物主义之间的关系。在国民经济学家对劳动问题进行了考察的基础上马克思提出了自己的异化劳动理论,他在以劳动为原型对资本主义社会异化劳动现象进行批判时发现了资本主义私有制是所有异化的根源。马克思的劳动理论摆脱了传统形而上学的束缚,他对人的生存本质问题的探讨使得他具有一种现象学人学的特质,而这一探讨也使得我们洞见了人的历史感性活动,即劳动是人的自由自觉的本质活动。

2. 国内学者对阿伦特行动理论的研究

20 世纪 90 年代国内开始了对阿伦特理论的研究,进入到 21 世纪至今的 10 多年间对阿伦特的研究在不断深入。在这 10 余年间里,她的哲学思想变得越来越重要,汉娜·阿伦特成为哲学领域里的一个新"热点",现仅从几个方面对这一研究领域当前的成果做概略性的回顾。

80 年代,一般在德国哲学或西方哲学的概述中可以看到对阿伦特的基本介绍,1994 年张慎在《国外社会科学》发表了一篇关于阿伦特的文章《实践先于理论,行动先于思维》,文章中她对阿伦特做了详细的介绍,包括生平及主要著作。随后有很多学者包括张汝伦、陈嘉映等都相继发表了关于介绍阿伦特思想的文章,这时我们逐渐进入了对阿伦特不断成熟的研究阶段。

在 2005 年前后阿伦特的著作被大量翻译,同时出现了多篇关于阿伦特理论的优秀硕博论文,可以说国内对于阿伦特的研究状况已经涵盖了其主要领域,如判断问题、公共领域问题以及与马克思思想进行比较研究等等。这些研究在吸收国外先进理论成果的同时也做出了自己独创性的理解,研究者们反映了目前在世界范围内阿伦特研究的主要方向和潮流。

国内学者王寅丽在《汉娜·阿伦特:在哲学与政治之间》一文中以政治与哲学的分裂作为研究阿伦特哲学的研究起点,她认为政治与哲学之间始终存在着一种紧张关系,而阿伦特的哲学就是力图弥合这种分裂。而陈伟在《阿伦特的极权主义研究》中以及杨仁忠在《阿伦特公共领域理论的提出及其宪政意义》中则都论述了极权主义的本质、起源、实践以及阿伦特极权主义研究的基本逻辑。

我们发现,有关汉娜·阿伦特的行动观的解读基本都是以阿伦特的《人的条件》一书为主要文本依据,比如浦永春的《汉娜·阿伦特的哲学之思》一文中论述了阿伦特从亚里士多德那里借鉴了对于人活动和生活的区分,她把人的生活区分为积极的生活(vita activa)和沉思的生活(vita contemplativa),而积极生活又被分为"劳动""工作"和"行动"三种活动,并与沉思生活的三种能力"思维""意欲""判断"对应起来进行比较,论述了阿伦特行动的哲学之思。① 赵萍丽的《"行动"与积极生活——解读阿伦特的〈人的条件〉》,分析了阿伦特"公共领域"的提出及背景后,着重论述了公共领域中"行动"的特性:无限性,不可预见性和不可逆性,接着论述了"行动"作为一种带着开创意义的活动的潜能,是一种为现代社会所必需的条件,但是它正在逐步地消逝,而阿伦特为了拯救行动的意义提出了自己独到的见解和补救措施。② 陈高华的《行动、自由与公共领域——论阿伦特的政治观》,则论述了行动作为政治的活动,与言说和自由密不可分,存在于公共领域。行动是最具政治性的活动,唯有行动才使人成为政治的存在,它更集中地凝聚了积极生活原初的政治含义。③ 陈海平在《公共领域与人的自由——汉娜·阿伦特的积极公民观及其启示》中详细论述了阿伦特积极的公民观,同时也对其行动观稍加介绍,阿伦特的《人的条件》把人的活动划分为"劳动""制作""行动"。阿伦特认为只有在公共领域中的政治活动才是人的本质性活动,人在公共领域中展现自身是人的存在条件,她认为"行动"的地位要比"劳动"和"制作"高。行动与劳动和制作不同,它的目的在自身之中,行动是人与人之间的不需要任何中介的直接交往活动,阿伦特认为"行动"是人的真正存在形式,只有这种活动形式才能体现人的自由本质,才

---

① 浦永春.汉娜·阿伦特的哲学之思[J].浙江学刊,2005(6):59.

② 赵萍丽."行动"与积极生活——解读阿伦特的《人的条件》[J].中共浙江省委党校学报,2006(3):51－52.

③ 陈高华.行动、自由与公共领域——论阿伦特的政治观[J].学术研究,2008(11):39－40.

能让人更像人。

(二)国外学者对马克思劳动理论与阿伦特行动理论的研究成果

1. 国外学者对马克思劳动理论的研究

恩格斯认为理解人类社会历史的钥匙就隐藏在劳动的发展过程之中,这一点充分说明了劳动在人类历史生活中的重要性。

卢卡奇在《历史与阶级意识》中试图对劳动进行区分,他把劳动与"一种内容广泛的实践"相比较从而使得劳动成为哲学的基础,这对后来的实践哲学产生了重要的影响。在后来的《关于社会存在的本体论》中卢卡奇改变了自己之前的致思路向,劳动的过程成为社会实践的原型,它作为社会价值的范畴展示出了社会存在的根本基础所在。他认为,马克思把劳动作为社会存在本体论的基础,这是哲学史上第一次用经济范畴表现为人类生活的生产和再生产的范畴,这样才使在唯物主义的基础上对社会存在进行本体论阐述成为一种可能,而这种本体论正是马克思主义的真正的哲学基础。劳动在马克思哲学是作为一种中心范畴而存在的,劳动的所有规定都被概括性地表现出来:一方面,人在劳动中既作用于外在自然同时也改变着他自身的自然;另一方面,劳动使外部自然转为人化自然以成为对人"有用的",这成为一个"目的论"的过程。马克思把劳动作为唯一可以从本体论上证明的目的论设定的要素,他把目的论的概念设定在劳动之中,即物质的现实要素,劳动的这种目的论本质使社会存在具有了可能性。在该书的第二部分,卢卡奇专门论述了劳动目的论的本体论意义。劳动自身带有目的论的设定必然会引起在再生产过程中新的目的的设定,直至形成一个综合性的整体,社会就是这样一个特殊连续性的存在。除此以外,他批判了自己青年时期没有明确把对象化和异化分开的观点,在这里对对象化和异化做了严格的区分,他认为马克思对黑格尔的异化进行了扬弃,确定了对象性是与客观存在具有无法脱离的特性,而不是设定思维本身的产物,所以在本体论上它属于第一性。虽然卢卡奇对劳动的定位是作为社会存在本体论的基础,但是仍不可避免地表现出了一定的物质本体论的倾向,而且他也未能把握马克思哲学劳动范畴的全部内涵,没有看到马克思是从批判的角度来阐述价值范畴是对人的内在自然的言说,所以对外化劳动和异化劳动没有进行完全区分,并且没有深刻认识到马克思的劳动是具有二维结构的,即关于劳动自身内蕴的矛盾运动的理论,所以也就未能揭示出马克思劳动理论中的超越维度,即追求人的自由存在方式。但是，卢卡奇对马克思劳动的阐述尤其是他晚年对马克思理论的理解为我们研究马克思劳动理论提供了宝贵的思想资料和理论基础。

马尔库塞在《现代文明与人的困境》中就劳动问题进行了详细阐述，在哲学内讨论劳动问题要区别于经济学意义上的劳动，与经济学对劳动概念关注的目的不同，哲学对劳动问题的关注归根结底是为了研究人的生存状态，也就是说当劳动进入哲学领域时它就获得了本体的意义。人仅仅作为一个自然有机的生物是不够的，它应该是一种此在的实践。当我们只把劳动放在经济层面中进行理解时，它只是作为一种"需求"概念来揭示物质生产的过程以及人与物之间的需求关系。

劳动的真实面貌是无法在经济学中体现的，因为经济学只是把劳动解释为一种物质生产和物质再生产的过程，通过劳动过程来解释物质财富的产生和积累，把劳动的本质定义为是一种为了满足人的基本生存需要的活动。但是马克思对于劳动的理解具有超越现实的意味，他认为劳动就是人自身所具有的一种超越现实世界的能力，劳动的本质就是人对现实的超越性。

肖恩·塞耶斯在《马克思主义与人性》中指出，马克思把劳动作为人的最基本、最重要的活动来理解。因为首先它是人类存在的第一前提，人首先要维持自身的生存所以需要生产满足维持生存所需要的物质产品，这一点必须通过劳动来完成，而在这一过程中人发展了自身。或者说正是依靠劳动的过程人超越了自身的自然性成为一种社会性的动物。所以我们对于劳动应该报以一种积极的态度，而不是仅仅把它看作是人类生活中给人们带来痛苦和消极的活动，相反，正是通过劳动人才能自我发展、自我实现。只有真正理解人在劳动过程中产生了对于物质的需求以及人必须经过劳动生产来获得一种满足这一点，才能真正地理解异化现象，异化现象给我们带来的不仅是人有在劳动中获得满足的需要，同时它还表明我们不仅仅是一个被动的消费者还是一个积极主动的创造者。马克思认为，作为维持人类生存的必要活动，劳动是人类的最基本和必需的活动，人在劳动的过程中可以进行自由的自我实现。

除此以外还有一些学者认为马克思的异化劳动理论在其对资本主义经济分析中被摒弃了。但是其他一些学者对这样的观点进行了批判，他们认为马克思的异化劳动理论为其后来的历史唯物主义建构以及对现代性问题的批判都提供了有力的理论基础。海德格尔认为，马克思的异化劳动理论的提出正是因为他进入了现实历史的本质中才发现了异化现象及其渊源,他指出现象学和存在主义远远没有达到马克思哲学的理论高度,因为胡塞尔和萨特谁都没有真正地理解异化现象的本质。海德格尔认为,正是因为马克思通过资本主义社会现实的批判才发现了异化理论,而这一发现使得马克思哲学达到了其他哲学都无法达到的高度,如果不能理解异化劳动观,就无法真正理解马克思对于劳动自相矛盾运动的解释,这样异化劳动就容易变成一种非历史性的、自由而有意识的活动的异化。阿尔都塞就是这样看待马克思的异化劳动的,他认为"既然人的异化产生历史和人,那么这一异化就意味着有一种先于人而存在的确定本质"①。无独有偶,施密特同样认为马克思后来的理论思想中放弃了对异化劳动理论的继续研究,并且在中晚期的著作中对其之前的思想进行了自我批判。施密特说:"纵然马克思在《宣言》中嘲笑所谓'外化'与'实现人的本质'这样的表述,但这些都不过是他在以前的'巴黎手稿'中自己所使用过的。"②正是施密特等学者对马克思异化理论的错误理解才引起了对马克思研究的一些误导。

同样对马克思异化理论有误解的学者还有广松涉,他在《物象化论的构图》中对马克思的异化理论进行了批判。他认为马克思的异化理论是对黑格尔神学架构的翻版,马克思的异化理论是用类的本质来替代了黑格尔辩证法中的绝对观念,但是为了说明存在异化现象马克思首先预设了人未被异化的本真存在,然后通过对异化的人进行扬弃从而恢复了人的本真存在,这是一个 A→B→C,即本真的人→人的异化→回到人的本真的过程。从广松涉对马克思异化劳动理论的解读中我们可以看到,只有把人类的本质力量作为一种本真存在,才能将那些把劳动视为谋生活动而不是人的自由自觉的活动的人视为异化非本真的存在,只有这样才能真正地理解马克思的异化劳动理论。

综上所述,国内外学者对马克思劳动理论都有着较深入的研究并都提出了自己独特的理论观点,这些研究基本涵盖了马克思劳动理论可以阐发出的所有角度,但是这些研究仍然具有一定的理论局限性。可以说,马克思的劳动理论经历了一个复杂而漫长的思想形成过程,它是马克思哲学思想与资本主义社会经济现况分析相结合的产物。在马克思劳动理论的文本解读过程中,我们应该从整体的

---

① 阿尔都塞.保卫马克思[M].顾良,译.北京:商务印书馆,2006:221.
② 施密特.马克思的自然概念[M].欧力同,等,译.北京:商务印书馆,1988:137-138.

角度来把握马克思的思想,尤其是注意到马克思早期著作与中晚期著作之间的内在联系,而不是仅仅站在马克思中晚期的批判意识和价值尺度来对前期理论思想进行完全的否定和抛弃,这样就很难把握马克思劳动理论形成发展过程中的内在逻辑和思路。比如,对《1844 年经济学哲学手稿》中劳动概念的分析,我们不应该只看到马克思受到了费尔巴哈人本主义思想的影响而忽略了他对"对象性"活动的揭示,马克思对费尔巴哈的超越是通过对"对象性"活动的理解来完成的,这为其建构唯物主义历史观和继续深入地研究劳动问题奠定了深厚的理论基础。

还有在《资本论》中马克思是通过对资本主义生产方式的深入分析和研究来论证了资本主义私有制是造成劳动异化产生的根源所在。他从对生产商品的劳动二重性分析出发,深刻地揭示了商品、货币、劳动与资本之间的复杂关系,从对物质生产劳动表象入手深入到了资本主义社会关系中去,马克思通过对资本主义社会现实的考察来深刻思考了在当时的现实历史情况下的人的生存状况。正是马克思不断深化对劳动理论的认识,才使得劳动从异化劳动的扬弃走向了劳动解放,人最终实现自由全面的发展,这是一个不断的、连续的科学的论证过程。

2. 国外学者对阿伦特行动思想的研究

综上所述我们可以看到,无论国内还是国外学者们都对阿伦特的行动理论与亚里士多德的实践理论之间的联系做了非常深入的研究,当然这与近年来实践哲学的不断发展不无关系。阿伦特的著述涵盖内容非常广泛,这与其"无扶手的思考"有着很大的关系,但是我们还是可以从中发现阿伦特思想当中所蕴含的理论线索。当国内外学者继续对阿伦特行动理论与亚里士多德实践理论的联系进行更深入的分析时,对阿伦特思想背景的深度挖掘以及从另一个角度来重新理解古代实践哲学成为阿伦特思想研究的又一重要方向。

(三)国内外学者对马克思劳动理论与阿伦特行动理论比较研究成果

目前,国内外学者对阿伦特行动理论与马克思劳动理论的比较研究,则多散见于对马克思或阿伦特研究的相关部分,并没有专门的集中论述。罗伯特·法恩在《政治研究:黑格尔、马克思与阿伦特》中指出在当今时代政治批判理论中黑格尔的法哲学、马克思的劳动理论、阿伦特的行动理论都是由此产生的,三者成功地维护了现代政治的伟大誓言,即自由、平等、团结,三者都立志于有效控制权力和暴力对现代社会的影响。①

再如我国学者庞楠的《政治生存的"非政治化"——阿伦特重读马克思》,文章提到阿伦特把马克思的理论概括为三个各具矛盾的结论,即劳动、暴力和普遍平等,并将解读这三个观点视为理解马克思思想的切入点。阿伦特认为西方政治思想传统起源于柏拉图,终结于马克思。阿伦特倡导,只有将马克思的思想纳入西方政治思想传统,才能对其进行正确的理解。② 这些都是从政治哲学理论的角度,对马克思和阿伦特的思想进行比较。

陈高华在《马克思的劳动观与西方政治哲学传统——从阿伦特的视角看》③中对阿伦特行动理论与马克思劳动理论进行了详细比较,阿伦特认为正是马克思对劳动概念的含混使用造成了极权主义对其理论的恶用,从而引起了现代政治自由的破坏。阿伦特认为马克思的实践概念一直未逃脱"人所做"的意义范围,对人的活动并未做出严格的区分,更重要的是马克思用劳动来解释人的一切活动,正是马克思不加限制地使用劳动概念才使得斯大林极端应用其理论。为此,阿伦特为了避免与马克思陷入同一境地,她在马克思批判西方政治哲学传统的基础上把积极生活区分为劳动、制作和行动,并指出只有行动才是真正的政治生活,这是阿伦特行动理论的核心之处也是其独创之处。阿伦特正是从自身行动理论出发对马克思的劳动理论进行了批判。周凯健在《阿伦特论马克思》中提到阿伦特认为马克思终结了西方政治哲学传统。阿伦特指出,马克思使劳动从社会的最底层上升到前所未有的高度,马克思对劳动的高度赞扬无疑是对希腊传统中理想至上的思想的颠覆。

从以上研究我们可以看出,在阿伦特的行动理论与马克思的劳动理论进行比较时研究者们往往是在阐述阿伦特的政治生活构想时展开的,对于阿伦特行动理论与马克思劳动理论的具体并未涉及。

目前,国内外关于马克思劳动理论与阿伦特行动理论比较研究的文章较少,有明确比较的文章有湖南大学刘大欣的硕士论文《马克思的劳动观与汉娜·阿伦特的行动观比较》等。对于马克思与阿伦特其他方面的比较多见于对二者的具体研

---

① FINE R. Political Investigations: Hegel, Marx and Arendt[M]. New York: Routledge Press, 2001: 37 – 38.

② 庞楠. 政治生存的"非政治化"——阿伦特重读马克思[J]. 社会科学论坛, 2009(7): 25.

③ 陈高华. 马克思的劳动观与西方政治哲学传统——从阿伦特的视角看[J]. 社会科学辑刊, 2008(3): 41.

究中,这些具体研究主要集中在以下几个方面:

1. 马克思和阿伦特对于劳动概念的不同理解

劳动概念是马克思劳动理论中的核心概念和重要组成部分。马克思认为,劳动作为人的生存性前提条件是人维持自身生命的必要手段,同时它也是人创造能力的体现。人是劳动的动物,人通过劳动实现了自身的本质,人的劳动过程就是人的生成过程和人类历史的形成过程;阿伦特认为"劳动"只是维持人类基本生存的物质生产手段,它作为一个一般性的活动只存在于私人领域当中,是人进入公共领域政治生活的前提条件。马克思与阿伦特不同的是他让劳动从私人领域进入了公共领域。

2. 马克思与阿伦特对于劳动和暴力的关系的不同看法

马克思通过劳动对资本主义现实社会的分析找到了引起现代社会异化现象的根源,即资本主义私有制。他认为劳动是人类社会最具生产性的活动,马克思并不支持暴力本身,他只是认为暴力是在一定历史条件下进行无产阶级革命从而建立无产阶级专政,最终获得劳动解放、人类解放的手段;阿伦特对暴力持消极态度,她认为当马克思把劳动从私人领域引入公共领域时暴力也随之进入了公共政治领域。阿伦特极力反对公共政治领域中的暴力存在,因为她认为暴力只能表现出人的一种孤立和无能,只有没有政治能力的人才会通过暴力来进行统治。

3. 马克思与阿伦特对于自由概念的不同看法

马克思认为必须通过劳动解放实现共产主义社会才能最终实现人的自由全面发展;阿伦特认为人只能在公共领域的政治生活中实现人的自由本质,只有能参与公共事务管理的人才能实现真正的自由,阿伦特也承认自由的实现必须依靠劳动,但是她只是说劳动是人进入公共领域中的前提条件并没有说劳动是实现自由的必要条件。

4. 马克思与阿伦特对于异化理论的不同看法

马克思和阿伦特都在自己的劳动理论或行动理论中提出过"异化"概念。因为二者都关注现代性危机下人的生存状况,这是真正在面对人类所面临的困境下进行分析和讨论得出的理论产物,同时也是对现代人类生存境况的深刻反思的结果。马克思主要提到的是异化劳动理论,他从资本主义社会现实入手对资本主义的经济情况进行了细致分析从而得出了资本主义私有制的产生是所有异化的根源所在,要想实现人的自由全面的发展首先就是要消灭私有制;阿伦特以人类首次成功发射人造卫星为历史事件切入点,对现代人的生存状况进行了深刻反思,她认为随着现代经济的高速发展所带来的公共政治领域的衰落,人们正在逐渐地失去自己的家园以至于人们都想逃离地球去往太空,当人们开始对我们所生活的世界感到冷漠时,当人们开始彻底失去对政治生活的热情时,阿伦特认为现代社会不仅人异化了、人与自然异化了、人与世界异化了,应该确切地说是整个世界都异化了,甚至是整个地球都异化了。由此可见,阿伦特的异化理论更关注的是人与客观世界的异化现象。

综上所述,关于马克思劳动观与阿伦特行动观的比较,专门论述并不多见,且研究得不深,正是在这个意义上,我们才有深入研究二者的必要,这对于我们正确地把握马克思劳动理论及深刻理解马克思与西方政治哲学的关系都具有现实的理论意义。

三、研究思路与研究内容

本书在充分借鉴以往优秀研究成果的前提下,着眼于思想发展的理论逻辑对马克思劳动理论与阿伦特行动理论进行了比较研究。首先,对劳动概念和行动概念进行了基本梳理,为进一步考察马克思劳动理论与阿伦特行动理论的生成机理奠定了基础;在此基础上,分析了马克思劳动理论、阿伦特行动理论与西方政治哲学传统之间的关系,进而揭示了两位哲学家的不同的哲学目标和实现路径,接下来把两位哲学家放在了现代性视阈之下,通过对二者相同的理论关注点的具体分析,看到了解决现代性危机的两条不同道路、方法。最后,对马克思劳动理论的当代阐释和阿伦特行动理论的局限性做进一步分析,厘清了二者之间的理论关系,并且揭示了马克思劳动理论依旧保持前行的动力所在,凸显其革命性的时代意义。本书的基本思路与研究内容如下:

第一章,劳动概念与行动概念的基本考察。本章主要对劳动概念和行动概念进行了一个基本梳理,并分别对劳动概念和行动概念在哲学史上的演进情况进行了详细阐述。为下一章更好地展开对马克思劳动理论与阿伦特行动理论的具体分析、为更好地理解二者理论的生成机理奠定了基础。

第二章,西方政治哲学思想传统中的马克思与阿伦特。本章主要分析了西方政治哲学传统的形成及马克思、阿伦特与西方政治哲学传统的关系问题。通过对哲学与政治之间关系的历史性分析,揭示了马克思、阿伦特对西方政治哲学传统的不同态度,为第三章进行哲学路径分析进行了理论铺垫。

第三章,哲学的政治实现与政治的哲学实现。本章主要讨论了马克思和阿伦特不同的哲学实现路径,即马克思通过对劳动的认识和批判,揭示了人生存和发展的真实依据,从而找到了人类解放的现实途径,将哲学视阈带入现实"生活世界",完成哲学的政治实现;而阿伦特则认为行动所展开的政治的"显现"空间才是人存在的根本意义,尤其是她晚年从"行"到"思"的转变,强调判断对于人行动的意义,最终导致了阿伦特的行动理论只能是一种政治的哲学实现。

第四章,现代性视阈下的马克思与阿伦特。本章主要选取了马克思与阿伦特都关注的问题,即异化、自由、共同体来对二者的思想进行进一步的分析。通过具体分析我们可以更加明确地看到,马克思与阿伦特分别代表了透视和超越现代性两种不同的哲学范式。

第五章,超越与回归:人的解放何以可能。本章主要论述了马克思的劳动理论在当代的阐释意义,同时也指出了阿伦特行动理论的局限性。最后,再次回到在哲学与政治之间来考察马克思和阿伦特,肯定二者对解决哲学与政治分裂、现代性危机问题所做出的积极努力,并提出了两种不同的解决路径和方法,为新的政治哲学范式做出了伟大的尝试。

第一章 劳动概念与行动概念的
历史追溯

劳动与行动是哲学史上两个重要的哲学概念,二者作为人的本质性活动的两种范式自古希腊时期就一直被哲学家所关注。

第一节 劳动概念与行动概念的基本考察

作者通过对劳动概念和行动概念词条的梳理发现,劳动(labour①)和行动(action)的词条在以下几部哲学百科全书中,或有空缺或表述不完整。

	Labour	Action
斯坦福哲学百科②	×	√
不列颠百科全书	√	√
中国大百科全书	√	√
牛津哲学词典	×	√
外国哲学大辞典③	√	√
中国哲学大辞典	×	√
哲学大辞典④	√	×

下面以这7本词典或百科全书为例来详细阐述一下"劳动"概念和"行动"概

---

① Labour 和 Labor 分别为英式英语和美式英语,二者并没有区别,在本文中采用 Labour 用法。
② ZALTA E N ZALTA. Stanford Encyclopaedia of Philosophy[EB/OL]. [2011 - 08 - 12]. http://plato. stanford. edu/.
③ 冯契. 外国哲学大辞典[M]. 修订版. 上海:上海辞书出版社,2008.
④ 金炳华. 哲学大辞典[M]. 上海:上海辞书出版社,2007.

念的收录情况和词源演变。

一、关于"劳动"概念的基本考察

labour(劳动)可以考察到的最接近的词源为古法语 labor 和拉丁文 laborem,可追溯的最早词源不确定,但其含义可能与重担滑落或摇晃有关。① 它作为动词,意思是犁地或在土地上耕作,后来其内涵延伸至可以指进行其他任何费力的手工工作。从 16 世纪开始,labour 的含义被延伸扩大,用来指涉"分娩的阵痛",到 17 世纪,labour 除了这个特殊的含义外,在普遍意义上人们一般不会再将它与 pain(痛苦)联想在一起,而是使用它延伸的含义"费力",至此,labour 被当作一种普遍的社会活动的含义来使用越来越频繁,且具有了独特的抽象意义。然后,最终的改变使它逐渐成为一个政治经济学概念。

英国哲学家约翰·洛克把"私有财产"定义界定为是劳动与土地之间的一种关系。亚当·斯密在《国富论》中把劳动放在了政治经济学范围进行理解,用它来泛指被抽象化的经济活动以及社会劳动阶层。这种新的含义是根据对资本主义生产关系的不断了解后得到的,尤其是从 1820 年起,"劳力供应"被习惯性地使用,直到布雷在 1830 年的演说中完整地呈现出 labour 作为一个社会阶级的含义,它与 trades(行业)、work(工作)、worker(工人)、working class(劳工阶级)有许多互动关系,在英国,labour 在以下词语中有着特别含义:the Labour Representation League (劳动代表联盟,1869)、the Labour Electoral Committee(劳动选举委员会,1887),the Independent Labour Party(独立工党,1893)以及现在的 the Labour Party(工党,1906)。这些现代词义的演变对 labour 的原有词义产生了深刻的影响,"分娩阵痛"这个特殊含义依然存在,但在其他方面,labour 再被使用时都没有超过现代的特别语境,它在资本主义时代所具有的特别含义,现在已经成为主流。目前,labour 尽管被广泛使用并且被视为一种特别的 worker,但几乎已经被 work 的普遍使用所取代。

在《Routledge 哲学百科全书》《牛津英语百科分类词典系列·牛津哲学词典》《斯坦福哲学百科全书》及《中国哲学大辞典》中均未对 Labour 一词进行收录。

---

① 雷蒙·威廉斯.关键词:文化与社会的词汇[M].刘建基,译.北京:生活·读书·新知三联书店,2005:256 – 260.

《不列颠百科全书》从经济学角度对劳动概念进行了详细阐述。在经济学中，劳动是指人类在生产财富的过程中所提供的一种有价值的服务，它包括体力劳动者的服务，也包括其他类型的服务。劳动力则是指以挣工资为生存手段的人们的总体。在经济学范围内一般认为劳动更具有以下两种特征，一是所有劳动都需要花费时间，二是劳动的目的在自身之外，人是为了得到产品而进行劳动。

在冯契先生主编的《外国哲学大辞典》和金炳华先生主编的《哲学大辞典》中对劳动概念的分析主要是以马克思劳动概念为基础的。这两本词典中均认为，人类对自身劳动力进行使用的活动就是劳动，人们需要通过劳动来对生产对象进行改造以此来生产出满足自身需要的物质产品。

在《中国大百科全书》中也对马克思劳动概念进行了详细阐述并把劳动的本质和作用基本概括为：一是劳动在从猿到人的转变过程中劳动起到了至关重要的作用；二是劳动作为物质资料生产过程的重要因素是人类社会存在和发展的最基本条件；三是劳动一定是在社会关系中进行的并且它受生产资料所有制性质的规定。

综上，可以看到，"劳动"作为一种活动是古老的，但它作为一个概念却是现代的。在中国近现代出现的尊劳主义主要体现为一种社会思潮，没有上升到哲学概念的层面进行讨论，我们把劳动当作哲学概念来进行研究主要还是在马克思哲学范围内。而汉语学界对劳动概念的界定主要以马克思主义哲学为主，在一定程度上缺乏更为综合的理论视角和反思视角。而国外对劳动概念的探索主要在哲学层面，尤其是在现代性的语境中对劳动概念进行重新阐释。

二、关于"行动"概念的基本考察

action（行动）一词源来于三个词，即 14 世纪中期安哥拉法语 accioun（诉讼案件），12 世纪的古法语 accion（行为，诉讼，案件）及拉丁语 actus（一个动作、一种表现、做），它是动词 agere 的过去分词，而 agere 源于动词 agō，原意是指"驱赶、驾驶"等一些具体动作，后来被引申为一般性东西，意指通过外力来使得事物运动，最后被定义为"做"和"行动"等抽象意义动词。actus 一词除了包含 agō 中"驱使"的含义外也有"做"和"运动"的意义。在后来拉丁语为来源的西文中，act 不再包含意指任何具体动作而仅仅具有"行动"的意思，其他词语如 agent（能动者）和 agency（能动性）两个名词与 act 同源，它们意指可以行动的主体和进行行动的能力。在之后的哲学词源演变中，actus取代praxis成为后来我们所说的实践哲学，这是西方实践哲学历史上的重大变化，因为这一转变说明实践哲学路径发生了根本性改变，这一点作者将会在第三节（行动概念在哲学史上的演进过程）中进行具体阐述。

从14世纪后期开始，action（行动）逐渐演变出"做过某事、一个动作、行为"此类意思，到17世纪初期它开始具有"战斗"的含义，谚语"事实胜于雄辩"被证实开始于1731年，可以得到证实的是在1923年action具有了开始的含义并作为电影导演的一个命令语句，自1968年开始action在记录中可查到它已经具有"兴奋"的含义。

《外国哲学大辞典》中，收录d'action（行动）一词，主要介绍了布隆代尔的《行动，关于生活和实践科学的批判论文》中的主要观点：它主要研究人类实际活动的基本现实，把人类的行为现象进行具体分类，认为在人类的行为现象中有内在性与超越性的冲突，人是某种行动着的东西，在其目的达到时，又不断感到自身的有限性。在这里，行动与行为都在一种行为科学的意义上被理解。

《中国哲学大辞典》"知行"词条中对行和知进行了阐述。在中国哲学的范畴中，一般都是从道德意识和道德行为的角度入手来对知与行之间的关系问题进行讨论的，"知"是指知识、思想、认识等；"行"是指行动、实践、行为等。

直到明清的王夫之和近代的孙中山这里，知行才被赋予认识论的一般意义。孙中山的知行学说中的"行"指的是科学实验和资产阶级的革命实践，他使"行"从伦理道德的层面进入了认识论的理解范围，这是对中国传统的知行学说的一个重大突破。两千多年来，中国哲学家们对都是把知与行作为一对关系范畴联系在一起进行探索，当马克思主义进入中国后给我们带来了辩证唯物论的认识论从而我们才真正地建立了科学的知行观，毛泽东的《实践论》对中国传统哲学的知行问题做了科学总结。

《斯坦福哲学百科》中唐纳德·戴维森认为，action（行动）基本意思是指某人有意根据某些描述来做某事，阐述了意图和行动之间的关系，并为此展开了一个辩论即关于我们行动常识性解释进行的长期争论。一些哲学家坚持认为，当我们用一个理由来解释他的行动时，我们也就解释了这个行动的本身意图。其他一些哲学家则强调，一个人做出某个动作，则他的意图概念就应该具有一定的目的性，但在他们看来，并不会因为个人的理由而减少因果概念的引导性。但对动作理由的解释在一定程度上还是因果的解释占主导地位。最近,一些讨论又重新回到了关于意向性的重要问题,其作为一种精神状态的独特性,以及关于行为标准控制合理意图。

《牛津哲学词典》中也主要阐述了行动和意图之间的关系问题。某人做了什么,不同于某人发生了什么。描述不是自己发生的事件,使得我们对合理性和意图进行探讨,如果我们假设他们是作为行动的,我们可以运用这种分类。理解这种区别,便产生了关于精神因果关系的本质问题,以及理解意志和自由意志的本质问题。

《不列颠百科全书》中从物理学角度来描述 Action,它是物理系统总运动的抽象量。

《中国大百科全书》中有两处对行动进行了阐述,一是在心理学分类中认为行动是一种意识指引;二是在哲学分类中对费希特的本源行动做出了解释:本原行动(thathandlung)亦译"事实行动",指纯粹的意识活动。费希特的知识学以"自我"为出发点,这个自我是绝对的、无限的、普遍的自我意识,同时它本身又是行动。作为原始的本原行动,自我不以存在为依据,而是存在的产生者;不仅设定自我本身,而且设定非我,即作为与自我对立的认识对象,由非我而得到自我的反思,由此而产生知识的自我活动体系。自我是行动者,又是行动的产物,既是活动着的东西,又是由活动制造出来的东西。费希特知识学的实践方面表达自我的能动作用,是人的本原行动促进人的实践活动,但其理论方面和实践方面是矛盾的统一体,本原行动是理论活动和实践活动的共同根源。

第二节　劳动概念在哲学史上的演进过程

赫伯特·埃伯鲍姆(Herbert Applebaum)在《劳动的概念:古代、中世纪和现代》[①]一书中从历史学和人类学的角度对劳动概念进行了细致的分析和梳理。

他指出,劳动很难被给予一个准确的定义,但是我们可以肯定的是劳动是构建自身生活方式的重要的基本方法。简单来说,劳动是利用工具通过自然来获得食物以满足人们的基本生存需要的一种活动,本节将对劳动概念做一个简略介绍,这

---

① APPLEBAUM H. The Concept of Work:Ancient, Medieval and Modern[M]. Albany:State University of New York Press,1992.

对后面我们理解马克思劳动理论是十分必要且有益的,那么关于马克思劳动理论的致思逻辑的梳理将在第三章(哲学的"政治"实现与政治的"哲学"实现)中与阿伦特行动概念的比较中做进一步的阐释。

一、从古希腊时期到中世纪的劳动观

(一)荷马时代(公元前1200—公元前800):人人参与劳动

赫西俄德曾在《工作与时日》诗歌中对荷马时代的劳动场面进行了描述,这一时期的劳动观与现代劳动观的截然不同之处在于它不是一个独立活动领域的存在。早期的劳动观一直与家庭、宗教以及其他公民活动有关,人们通过狩猎采集、制造壶罐、建造房屋等活动来参与自然秩序和神的秩序以达到不朽,劳动作为自然当中的一部分被人所认识,人们通过劳动得到的成果也被认为是大自然给予的馈赠。在荷马史诗中我们可以看到当时的劳动被当作是一种高贵的生活方式得到社会各阶层的尊重,包括贵族和女性都是可以参加劳动的。同时,荷马史诗证明了劳动与亲缘、宗教之间具有紧密联系,并且劳动是证明人的政治身份的重要因素,因为在劳动中安排和指挥集体劳动的人被认为是政治中的领导者。

总体来说,早期的劳动观并没有改造自然的意义,而只是为了人能够超越自身参与自然、神的一种方式,这时的劳动基本不包含商业成分。除了农耕牧畜外,手工艺人因为是为共同体工作而少用于贸易所以也同样受到了社会的认可和尊重,只有商人因为逐利和损人利己而受到歧视。

(二)古希腊古罗马时期(公元前700—公元476):消费的地位高于劳动的地位

随着古希腊城邦的集权化、劳动分工的不断专门化以及对奴隶的普遍使用,劳动概念的内涵发生了重要的变化。首先是由于受到亚里士多德的影响,贵族们普遍认为能够拥有闲暇时间来进行与心灵和肉体相关的生活才是好生活的标准,而为了过上这样的生活就必须首先从劳动中把自己解放出来,所以他们不再屈尊从事劳动而是转而对其进行了鄙视。这种观点在古希腊时期慢慢盛行起来,不过要指出的是对农业劳动的态度并没有受到改变,因为农民劳动生产出来的粮食不是为了交换而是为了满足自身需要,苏格拉底认为农业劳动既可以让人们得到训练为战斗做好准备,又可以因为其拥有土地而自愿包围城邦,农业劳动是为城邦塑造公民和士兵的最好途径。而在同一时期曾经受到尊重的手工业则受到了歧视,在古希腊社会各阶层一般都把为他人劳动,包括依靠工资来维持生存的人以及奴隶认为是不值得受人尊重的,因为这种劳动使他们变得不自由并且损害了他们的身体和灵魂。

在《理想国》中阿德曼托斯与苏格拉底对所有行业在理想城邦中和现实城邦中的地位问题进行了讨论,他们认为劳动者是应该得到尊重的。因为人不能在社会中单独地生存下去,个体从事劳动既是为了自己生产维持生命所需的物质产品同时也维持了别人的生命所需,在理想城邦中所有行业都受到了人们的尊重。但是苏格拉底称这样的理想城邦是"猪的城邦"①。在现实的城邦生活中,除了人们从事不同性质的劳动外,还存在着等级制度的冲突,所以在现实城邦中实现所有职业的平等是不可能的也是不现实的。

在古希腊人们是从一种为他人提供生产产品、提供服务的角度来理解劳动,在劳动中自然劳动者和手工业者的地位不同,自然活动比如农业劳动可以很好地训练人的意志尤其是可以对士兵进行训练,并且人们可以通过自然活动来与神进行沟通,而手工业者的地位就非常低,因为希腊人认为手工业者的劳动不但损害了他们的身体同时还损害了他们的灵魂,所以从事手工业的工匠们不能胜任公民参与政治的责任。

色诺芬在《经济论》中阐述道,苏格拉底认为工匠们的肉体受到了劳动的损害,而没有一个健康的身体就不可能拥有一个健康的灵魂。同时工匠们整日都把所有精力投入在劳动生产中而无暇顾及城邦政治生活,所以他们既不是一个好朋友也不是城邦合格的守卫者。有一些城邦是完全避免让公民参与手工业的,比如斯巴达。除此以外,亚里士多德在《政治学》中表达了他对体力劳动的看法,他认为公民不应该从事工匠和农耕这样的劳动活动,因为他们一旦参与了这些劳动活动就不会有闲暇的时间去参与政治活动,这样就会丧失对善的追求,这对善的生活是有害的。

从亚里士多德的观点来看,工匠的劳动被视为对别人提供服务,也是一种受奴役的形式,所以不能成为自由人。自由人必须保证做以自身为目的的活动,而不是以生产为目的进行活动。柏拉图和亚里士多德认为,一个自由、积极的人不能从事

---

① 柏拉图. 理想国[M]. 郭斌和,张竹明,译. 北京:商务印书馆,2013:63.

任何劳动,他必须是一个使用者而不是生产者,他应该学习的是如何使用物品而不是学习如何通过劳动来生产物品。那么在这里我们可以看到,生产者与使用者之间通过劳动建立了一种联系,即生产者生产产品是为了服务于使用者。生产者只是作为满足使用者的需求的工具而存在,他的地位低于使用者或隶属于使用者。从这个意义上来理解古希腊社会的本质就从原来的生产型社会(a producing socie-ty)变为了消费型社会(a consuming society),在古希腊无论是农耕劳动还是手工作坊都不是为了追求利润来生产物品,而是为了满足一部分公民的需求来进行物质生产的。

在柏拉图和亚里士多德构想的社会模型中所有从事劳动的人都不可能统治城邦或成为一个真正的好公民。因为他们牺牲了一部分人让其成为从事劳动的奴隶以此从劳动中解放出大量的公民投身在政治、哲学、军事等领域。那么,我们不禁要问:在一个社会中如何决定由哪一部分人来从事劳动呢?哲学家们只是关注那些从劳动中解放出来的公民们如何统治和统治形式的问题,而对于剩下一部分人被奴役进行劳动的问题都选择存而不论。在埃伯鲍姆的研究中我们看到以亚里士多德为代表的许多贵族哲学家的观点证明了当时社会现实与哲学家理想城邦之间的差距,现实中哲学家们无法否定劳动者所具有的公民权,以及他们可以在集会上自由表达观点的权利,为此哲学家们不得不从哲学上来证明从事劳动的人是不应该在政治中占有一席之地的。

《普罗泰戈拉篇》中柏拉图以苏格拉底与普罗泰戈拉之间的争论来向我们提出这样一个问题:政治是否只属于有闲阶级的一项特殊技能?他认为,德性生活能够成为可能的必要条件就是人从劳动的必然性中被解放出来,只有摆脱了劳动的束缚才有可能成为一个好领导或成立一个好政府;但是普罗泰戈拉认为,劳动者也一样具有参与审议治理的能力,哪怕这个劳动者是一个鞋匠和铁匠。普罗泰戈拉的观点反映出了当时古希腊城邦生活的真实情况,也就是当人们在参与政府事务时,每个人包括木匠、思想家、穷人和富人、地位高的和地位低的都可以自由参与并发言,这在一定程度上反映出雅典大多数人对劳动、对手工业者的尊重。

当然,在古希腊时期也不是所有城邦都对劳动保持这种态度。比如斯巴达人就对所有劳动进行贬低,其中的主要原因是他们的军事情况及控制着大大超出公民人数的希洛人。至于希腊人,由于他们对民主和自由的认可,希腊的劳动者都拥有公民身份和投票权,而这势必影响了社会对体力劳动和技艺手工业的态度。比如,在梭伦法典中就要求父亲必须教授儿子一项手艺;普鲁塔克在《梭伦的一生》中描述了梭伦要求政府检查每个人的谋生手段并对那些无所事事者进行惩罚,同时雅典的法律也规定人们不可以指摘任何人的贫穷和其所从事的事业;伯利克里在阵亡将士国葬典礼上的演说中说道:"我们的普通公民,尽管忙于他们的勤奋事业,仍然是公众事务的公正的裁判员。"

希腊对劳动的蔑视态度延续至罗马社会,在罗马社会中劳动和手工业者依然不受尊重,他们经常被视为是可以奴役的对象。在劳动概念的梳理过程中埃伯鲍姆把劳动者自身的角度也放在了其中,即那些真正的劳动者和手工业者如何看待自己的劳动身份和经历,他们又是如何对劳动进行理解的呢?埃伯鲍姆认为,我们在探讨劳动概念的时候应该关注劳动者本身,因为劳动者通过他们的劳动过程给我们的不仅是一种抽象的劳动方式而是经过他们辛勤劳动所得的心血凝结的劳动产品,我们可以通过这些产品看到许多工匠对自己职业是具有自豪感和认同感的,比如工匠们墓碑上刻着自己的职业;在古希腊雅典娜是工匠们的保护神;罗马的工匠们成立了属于自己的工会,而这些工会曾经强大到可以威胁到罗马政府的统治。

(三)中世纪(公元476—公元1453):上帝赋予劳动以荣耀

希腊的劳动概念发展到中世纪时发生了一些转变。希伯来和基督教对劳动概念进行了神性解释,在基督教的创世纪中上帝以劳动者的形象出现,他通过六天的劳动创造了整个世界,至此劳动具有了神性。同时,当亚当和夏娃被逐出伊甸园的时候上帝指明亚当必须通过劳动来赎清自己的罪孽,也是说明了人可以通过劳动来向神靠拢。犹太教对劳动的看法与基督教相似,犹太教认为劳动是一种与懒惰相对的活动,圣保罗曾说"不劳动者不得食",圣奥古斯丁和圣本德把劳动作为人赎罪的途径,他们认为上帝是这个世界的创造者,是世界的建筑师,在这里劳动被赋予了荣耀。

在中世纪农业劳动一直受到人们的尊重,这是因为中世纪的社会还处于以农业经济为主的、由地方性的小型共同体所构成的状态。宗教在这一时期宣扬的是等级制,即处于上层社会的神职人员和贵族由处于社会底层的劳动者来提供服务,教会和贵族一起对劳动者进行管理并让他们服务于教堂的利益,在这一时期商业处于并不发达的水平,因为劳动者的存在只是为了向教会和贵族提供确保相应的物质产品,他们的生产仅仅是为了确保自身的生存和交税,除此以外劳动者们没有多余的精力和热情来进行生产,也没有多余的物质产品用来销售,所以在中世纪没有形成成熟的市场来进行剩余劳动产品之间的交换。基督教哲学家阿奎那指出,中世纪的等级制的本质就是教会向全社会提供道德引导,贵族为统治提供维护政权,劳动者则是为了以上阶级提供物质保证,但是三者都必须坚持共同的善(common good)。

值得一提的是,中世纪对手工业者的态度发生了重大改变,手工业者的地位得到了社会承认并受到人们的尊重。因为在这一时期手工业者们形成了自己的行会基尔特(guild),它主要是提出了师徒制度并对其进行了规范、制定了行业标准,它在整个手工业发展方面起到了重要作用,正是因为行业协会得到了社会各阶层的认可,手工业者的地位也开始慢慢在社会阶层上得到了上升。

二、现代思想史上劳动地位的上升

从上面的阐述中我们可以看到劳动对人类生活的重要性,但是它作为一个核心概念被讨论是进入现代以来的事。自哲学产生以来劳动阶级就作为社会最底层的阶级存在着,"劳动,这种劳动阶级的人类活动,被认为如此不相关,以至于哲学甚至不曾费事去解释和理解它"[1]。

在现代劳动概念大致经历了以下三个阶段:一是新教伦理的宗教论证;二是亚当·斯密的古典经济学论证;三是黑格尔的哲学人类学论证。[2]

(一)路德与加尔文:新教伦理

现代劳动伦理概念始于路德和加尔文的新教伦理。新教伦理的发展促进了两种思想的形成,一是鼓励所有劳动者努力劳动,大力提倡商业的成功的价值,鼓励商业冒险精神并强调节俭的重要性;二是新教伦理存在着激进意识,他们在强调努力劳动的同时更为重视的是对劳动者的尊重,尤其是对于土地、再分配等问题的关注,有一些派别如平等派和掘地派的观点都包含着希望不再受到贫困和匮乏等痛苦的观点。新教伦理的这两个倾向导致了资本主义社会和社会主义社会的形成。

---

① ARENDT H. Karl Marx and the Tradition of Western Political Thought[J]. Social Research,2002,69(2):273-319.

② 张盾.哲学经济学视域中的劳动议题——关于马克思与黑格尔理论传承关系的微观研究[J].南京大学学报,2006(5):5-12.

新教伦理推进了劳动地位的发展,在中世纪人们心中已经认为劳动是人们生活的基础和关键。新教伦理的代表人物路德提出了"职业"概念,他认为人要想过上富裕的生活、得到成功、获得德性和快乐的源泉就必须通过劳动,他的原创性在于提出了"职业"概念并把它作为个人道德活动所能采取的最高形式,路德宣扬一个人在本行业、本职业上努力劳动就是对上帝最好的侍奉,劳动者只要在劳动的过程中遵从上帝的精神就可以享受到同等的尊严而不存在等级次序,应该受到所有人的尊重。至此,路德完成了对中世纪遗留下来的强调精神劳动贬低世俗劳动的影响,他认为人只有听从上帝的召唤从事神所指派的劳动才是高贵的。在这里我们要注意的是,路德所说的劳动不包含商业活动,在他看来商业由于其目的不是为了维持生存而是为了利润,所以它不是真正意义上的劳动,商业、银行是基督徒应该远离的行业。至此,路德为劳动者们赋予了宗教意义的尊严,由此开启了现代的大门。

新教伦理的代表除了路德以外还有一位就是加尔文,他的社会理论与路德之间存在着明显差异。加尔文带来了企业家精神和追求利润的风潮,这一点对于商业的发展和商人地位的提升尤为重要。他主张包括富人在内的所有人都应该劳动,劳动是上帝的旨意,人对上帝的信仰不是通过祷告得到的而是通过劳动来对上帝进行颂扬,好的劳动是作为已经获救的证明。加尔文在提出开始尊重商业劳动的同时还反对懒惰、奢侈和浪费,这种现代性文明的典型人格与正在上升的中产阶级准则相吻合,可以说他为 16 世纪资产阶级做的正是与马克思为 19 世纪无产阶级所做的一样。韦伯说,这样一种新教伦理为资本主义积累奠定了基础。

(二)洛克、亚当·斯密:劳动价值论的先驱

洛克和亚当·斯密在这一时期提出了劳动是财产的源泉和劳动价值论。

洛克是第一位给予劳动重要地位的古典政治理论家。对于劳动的讨论主要集中在《政府论》《科学经济学的起源》《论降低利息和提高货币价值的后果》中。在《政府论》中,洛克指出人的劳动产生了财产,人把自然资料进行加工从而生产出物质产品占为己有。他认为,人通过劳动的过程赋予对象价值,尤其是美国在西进运动中由于存在了大量闲置的土地,所以当时人们可以通过自己的劳动耕耘土地

来把土地变为私有。① 同时,洛克还在《科学经济学的起源》中对劳动的生产状况进行了分类,即生产性部门和非生产性部门。洛克认为作为英国基金的基础部分土地所有者和农业所有者都属于生产部门,非生产性部门包括商人、掮客受到批判。② 在《论降低利息和提高货币价值的后果》一文中洛克还对贫富之间的冲突问题进行了解析,他指出在社会中无法避免贫富差距,从某一种角度使贫富加剧具有积极的作用,当劳动者与地主之间的差距增大以至于劳动者所得到的产品只能勉强维持生活水平时,他们将不得不将全部精力投入劳动中,从而没有多余精力来思考与富人之间的差距并要求平等、进行斗争等问题,所以洛克主张贫富差距越大越有利于社会稳定。他甚至提出,可以颁布穷人法让政府更好地镇压和压榨穷人以维持较好的劳动纪律。③

亚当·斯密作为第一个系统阐释劳动理论的经济学家对于劳动理论的贡献主要有三个方面:首先,他承认了劳动对于现代社会的重要性并提出了劳动价值理论;其次,他认为现代社会内劳动的机械化和劳动分工会引发危机;第三,他提出了自由市场理论,把劳动与现代社会发展出来的工厂体系联系在一起并讨论了劳动在政治经济体系中的地位。亚当·斯密的劳动价值论强调生产性劳动是社会的主要基础,同时他认为劳动分工提高了劳动生产力,即专业化使劳动熟练度不断提升、劳动者转换工种的时间被节约了、机器大生产的普及节省了劳动力。但是,亚当·斯密指出我们在看到劳动分工和机器大生产所带来的提高劳动生产力和促进经济繁荣的同时,传统的劳动性质已经发生了改变,传统劳动变成了简单化操作,这减少了原来对劳动者智力方面的要求,而劳动分工造成了劳动者心理的变化,原本在小型社会中的劳动者创造力是非常活跃的,但是进入分工发达的现代文明社会中,普通劳动者的理解力反而因为机械化大生产的普及而变得迟钝了。

(三)狄德罗、伏尔泰、卢梭、富兰克林:劳动的赞美者

狄德罗、伏尔泰、卢梭、富兰克林是这一时期的主要代表。

在《百科全书》中狄德罗把手工技艺和科学相结合,对手工劳动进行了赞美,

---

① 洛克. 政府论:下篇[M]. 叶启芳,瞿菊农,译. 北京:商务印书馆,1964:26.

② APPLEBAUM H. The Concept of Work: Ancient, Medieval and Modern[M]. Albany: State University of New York Press,1992:361.

③ APPLEBAUM H. The Concept of Work: Ancient, Medieval and Modern[M]. Albany: State University of New York Press,1992:361.

他认为手工劳动者对现代社会的发展是有所贡献的。在《百科全书》中,宇宙被描述为一个被劳动施了魔法的空间,在这里生产是一种创造行为,人与生产之间是一种良好的互动关系,人们通过劳动来自我实现最终得到快乐。

而在《康第德》(candide)中伏尔泰通过哲学的方式来证明人在自己的花园中劳动就可以实现人生的意义。卢梭由于自己在12岁的时候曾经做过雕刻师学徒,所以他对手工劳动者满怀尊重,他在《爱弥儿》中倡议在学习其他书面知识后应该让小孩子学一门手工技艺。

美国的富兰克林对劳动伦理也有自己独特的观点。富兰克林有丰富的经历,他是《独立宣言》的签名者和构想者之一,同时还从事过印刷工、科学家、企业家等等,他还是英法科学院的成员,他在《穷查理宝典》中对劳动的价值和尊严进行了肯定。马克思和韦伯都把富兰克林作为劳动理论的重要代表之一。

(四)傅立叶、黑格尔:马克思劳动思想的直接来源

傅立叶(1772—1837)认为劳动可以让人保持一种乐观积极的态度。他认为,在未来社会中由于工业的高度发达物质会达到丰富的状态,这时人们会跟随自己的意愿来选择劳动。他在"在法郎吉的拉动"中对理想的劳动情况进行了论述,认为理想的劳动状态不应该持续很长时间,它应该是多种多样的,同时劳动的时间还应该规定为1.5小时至2小时,这样可以保证在劳动的时间内人们是自愿且愉快的,除此以外还可以避免劳动的单一性,可以参加完一种劳动再参加另一种劳动。同时,他还提出为了解决一般雇佣劳动产生的偷懒和厌恶的情绪,应该提倡劳逸结合,充满激情的劳动可以比一般劳动状态多出三倍的产出。傅立叶的劳动理论在被劳动分工所决定的现代社会中显得过于理想化而无法实现。

黑格尔(1770—1831)对劳动概念的论述基本集中在《耶拿讲演录》《精神现象学》以及《法哲学原理》等著作中,他主要在哲学层面上来阐释劳动概念,认为劳动的过程即人的自我创造过程,劳动在黑格尔那里成为创造性行为的典范。

《耶拿讲演录》中黑格尔赋予了劳动精神性的特质,他把劳动理解为一种肯定性的否定力量,是对现存世界的塑造性的毁坏。黑格尔在《精神现象学》中从主奴意识的角度对劳动进行了阐述,他认为劳动者身为奴隶为主人提供物质产品的过程是劳动者突破自身必然性的过程。人的自我意识的本质规定就是劳动,劳动者在劳动时保持着对主人的恐惧,为了维持自己的生命而不得不给主人提供劳动产

品,同时,在生产劳动的过程中劳动者把自然资料加工成主人所需要的物质产品,劳动者克服了其中的必然性和被动性从而形成了一个主动的自我,自我意识在这个过程中形成了。黑格尔强调人在劳动的过程中通过自身的努力改造了自然的同时也改造了自我,形成了自我意识的本质力量。

亚当·斯密在《国富论》中的劳动分工理论深深地影响了黑格尔,黑格尔提出了著名的"劳动辩证法",他认为劳动既是普遍利他的又是特殊利己的。卢卡奇在《青年黑格尔》中指出,黑格尔通过劳动辩证法认识到劳动是使人走进自我实现过程的关键性方式,它实现了自然的社会化和人的人性化。黑格尔用劳动辩证法解决了普遍与个别统一之间的关系问题,以及人与自然和人与社会之间的关系问题。"黑格尔是马克思之前第一个从如此深广的意义上揭示出劳动本质的思想家"①,黑格尔对劳动问题的考察为马克思的劳动理论奠定了深厚的理论基础,使劳动在马克思的理论体系中成为核心概念。现代资本主义的发展带来的必然后果和标志性现象就是劳动地位的上升②,从历史和逻辑的角度来理解劳动地位的变化过程是理解现代性的一个基本向度,作者将在下一节介绍阿伦特关于人的根本活动范式——行动问题的思考。

第三节　行动概念在哲学史上的演进过程

一、古希腊时期的行动概念

(一)前苏格拉底时期:行动—实践③

为了考察行动概念的产生我们必须要回到古希腊。我们从伯里克利在阵亡将士国葬典礼上的演说词"因为在行动之前我们有无与伦比的思考力和行动力,可是其他人却处于无知而鲁莽,耽于反思而犹豫"和毕达哥拉斯的寓言"生活……就像一场节日盛会;有的人参加它为了竞赛,但是最优秀的人作为旁观者前来,因为在生活中盲从的人追名逐利,而哲学家求真理"中看出古希腊公民在这一时期过着言

---

① 高全喜.论相互承认的法权——《精神现象学》研究两篇[M].北京:北京大学出版社,2004:173.
② 张盾.哲学经济学视域中的劳动议题——关于马克思与黑格尔理论传承关系的微观研究[J].南京大学学报,2006(5):5–12.
③ 行动—实践:这里指的是二者并未分化,实践考察的就是行动的意义。

行合一的生活。把理论和实践作为生活方式来思考是希腊人生活的常态,而其中最好的证明依据就是 logos,因为它的原初之义是思想和言说,它是思与行统一的代表。

在早期的希腊城邦生活中言说构成了整个希腊城邦的政治生活,他们通过在城邦集市中的谈话来展示自身从而确证自己的身份以及他人的存在。言说在城邦中被作为一种行动,这种行动让别人看见和听见自己同时也可以看见和听见他人,苏格拉底哲学的产生正是在这一基础上。

作为城邦言说的积极践行者苏格拉底,他习惯在广场和集市上与人们就正义、善良等问题进行讨论,这种方式也被称为"助产术",苏格拉底通过用这种方式来促进人们的独立思考从而对一个原本已经确定的问题不断地形成意见。他认为哲学从来都不是为了提供真理而是呼唤人们对问题独立思考的精神。然而这种思考具有一种解构的力量,它给我们带来的不仅是让人们对已经确定的问题进行怀疑从而产生意见,苏格拉底想实现的是打破人们对于日常生活的固定想法,摧毁既定的伦理标准,这也是苏格拉底被认为威胁到了城邦统治的根本性原因。而这种具有摧毁性的力量来源于"助产术"中的定义环节,当苏格拉底把定义用于伦理、美德等实践领域时,思辨所产生的方法必然会在经验世界中失效,这种"经验上有条件的理性以排他的方式想要独自提供意志的规定根据的僭妄"①。

在许多著作中我们发现苏格拉底以不同的形象出现,比如在柏拉图、色诺芬、拉尔修等人的描述中每一个苏格拉底都是不同的,简单地说苏格拉底在这里主要以"哲学的苏格拉底"和"政治哲学的苏格拉底"两种形象存在,导致两种不同形象出现的原因就在于哲学与政治的分裂,希望用哲学来改变城邦是"哲学的苏格拉底"想要实现的目标;建立一种哲学与政治之间的平衡关系则是"政治哲学的苏格拉底"的理想,那么两个苏格拉底形象的存在就证明了哲学与政治的对立,而这一对立则深深隐藏在苏格拉底的哲学思想当中。

当苏格拉底"把'德行'的概念从经验中得出,并且把最多只能用在一种不完善的阐述中用作例子的东西变为知识的一种典范(如许多人曾在实际上所做的那样),谁就会把'德行'变为随着时间与环境而变迁的东西,一种不容许有任何规则

---

① 康德.实践理性批判[M].李秋零,译.北京:中国人民大学出版社,2007:16.

形成且意义不明的怪物"①。苏格拉底自身并没有认识到这种理性僭妄,在早期柏拉图的对话和色诺芬的记述中他都没有在讨论过程中给出任何概念明确的定义。这种定义的过程带来了消极的影响,"助产术"中的定义环节让原来城邦中所确定的传统、伦理以及道德都被摧毁殆尽,但是在摧毁后却无法给人们提供新的标准和信仰,这也是希腊城邦政治坚决反对苏格拉底的根本原因所在,当然这也是他自身哲学的阿喀琉斯之踵。苏格拉底哲学最终给他自身带来了希腊城邦对他的审判和定罪,而苏拉格底的死也使古希腊的哲学与政治彻底的分裂,并使二者的冲突达到了顶点。

从前苏格拉底时期形成的哲学与政治的统一自柏拉图开始,尤其是到亚里士多德得到了完成,西方政治哲学传统得以确立。而思与行分裂使得行动概念的内涵逐步得到确立。

(二)亚里士多德:行动—实践的分化

从我们对行动概念的基本考察可以看到,行动的根本意义在于它的开端性。即人通过发出身体的动作引发另一事物的运动。

亚里士多德尽管没有对实践和行动进行区分,但是他是第一次将实践(praxis)作为哲学术语来研究的哲学家,他对实践的研究隐含了后来对实践的分化,这种分化其实在于对实践理解角度的不同,一方面我们可以从理论来理解实践"是什么",另一方面我们可以从实践的角度来理解实践是"如何",即如何实践。

亚里士多德除了在自然哲学中对生物(包括人)的运动致动因进行了分析的同时又将人类行动的致动因在实践哲学领域中进行了阐述。亚里士多德在《尼各马可伦理学》和《优台谟伦理学》中对行动的始因(arche,srarting point)进行了细致的分析,他认为行动的始因在于行动者自身,亚里士多德认为行动者应该为其德性的养成负责。他在分析行动的这项研究上看上去是在抽象地考察人类行为的动因问题,但其实他考察的是人的德性问题。可以说从自然哲学角度对行动致动因进行考察是一种对行动问题的一般性解释,而在实践哲学范围内,对人的行动致动因的考察就是对实践功能的具体考察。所以,我们说在亚里士多德之前包括他自身,实践哲学与行动是不分离的,或者说哲学家是在实践范围内对行动进行考察,追究

---

① 康德.纯粹理性批判[M].韦卓民,译.武汉:华中师范大学出版社,2000:324.

行动背后的意义所在。如果混淆这两种研究的根本差异就是没了解到亚里士多德对行动致动因考察的真正意图，就有可能把实践问题等同于行动问题，或者把实践归属于行动，最终导致实践哲学的主题降格，即行动中的实践意义的丧失。而这个变化发生在亚里士多德之后的古代哲学中，即古希腊罗马时代。

实践哲学在亚里士多德之后的罗马时代成为哲学家的一种奢望，人们从原来以努力卓越地完成各项人类事务为荣变为受到命运的主宰，无力主动参与实践事务、实现幸福生活，想要避免苦难人们只有依靠调整自己的内心感受。所以，行动已经丧失原来所具有的意指完成某项事物的本义，而是变成了一种使自身心理印象、欲求与外部世界处于和谐关系的活动、追求内心平静的活动。行动的主体从现实、具体的人转变为人的内在意志和想法。praxis 演变为了 actus 让实践哲学发生了巨大转变，首先是原本通过客观标准来进行的理性选择（proairesis）被个体自身的意志（will）所替代，自我意识的无限性彻底占领了原本内在于活动中的善；其次，由于要求主体在所有情况下保持一致的行动所以人们不再看重实践的具体性和境遇性，而事物的完成和实现过程（energeia）也被转变为主体意志活动的效应与结果（actualitas）；最终实践只能遵从自然法，它不再意指城邦的立法和人格品质的典范。至此，实践的内在化、抽象化由 praxis 到 actus、energeia 到 actualitas 的转变所完成。

在亚里士多德哲学体系中我们可以找到以自然哲学领域角度对行动理论的阐述，同时也可以找到以实践哲学角度对行动理论的解析。在后世哲学中这些有关的行动理论研究在不断扩展和深入的过程中形成了一个具体的哲学分支，即行动哲学或行动理论。而亚里士多德的实践哲学成为后来实践哲学的理论来源，他的实践哲学为后世的实践哲学奠定了一种范式，现代性实践及其实践哲学都深受其实践哲学的影响。而在当代哲学领域，实践哲学与行动哲学有着明显的区别和明确的分野，而阿伦特的行动理论政治在这样一个理论背景下提出，并且她的行动理论是一种对亚里士多德实践哲学的回归。

二、中世纪基督教哲学中的行动概念

希腊的哲学思想是中世纪基督教哲学的重要思想资源，尤其是柏拉图的学说与基督教教义有许多相近之处，中世纪的哲学的主要特征是哲学与神学的混合。

奥古斯丁指出，柏拉图的哲学与其他哲学相比之下更为可取，因为他的哲学及其继承者们对于永恒不变的最高者的追求更加合理。① 所以,在早期基督教哲学中,教父们对柏拉图哲学进行了选择性的改造,最终形成了"一种'基督教哲学'或'基督教主义'的新形态"②。

基督教思想家托马斯·阿奎那对于行动问题进行了细致的研究,其中包括自有意志与行动的关系、行动的结构和其善恶等问题。他认为,只有处于自由意志(liberum arbitrium)的"人性行为"(actus humani,acts of man)。"人性行为"是指作为自然存在物的人所发生的运动。③ 司各特是一位重要的经院哲学家。他认为,"意志的行动"——Praxis 的本质在于它是一种有意识的活动,正确的理智是它采取善恶的标准。

总体而言,在中世纪基督教哲学对行动考察的重点脱离了人类生活的丰富性,从古希腊时期的行动—实践变成了行动本身。

三、近代哲学行动概念的内涵演变

行动概念在古希腊时期所具有的实践意义在中世纪哲学中慢慢地消失掉了,这对后来的思想产生了重大的影响。亚里士多德实践概念中的伦理政治的内涵也被逐渐弱化,我们可以看到实践哲学的主题发生了根本性改变,而近代哲学的主体性更强化了这一趋势。

从笛卡尔、霍布斯、休谟到康德,他们都尝试用因果关系来揭示行动的致动因问题,由于每个人对行动产生原因的理解不同,比如有的认为致动因是理性、有的认为致动因是激情,但是从总体上来说他们都是用心理世界对物理世界的反映这个角度来理解行动的致动因问题。近代哲学家们认为道德行动的普遍性与个人行动发生的原因有关。古代实践哲学的主题——"一个人该如何生活"变为了现代道德哲学的主题——"一个人应该如何行动"。实践变为行动,也就是把人所特有的生命活动、人的所有生命的丰富性都抽象掉,还原为单个主体的"行动"。

近代行动概念的关注点在于对行动进行因果关系的理解。也就是说,行动刺激了关系的发生,它既是运动的起点也是运动的终点。不考虑外在因素的差异,这种解释就是把人作为一般的主动发起者,其行动机制就是心灵活动关于身体活动

① 奥古斯丁.上帝之城:第八卷[M].王晓朝,译.北京:人民出版社,2006:315.
② 罗跃军.尼撒的格列高利基督教哲学思想研究[M].北京:人民出版社,2013:163.
③ 潘小慧.德行与伦理——多玛斯的德行伦理学[J].哲学与文化,2003(11):63-65.

的因果关系。那么,这种行动主体绝不可能是以现实的人作为实体性而存在的,他只能是一种不可分的原子式的自我,只有几项抽象的自然属性,如意志、欲望、理智等。

四、现代欧陆实践哲学与英美行动理论

亚里士多德把人的生命活动定义为行动—实践,换句话说,行动—实践就是人的自我本质。这种对行动的理解在中世纪基督教哲学时期被上帝的位格性所消解掉,人与现实越来越远,在马克思对费尔巴哈的感性人本主义批判地继承后,他把人的本质定义为是一种自由自觉的活动时才对这个问题完成了彻底的超越。

人终于从抽象的原子中摆脱出来成为现实历史中一个具体的人,这是对亚里士多德行动—实践的真实回应。

20世纪后半叶亚里士多德的行动—实践概念被海德格尔所引发的实践哲学的复兴以及新亚里士多德主义进行了重新阐释。比如亚里士多德的行动—实践概念在海德格尔那里成为此在的生存性活动;亚里士多德的行动—实践概念在伽达默尔那里被理解为是一种历史性的诠释活动。我们可以看到,马克思主义实践哲学与新亚里士多德主义成为欧陆实践哲学的主流学派,实践哲学的复兴代表了哲学家们主要针对现代科学以及技术理性给我们带来的危险进行了批判,但从更深层含义上来理解,这种不满和批判还来源于行动中实践意义的消失。

如果按照近代哲学对行动的理解,它把行动当作是激发性的因果关系,那么人类的行动就只能在自然因果链条中去理解,从而我们可以认为人的行动是稳定可控的。

而这种设想已经在20世纪科学技术手段飞速进步的今天得以实现,在行为主义这里自然物理活动的还原主义达到了高峰,人们从自然无力的活动角度来理解人的精神活动。20世纪英美"行动哲学"的出现主要是受到了维特根斯坦的影响,行动哲学主要就是要把自然运动与人的行动之间加以区分并讨论人能够自主决定的是什么,这被定义为行动,这是行动哲学成立的前提;其次,解释行动的发生机制,其目的是通过探讨行动的理由、动机等一系列致动因的关系来为行动提供一个合理性。理性的存在者一定是在符合某种规范的情况下进行行动,当然,这要排除盲目行动这个情况;第三,行动者的自主行动,行动者的自主行动涉及自身的自主性和道德责任问题,每一个行动者都应该对自己的行动负责。以上是英美行动哲

学所关注的主要论题。

　　行动概念自古希腊以来逐步丧失了自己的本真意义，即自身的实践性逐步被技艺所替代，它从最开始的行动—实践慢慢演变还原为一种自然因果链条中的激发性原因、动机的解释。

本 章 小 结

　　本章主要对劳动概念和行动概念进行了一个基本梳理。首先是以 7 本词典或百科全书作为考察资源来详细阐述"劳动"概念和"行动"概念的收录情况和词源演变。其次，分别对劳动概念和行动概念在哲学史上的演进情况进行了详细阐述。通过梳理我们可以看到虽然劳动和行动作为人的本质性活动的两种范式一直被哲学家所关注着，但是作为一个核心概念得到深入的探讨却是近代以来的事。劳动概念自古希腊以来一直就处于不受重视的地位，直至现代资本主义的发展，它才获得了重大的理论地位，对于劳动地位上升的考察是理解现代性的一个基本向度，也是从整体上把握马克思劳动理论的思想史地位的必要工作；而考察行动概念在哲学史上的演进过程是为了说明行动自身意义的丧失，即行动实践性的消失，而其根本原因是思与行的断裂、哲学与政治的分离，这也是西方政治哲学传统的症结所在。行动概念自古希腊以来直至现代尤其是行动与实践在词语上的转换使用（从 praxis 到 actus），这表示了行动与实践的分离，行动逐步丧失了自己的本真意义，即自身实践性的不断消逝，实践从行动中被抽离出来并完成了自身的内在化、抽象化、普遍化的转变。而行动也从最开始的行动—实践慢慢演变还原为一种自然因果链条中的激发性原因、动机的解释。由于劳动和行动分别是马克思哲学和阿伦特哲学的核心概念，为了更好地展开对马克思劳动理论和阿伦特行动理论的比较分析，所以要将这两个概念进行历史性的梳理，在梳理中我们廓清两个概念的同时也为更好地理解二者理论的生成机理奠定了基础。

第二章　西方政治哲学传统思想中的马克思与阿伦特

第一节　西方政治哲学传统的形成

为了更好地理解马克思的劳动理论和阿伦特的行动理论,本章我们将回到西方政治哲学传统中来理解和把握马克思与阿伦特各自的思想特点及二者与西方政治哲学传统的深刻渊源。

一、古希腊前期——哲学与政治的统一

玛格丽特·卡诺凡(Margaret Canovan)指出,在古希腊时期雅典公民过着思想与行动统一的政治生活,这是他们的生活方式,而城邦为人们提供了这种生活的活动空间。在伯利克里时期,人们通过辩论、反驳、在相互意见交换的基础上进行独立的政治思考,在古希腊时期人们已经设立了议事会、陪审法庭等保护民主政治权力的机构,同时还设立了可以让人们自由参与城邦政治生活的市政广场、柱廊等"公共空间"。① 人们在城邦中过着思想与行动统一的生活体现在古希腊 logos 的原初意义中,logos 的本义是指言说和思想,"人是唯一具有 logos 的动物"②这是对早期古希腊人最好的诠释,"在政治领域中,人的至高能力是言说(logon echôn),准确地说,它是使人成为政治动物(dzôon politikon)的能力"③。在这里我们需要注意的是,logos 中的言说指的是人的本质活动而非外在于人的活动。海德尔格认为,

---

① CANOVAN M. Hannah Arendt: A Reinterpretation of Her Political Thought[M]. New York: Cambridge University Press,1992:258.
② 亚里士多德. 政治学[M]. 颜一,秦典华,译. 北京:中国人民大学出版社,1994:6.
③ ARENDT H. Philosophy and Politics[J]. Social Research,2004,71(3):450.

言行统一不仅是古希腊的传统也是 logos 的应有之义。而阿伦特则认为 logos 是显现一个人自身的活动,它是"通过行动和言说,人们表明他们是谁,积极主动地揭示他们各自独特的个人身份,并由此使他们在人类世界中显现"①。城邦中的公共领域的形成是通过公民的言说和行动构建的,阿伦特认为人通过言说来展示自身,言说中既有思想也有行动,同时她坚决反对把暴力带入公共领域,人们从不同的角度来表达自己所关注现实的不同,而在这一基础上人的复多性和自由又得到充分的展现。

苏格拉底的哲学就是在这种"言行和谐"的城邦政治中形成的。意见(doxai)可以理解为世界向人的展现,由于人在世界上所处位置的不同导致了世界的显现方式也不尽相同,换句话说有多少种人就有多少种世界就有多少种意见。苏格拉底常常在城邦中与人进行辩论和交谈,他的"助产术"是对人们的意见进行探究和剖析。他认为,人不能只依靠自身而必须通过"对话"的形式并且不停地追问以发现意见当中的真理性。苏格拉底对意见的探究不是为了让人们产生真理性和消除意见,他是为了让人们产生意见。在《卡尔米德篇》(Charmides)中,苏格拉底对克里提亚(Critias)说:"你好像觉得我声称知道问你的问题的答案似的,而且如果愿意,我就会把答案告诉你。不是这样的。我问你……是因为我自己也没有这样的知识。"②这段对话表明,苏格拉底对于正义、勇敢问题的追问并不是为了寻求这些范畴概念的定义,他之所以剖析这些意见是想让人们阐述自己对于这些范畴概念的想法。

苏格拉底在追问正义、勇敢等范畴概念的定义时自己事先并不明确,或者说他的本意也不是为了给这些范畴概念以明确的定义,他之所以来剖析这些概念是为了想让其他人一起来从对这些范畴概念的争论中把自己的意见清楚地、连贯地表达出来,不应该用所谓真理性的结论和标准对人们的意见进行抹杀。"苏格拉底不想教导公众,而是要提升他们的意见(doxai),这些意见构成了他自己也参与其中的政治生活。"③在苏格拉底的对话中往往是双方都在一个平等的基础上互相阐述自己的意见,在接受别人对自己观点批判的同时也可以对别人的观点进行肯定或否定,通过这一辩驳的过程原本隐藏在意见中的真理性才能得以显现,而同时在公

---

① 阿伦特.人的境况[M].王寅丽,译.上海:上海人民出版社,2009:179.
② ARENDT H. The Life of the Mind[M]. New York:Harcourt Brace & Company,1977:236.
③ ARENDT H. Philosophy and Politics[J]. Social Research,2004,71(3):434.

共领域展开的过程中也让自身得以显现,他人正是在这种政治行动中认识到每一个不同于自己的人。

在前古希腊时期哲学与政治的关系曾经是和谐的,logos 就是这一关系的产物,哲学思考就是对行动的实现。而这种和谐的关系被苏格拉底的审判和处死彻底地打破了,至此哲学与政治开始分裂。

二、柏拉图、亚里士多德时期——哲学与政治的分裂

苏格拉底之死让哲学与政治正式分裂,同时西方政治哲学开始发生转折。

(一)哲学与政治的分裂——柏拉图"洞喻说"的两次转折

柏拉图从苏格拉底之死中看到了哲学与政治的对立。至此,他对城邦生活改变了原有的想法,同时对苏格拉底的哲学提出了怀疑,他对政治城邦生活进行了"反叛"以此来保护哲学家的安全问题。柏拉图对城邦政治提出了"真理"与"意见之路",他对苏格拉底的哲学进行了彻底的转变,从对"意见"的重视转为了把"真理"放置在"意见"之上,哲学在政治之上,由此西方政治哲学传统被确立。

柏拉图在《理想国》第七卷中的"洞喻说"明确表达了他在看到苏格拉底对哲学与政治问题调和失败后的态度,他直接宣布了理念是一切事物的标准,真理在意见之上,这种等级二元论让政治从多元状态变为了一种单一的统治,城邦政治中的意见慢慢消失,变成了由"真理"统治的"暴政"。

柏拉图认为,洞穴就是我们生活的政治领域,洞穴中的人就是现实生活中的人,他们有得到真知的渴望,却只能认识洞穴墙壁上晃动的影子,当其中一个人挣脱锁链转过身来的时候,他看到真正的光并知道影子不是真实存在的,这个人就是哲学家,当他走出洞外发现了真相时,他选择返回到洞中告诉大家在洞穴中所看到的一切都是假象,真理存在于洞穴外,然而洞穴中的人并不相信他,对他进行了嘲笑和孤立。柏拉图对"洞喻说"的描述构成了其自身哲学的核心内容,同时也表达了哲学与政治分裂的关系。

柏拉图的"洞喻说"中蕴含着两次转折,这两次转折反映出西方政治哲学传统的形成。从洞内走向洞外是第一次转折,在洞穴中当第一个人(哲学家)挣脱锁链发现洞外的阳光知道自己常年观看的只不过是墙上的投影时,他选择离开洞穴,这种离开的选择不是为了洞穴中的人而是因为自身对光明的好奇,这种"惊奇"让他

决定走向洞外来寻求光明的所在。第二次转折是人(哲学家)返回洞穴,人为什么在走到洞外后选择回到洞穴中,阿伦特认为哲学家的内心深处存在城邦的使命感,受到这个召唤哲学家选择回到城邦中。然而,重返城邦的人(哲学家)与洞穴中的人产生了冲突,哲学家在离开洞穴后感受到了洞外真理的光芒,他明白了洞外真理与洞内假象的不同。这时冲突产生了,而这种冲突来自于"真理"发生了变化,首先是洞外的"真理"在回到洞内后变成了意见。回到洞中的哲学家与洞穴中的众人产生了矛盾,哲学家在向众人讲述洞外"真理"时,众人无法理解哲学家所说的"真理"是什么,从而"真理"变为了意见;其次,洞穴中的所谓"真理"其实是一种标准,真理的本质应该是"对我来说"的状态显现在众人面前,当它本真的状态消失后,以一种标准强迫众人认可的姿态让大家接受,"真理"状态的改变不是类型之间的转变而是生存方式的转变,它从一种无遮蔽的状态变为一种普遍的原则。在"洞喻说"中,洞穴是人的生存结构,人一出生就生活在洞穴中,当众人生活在洞穴中时他们自动接收洞穴给出的一切信息,人们通过洞穴来建立现实世界和精神世界之间的联系,从而形成了洞穴中的标准。而当哲学家从洞外返回洞穴中,哲学家的"真理"与洞穴中的"真理"产生了冲突,最终哲学家的"真理"成为意见,众人的"真理"成为标准,柏拉图这种把真理作为一种正确性的标准对后来的哲学和科学深意存焉。

为此,柏拉图提出了理想国。在理想国中为了让哲学实现自身就必须使哲学家成为王者,只有这样才能完成他对真理的构想。最终柏拉图的理想国没有实现,但是他确立了以哲学来统治政治的西方政治哲学传统。阿伦特认为"柏拉图式的知识等同于命令和统治,行动等同于服从和执行,否决了政治领域当中以前所有的经验和表述,甚至在柏拉图产生他的概念来源被遗忘了很长的时间以后,都对整个政治思想传统具有决定性的影响"[①]。

(二)哲学在政治中的"nowhere"——亚里士多德对人活动的严格区分

亚里士多德认为政治行动的形式与表演十分相像,他通过对一些表演形式的概念化,如吹笛和舞蹈等,认为表演的活动的目的就是表演本身,它们的目的存在于活动之中。亚里士多德一般把人类活动分为三类,即享乐生活、政治生活、沉思

---

① 阿伦特.人的境况[M].王寅丽,译.上海:上海人民出版社,2009:225.

生活,同时对积极生活进行了严格区分。他认为,"实现"(energeia)和"现实"(en-telechia)与政治紧密相连,它们代表的是行动是一个过程的本身以及行动本身是一个目的。这两个概念也被亚里士多德定义为实践(praxis),至此行动中的实践层面被单独划分出来与生产/制作(poiēsis)活动做出了严格区分。

亚里士多德的实践哲学中体现了政治生活的尊严。

尽管亚里士多德把政治生活纳入了人们可以选择的范围内,但是从他对积极生活的具体分类和排序中我们可以看到他与柏拉图在政治生活态度上保持了一致,受到柏拉图的影响,亚里士多德认为按照模型来制作物品的生产/制作活动应该高于实践活动,在某种程度上说这种活动与对理念进行沉思更为接近,这点深深受到柏拉图的影响。亚里士多德在《形而上学》中对各种不同的知识进行分类时把理论知识放在第一位,其次是生产/制作的知识,最后才是明智和实践的知识。所以,我们可以说亚里士多德对于实践的理解其实并未认识其本质,他是以生产/实践的角度来理解实践活动的。同时他指出立法活动就像生产/制作活动一样经过活动过程本身最终得到了一个确切的结果,所以它是一种重要的政治活动。因此,政治在亚里士多德那里被从哲学中分离出来并被放置在一个很低的位置上进行讨论。

亚里士多德还讨论了政治得以形成的前提条件——闲暇。他认为人们只有把自己从辛苦的劳作中解放出来才能拥有闲暇时间,而这是公民能去参与政治活动的根本保证。亚里士多德把"别无其他目的而全然处于自身兴趣的活动"定义为闲暇,他指出这是人自身要去追到的东西,在古希腊人只有拥有闲暇时间才能逐步地进行自身完善,但是闲暇活动在这里被规定的范围非常的狭小,比如政治、哲学、美术等等。在古希腊城邦中闲暇的活动是一个和谐城邦政治生活的标志。在一个理想化的城邦政治生活中,公民不应该从事任何劳动、不论是手工的还是农耕或商业活动,人们应该有充足的时间来培养自己的德行和进行政治活动。在这里我们依旧可以看到亚里士多德对于政治生活要比沉思生活低的态度,在探讨公民如何获得德性的问题时,他认为哲学深思是所有活动中最符合闲暇要求的,同时它是人们心目中最理想的活动方式。我们可以在沉思中来理解事物,同时通过深思来认识自身中最神圣的一部分。好的闲暇活动是把人的所有智慧、创造性都发挥出来、为了追求理性生活的活动。而政治活动是人所创立出来的,所以亚里士多德认为它的目的在外而不在自身中,也就是说,它最终只能作为一种达到哲学生活的目的的手段存在。

随着政治社会的逐渐衰落,哲学家们面临着如何在城邦中处理好哲学与政治之间的关系、如何自处的问题。自柏拉图起沉思生活就被认为优于积极生活,真理成为一种标准,意见则变为了真理的对立面存在,政治领域不再被人们所需要。在这种观念的影响下政治的本真含义逐渐消失,阿伦特认为"柏拉图、亚里士多德之后发展出了新型的哲学家。这种新的哲学家只是由于非政治的因素,对人类事项世界不关心;也正是由于轻视人类事项世界,所以,面对着共同的世界能保护自己"[①]。哲学家们为了确保哲学的完整性和自身的安全,远离了城邦共同生活的领域以实现自己的沉思生活。

在某些方面,亚里士多德似乎比柏拉图走得更远。柏拉图虽然认为哲学与政治应当分离,但是他依然在某种意义上坚持着哲学家对城邦有应尽的义务,正如在"洞喻说"中哲学家从洞外受到心中使命的召唤而回到洞穴一样。而亚里士多德在这一方面要比柏拉图坚持得更为绝对,他认为哲学家是真正意义的无家可归,处于一种"无地"(nowhere)的状态。在《劝勉篇》(Protreptikus)中他指出,哲学家的漂泊感可以让他们更好地进行沉思生活。这一点就非常明确地表明了在亚里士多德那里哲学与政治的截然对立,这种截然对立确立了哲学生活方式与政治生活方式的根本性不同。由此我们可以确定原本哲学与政治在柏拉图那里还只是以不对等的形式出现,但是到了亚里士多德的哲学中却已经被截然分开了。

三、柏拉图、亚里士多德之后——政治哲学的衰落

(一)中世纪神学对人类事物的贬低

罗马帝国时期哲学与政治的分离以及基督教的兴起都让政治哲学的处境更为艰难。在柏拉图和亚里士多德时期,哲学是对政治进行统治,那么在中世纪的基督教这里政治从来就不在神学的范围里。基督教认为"上帝的东西归上帝,恺撒的东西归恺撒",基督教在产生之际就已经明确地表示了应该对世俗的政治生活远离甚至是独立。中世纪神学的发展一方面让有关人类精神的事物从国家职能中独立出来,教会取代了其他权利而成为一种世俗权利的存在,它与国家的权利之间形成了

---

① 阿伦特.马克思与西方政治思想传统[M].孙传钊,译.南京:江苏人民出版社,2007:201.

极为复杂的关系;另一方面,古希腊传统意义上的政治概念发生了根本改变,这让原来的政治生活增添了许多新的内容。

奥古斯丁对新柏拉图主义进行了改造并将其与基督教结合在一起,但是本质上他其实只是把柏拉图哲学中所含有的细微的政治内容都剔除出来。他认为,作为基督徒最重要的是面对上帝如何生活,人世间的事物是人们在回归上帝的过程中最终要抛弃的东西。基督教认为,人的肉体只是灵魂回归上帝的载体,个人的生命应该得到珍视,保护好个人生命是一项神圣的义务,人不应该自杀,自杀比谋杀更糟糕。人应该追求的是向上帝回归而不是世俗世界的生活。挪威哲学家奎纳尔·希尔贝克(Gunnar Skirbekk)说:"奥古斯丁的上帝之都和尘世之都的学说并不是作为一种政治理论而得到明确界定的,这首先是因为奥古斯丁进行的是神学思考而不是政治思考。"①

在基督教对善这个问题的理解中我们可以看到它对政治的态度。基督教所主张的行动应该是在上帝面前显现而不是如何在众人面前显现,因为一旦行动的目的是为了他人时,行动就变得被败坏了。基督教主张真正的善的行动应该是不为其他人所知的,就如"左手不知道右手所为",这一理解把善从世俗世界中完全抽离出来。所以可以肯定地说,政治在基督教的学说里没有任何地位和尊严。

(二)文艺复兴时期开始关注国家

文艺复兴时期,中世纪神学对政治的理解发生了重大改变。在这一时期,人们的关注点从天国回到了人间,作为人,人所具有的一切特性我都无所不有,人们开始希望能够建设一个家园以使自己稳定地在尘世间生活。这种思想的转折开始让人们不只考虑自己在上帝前应如何行动,同时也在考虑在人类事物领域即政治领域中应当如何显现自身。文艺复兴的哲学家们开始关注国家,他们提出人是会死的,所以为了保存个人的行迹记忆应当建立国家以跨越时间。哲学家们对国家的关注就像基督教教堂保存和激发了宗教成就一样,只不过国家是为了世俗世界,教堂是为了人们的来世。

在这一时期最杰出的代表就是马基雅维利,他提供了一个与柏拉图完全不同的关于政治的看法,他察觉了私人领域与公众领域之间已经产生鸿沟的人。他认

---

① 希尔贝克,伊耶.西方哲学史——从古希腊到二十世纪[M].童世骏,郁振华,刘进,译.上海:上海译文出版社,2004:137.

为国家保存了人的成就和行动轨迹,人在政治生活中首先要关注的就是世界,因为它不仅给人们提供了显现自身的空间,还赋予了人生一种意义。马基雅维利说:"我爱国邦胜于自己的灵魂。"为了更好地理解政治生活,他把不朽和荣誉这些古希腊时期的古老概念都引入了自己的政治哲学中,他认为人在世界中德行的考量其实看的是其政治品质而不是道德品质,当世界打开的机运(fortuna)之中德性必存在其中,它也存在于人对世界的呼唤的回应中。

马基雅维利对于政治的看法显然有回归前古希腊政治哲学的倾向,但是近代的宗教改革、望远镜的发明和美洲大发现又使得这种倾向变得不可能,人们对政治的看法又回归到柏拉图所奠定的西方政治哲学传统中。

(三)近代哲学——对公共世界的疏离

近代以来哲学对世界的疏离成为这一时期的主要特征,尤其是我们上面说到的三大历史事件,宗教改革、望远镜的发明、美洲大发现和笛卡尔哲学发展出了一种主观主义哲学。这一时期的哲学家的关注点从公共世界转向了先验世界,哲学走向了内在心灵世界的认识论,这种主观主义哲学并没有把关注的目光放在与人类事物相关的领域,同时它们也无法真正地理解什么是人类生活的公共维度,它们认为人只能拥有自己的身体和心灵的结构,而不能有任何政治行动,所以它们提供不了人们所需要的政治哲学。近代哲学把人和世界都作为一个个体来理解,它把人与人之间的关系理解为个体的一种自然性质,也正是因为无法理解公共世界的主体间性,从而人们被理解为封闭的、原子式的个人。

近代政治哲学思想的特点就是对于个人利益的重视,自由主义以个人利益为宗旨,这是近现代西方资产阶级的主流观点,与自由主义的"最小限度的国家"相对应的是一种"最小限度的政治",在这一时期,哲学与政治依旧处于分离状态且政治空间受到极度压缩。

笛卡尔为近代哲学提供了一个基本的前提假设,他对理性的确定性进行了怀疑。他认为,人的理性就像身体器官一样都是共同的,"良知(即理性),是人间分配得最均匀的东西。……我们的意见之所以分歧,并不是由于有些人理性多些,有些人理性少些,而只是由于我们运用思想的途径不同,所考察的对象不是一回事"①。但是,世界的共同性与人们自身的共同性不同,前者需要他人的存在,后者则不依赖任何人。所以,笛卡尔在解释人是如何认识世界的时候他提出人们共同拥有的不是世界而是共同的身体、心灵和理性,这一观点也奠定了整个近代哲学的主要基调。

霍布斯认为,从经验论的原则出发,世界的真实性与个人的真实性相比并没有高出多少,身为原子式的个人与他人的关系只能是身体和心灵方面具有共同性,它们通过不同的组合方式来进行重新组合。在霍布斯著述中的人都只关心个体利益,他们把自然界作为一种可以进行加工生产的原材料,我与他人之间的关系是竞争关系,我跟他人的结合是出于对自我利益的追逐以及对死亡的恐惧。与笛卡尔一样,霍布斯认为人只能认识自己制作出来的东西,在他的政治哲学范围一切都是"非自然"的,世界被他理解为是上帝创造出来的就像人类制作其他事物一样。所以,霍布斯的政治哲学中的国家概念完全取消了政治的地位,作为个人没有任何政治身份,而国民的公共人格只能在主权者身上体现,人作为一种消费性而存在。

洛克的政治哲学则与霍布斯稍显不同。洛克认为建立国家的目的是让人与人之间形成一种更好的合作方式,所以它只具有有限的权利。阿伦特指出,洛克政治哲学的最大成就是他对财产的论述。与传统观点不同,洛克认为人的身体不是需要逃离的必然性,人是自身肉体的唯一和真正的主人,身体是人自身的最大财产和自由的本源,所以洛克提出人应该获得更多的财产。洛克的政治哲学虽然并不像霍布斯完全对政治进行了压缩,他只是更强调通过人的自身就可以确立自己和世界的实在性,所以对政治行动不做过分追求。

进入近代,哲学的主要特征变为了对世界的疏离感,在古希腊时期哲学家们的关注点从城邦政治生活转向了先验的永恒实体。而当进入近代笛卡尔则开启了从先验的永恒实体回到了人的内心心灵世界,转向了对认识论的深刻研究,至此公共世界开始慢慢隐退。在这一时期,由于政治哲学已经丧失了理解人类生活的公共维度,所以无法建立一个政治哲学概念框架以此来解释公共世界、人的复多性以及行动等概念。人们处在近代时期除了可以拥有自身的身体和心灵结构外,不可以共有任何东西,所以在这个时候的人是被分解为无数个体的人,个体的人只能进行的是心灵的自我沟通,而人与人的关系只是一种自然性质或者说人与人之间没有

---

① 笛卡尔.谈谈方法[M].王太庆,译.北京:商务印书馆,2005:3.

沟通关系,在这种封闭空间形成的原子式的个体,他们之间是无法创造和维持一个公共世界的。

(四)德国古典哲学——用历史哲学来弥合政治与哲学之间的裂痕

在资本主义扩张以及科学的快速发展和法国大革命的爆发背景下形成了历史主义的世界观,这一世界观彻底代替了近代所形成的原子主义。首先是科学领域受到这种世界观的影响,随后扩展到人们对于历史的理解。这一时期的主要观点主要有两个核心,一个是过程、一个是进步。历史是一个自我不断推进的过程,在历史中人永远在向前进,这种过程性不可逆转,人只有被放在历史中才有意义、才能被理解。但是,这种在历史中的人不是一个具体的人而是抽象的、大写的人或绝对精神。或者说,书写历史的是大写的人或绝对精神而不是生活在世界中的人们。那么这种历史哲学其实本质上是以"未来"来作为理解维度的一种过程实在观,在这种大写的人或绝对精神的笼罩下,人的自主性和政治尊严只能是一种傀儡。所以,在这种观点下也无法提供一种适当的政治生活。

黑格尔正是在这个意义上对其政治哲学进行阐述的。与之前我们探讨的哲学家不同,黑格尔对于人类事物非常关切,他认为人类事物、政治生活应该被纳入哲学的讨论范围,因为它们是绝对精神展现的一个重要环节。他强调在历史框架中人的政治行动。也就是说,黑格尔之所以重视人类事物是因为他把人类事物看作是绝对精神的一种展现。所以,在这里,人类事物也并没有真正具有独立的价值和尊严,只不过是把对绝对的本性的理解从通过研究普遍或上帝启示之言来转移到了通过历史研究来获得。因此,黑格尔用历史概念代替了原来的形而上学,把形而上学与政治的关系直接复制在历史与政治之下。因此,黑格尔提出的是历史哲学,而不是真正的政治哲学。

通过上面对四个时期哲学与政治关系的考察,我们可以看到哲学与政治从最开始的合一状态到柏拉图和亚里士多德时期被逐渐分开并渐行渐远。柏拉图把世界一分为二,让真理与意见对立;亚里士多德虽然把政治生活单独提出来并进行讨论,但是他确立了政治生活低于沉思生活的这一等级关系。随着近代科学的兴起,人们通过科学实验的推理和论证发现人只能认识自己创造的事物。直至黑格尔发现了"作为思维的人类与作为(人的)延长的世界,认识与实在、思维与存在之间产生了分裂的深渊"①,他尝试用绝对理性来统一哲学与政治,认为一切活动包括政治活动都可以在"理性的智慧"下寻找到自己的意义。

第二节　马克思劳动理论对西方
政治哲学传统的颠覆

自柏拉图、亚里士多德形成的西方政治哲学传统终结于马克思。马克思认为哲学应该关注现实,他通过对西方政治哲学传统的批判指出,之前的哲学家们只是对世界进行了解释而并没有从根本上改变世界。马克思对西方政治哲学传统进行了终结和颠覆,"马克思哲学不仅颠覆了黑格尔同时还颠覆了思维与行动、沉思与劳作、哲学与政治的传统等级秩序"②,马克思的劳动理论对整个西方政治思想传统,尤其是传统劳动观进行了颠覆和挑战。

一、产业革命的实现与马克思劳动理论的创立

18 世纪 60 年代由于蒸汽机的发明和使用,英国的生产方式发生了剧烈变化,产业革命在英国直至 19 世纪 30 年代末 40 年代初基本完成。随后德、法、美等国家先后于 19 世纪完成了生产力革命。马克思身处由产业革命带来的社会生产与社会结构被重大变革的时代。伴随着产业革命的开始,机器生产和雇佣劳动成为经济的主要标志,机器生产力的发展为资本主义奠定了深厚的物质基础,促进了资本主义生产力的迅速发展,但是同时也使得社会阶层逐渐划分为两大阵营,即资产阶级和无产阶级。

随着资本主义生产方式的确立,社会化生产与资本主义私有制之间的矛盾日益凸显,其中矛盾比较突出的有企业有组织的生产和无政府状态的社会生产之间的矛盾,还有生产能力不断提高和劳动者日益减少的报酬之间的矛盾。产业革命给社会经济带来了巨大变化,首先由于生产方式的改变,社会经济发展正需要劳动力大量地投入,人们在开始重新对劳动价值进行认识后又再次开始了对劳动的研究;其次,与产业革命所带来的物质的极大丰富相反,劳动者却日益贫困,致使很多

---

① 阿伦特.马克思与西方政治思想传统[M].孙传钊,译.南京:江苏人民出版社,2007:105.
② 贺照田.西方现代性的曲折与展开:第六辑[M].长春:吉林人民出版社,2002:398.

学者对于这种现象开始进行研究。

　　资产阶级在不断进行财富积累时，身为无产阶级的劳动者在不断付出辛苦努力后却是日益贫困的结果，当这种矛盾发展到一定程度时就不可避免地导致资本主义经济危机和社会革命的爆发。在世界各地发生的解放运动中我们可以看到这种矛盾的突出表现，比如法国里昂工人罢工、德国西里西亚纺织工人的起义，当无产阶级作为一股政治力量正式登上政治舞台的时候，他们发现了通过革命并没有解决他们贫困的现象，尤其是当他们更加努力地创造财富时反而越来越贫穷，那么应该如何实现自身的解放呢？19 世纪前半叶当英法等主要国家先后进行完产业革命后，社会的生产力在这里得到了极大的提升。一方面，产业革命让我们重新理解了劳动在社会中的地位，劳动的价值在产业大革命中被体现了出来，所以劳动问题成为近代的主要问题之一；另一方面，就是我们上面提到的劳动者都认识到了当他们越努力工作时他们所获得的劳动成果却越少，那么这也成为很多学者关注的问题，即资本主义社会异化现象的根源所在。马克思正是在这样的社会背景下形成了自己独特的劳动理论，或者换句话说马克思劳动理论是由产业革命的现实催生出来的。

　　在《共产党宣言》中马克思说道："资产阶级在它的不到一百年的阶级统治中所创造的生产力，比过去的一切世代创造的全部生产力还要多，还要大。"①产业革命的到来不仅使社会经济得到了快速发展，也使人们改变了原来对劳动的看法，如何认识劳动的本质、劳动的地位这些都被纳入哲学的研究范围。马克思的劳动理论正是在这种环境和需求下诞生的，可以说正是产业革命的发展和无产阶级的迫切需要，才促使马克思劳动理论的产生。

　　在产业革命的大力推动下，无产阶级在面对如此恶劣的现实情况下特别需要有一个能够解决异化现象的理论为其提供理论支持。可以说，马克思是 19 世纪唯一把人类最重要的活动，即劳动用哲学语言来叙说的哲学家，他的劳动理论正是在这样的历史现实环境中产生的。他把原本作为维持人生存需要的必要性活动不再看作是私人领域中的事，而是把它带入了公共整治领域中，这就是马克思劳动理论对西方政治思想传统的巨大挑战和彻底颠覆。

---

① 马克思恩格斯选集：第一卷[M].北京：人民出版社，1995：277.

二、马克思劳动理论对政治哲学传统的终结

马克思是一位伟大的"颠覆者",正如阿伦特所言:"要对卡尔·马克思进行思考或写点什么,决不是一件容易的事。"①实际上,作为 19 世纪和 20 世纪两位最深入反思和拯救人类苦难的思想家,马克思和阿伦特都继承并超越了古希腊以来的西方政治思想传统。但马克思作为"革命家",在根本上是"实践的超越"——完成了对西方政治传统的"终结",彻底颠倒和扭转了"理论"优先于"实践"的西方政治思想的根本传统,从而开辟了一条在西方政治思想传统的基础上继续"向前走"的"改变世界"的实践超越的政治哲学新道路。

从博士论文《德谟克利特的自然哲学和伊壁鸠鲁的自然哲学的差别》的古希腊"原子论"研究,到《黑格尔法哲学批判》和《德意志意识形态》的德国"法哲学"和"意识形态"研究,再到《政治经济学批判》和《资本论》的英国"古典政治经济学"研究,以及《路易·波拿巴的雾月十八日》和《法兰西内战》的法国"意识形态"和"巴黎公社运动"研究,无不表明马克思的政治哲学思想是在对西方政治哲学传统的批判中形成的,而且,马克思的哲学的成长历程深深受惠于古希腊哲学的思想。在一定意义上,希腊的古典哲学构成了马克思理论生命的核心,其政治经济学批判、社会正义、民主等理论都深深受到古希腊城邦正义价值和典范的影响。马克思将古希腊社会生活的伦理典范和价值观念融入进了他对现代工业社会的理解和评估当中时,便深深陷于古代人与现代人的两个世界之中。② 可以说,马克思哲学的实现目标与亚里士多德哲学中的"幸福生活""自我实现"类似,就如我们拥有对幸福美好生活的憧憬一样。

在传统政治哲学中与自由和解放有关的问题并不是马克思劳动理论所关注的重点,他关注的是自由和解放的"事实"本身。这也是阿伦特如此重视马克思思想的根本原因所在。自柏拉图开始的西方政治哲学传统至今被颠覆过三次:克尔凯郭尔从怀疑到信仰的改变,尼采对柏拉图的批判,以及马克思由理论到活动的转变,其中马克思的批判和颠覆最具影响力。马克思哲学"与其说是颠倒了黑格尔,

---

① 阿伦特. 马克思与西方政治思想传统[M].孙传钊,译. 南京:江苏人民出版社,2007:3.
② 麦卡锡. 马克思与古人—古典伦理学、社会正义和 19 世纪政治经济学[M]. 王文扬,译. 上海:华东师范大学出版社,2011:2.

不如说是颠倒了思维与活动、精神与劳动、哲学与政治等相互关系间的传统的等级"①。马克思以对黑格尔哲学的超越为开始对由柏拉图和亚里士多德开始的西方政治哲学传统进行了批判,他敏锐地看到了西方政治哲学传统的症结所在,让哲学从天上回到了人间,把"对天国的批判变成对尘世的批判,对宗教的批判变成对法的批判,对神学的批判变成对政治的批判"②,他在批判资本主义的过程中发现了这样一个事实,劳动是自由自觉的活动,它创造了人本身,而在资本主义社会中它却异化为人自身之外的东西。"劳动对工人来说是外在的东西,也就是说,不属于他的本质;因此,他在自己的劳动中不是肯定自己,而是否定自己,不是感到幸福,而是感到不幸,不是自由地发挥自己的体力和智力,而是使自己的肉体受折磨、精神遭摧残。"③至此,资本主义社会中出现的劳动的异化现象和人的异化现象都被马克思所揭露出来。马克思认为,劳动本来作为人的一种对象化的活动,其实质是人的一种自由自觉的活动。但在资本主义社会中,劳动由于"交换原则"的扭曲成为让资本迅速增殖的手段,它的目的是为了资本主义生产,由此劳动走向了自己的对立面,而这也是"资本主义生产的真正限制"④。其次,马克思指出以前的哲学家对世界进行多种角度的解释,而不是真正对世界进行了改变,改变世界的最终目的是消灭异化劳动让人类得到解放,而实现这一目标仅仅依靠"宗教解放"和"政治解放"还不足以让人得到真正的自由,必须彻底解放"劳动"。当哲学终于从天上回到人间时,我们发现正是马克思对西方政治哲学传统的超越才使得我们得到了这样一个结果,同时对于现代性危机的解决和最终实现人的自由解放提供了一条在现实中切实可行的道路。

在近代社会中所有问题都被归结于劳动问题和历史问题,阿伦特认为马克思劳动理论的重要意义不在于他是从政治经济学角度对劳动问题进行了分析还是在于他对革命的阐述,他的主要问题是回到了这两个新难题身上,即劳动问题和历史问题。在讨论西方政治哲学传统形成时我们曾经探讨过,除了前古希腊时期外,在其他历史时期,劳动及其劳动者是排除在政治空间之外的。随着商业的不断发展,尤其是近代资本主义产业革命的进行,机器工业的快速发展及资本全球化进程使

① 阿伦特. 马克思与西方政治思想传统[M]. 孙传钊,译. 南京:江苏人民出版社,2007:87-88.
② 马克思恩格斯选集:第一卷[M]. 北京:人民出版社,1995:2.
③ 马克思. 1884 年经济学哲学手稿[M]. 北京:人民出版社,2000:54.
④ 马克思. 资本论:第三卷[M]. 北京:人民出版社,2004:278.

得经济与政治成为现代政治哲学的主题。与古代社会蔑视经济活动,尤其是商业活动不同,近代思想理论对经济问题的关注与其形成了鲜明的对比,这一时期哲学家对劳动问题的关注以及政治经济学的诞生和发展就是对经济活动产生政治效应最好的回应,它们使劳动及劳动者纳入了政治思考的范围,同时也确立了劳动对政治的基础性意义。在对黑格尔哲学和资产阶级政治经济学进行批判后马克思建立了自己的劳动理论,他对其进行颠覆和创新的地方主要有以下几个方面:

(一)还原劳动者作为社会政治主体的应有地位

劳动一直以来被人们作为维持生命的最基本的活动。从古希腊开始劳动者就处于比较低的社会阶层直到近代才有所改变。因为劳动总是与人的生存性关联,它代表了人总是受到自然的支配,在这一点上人与动物无异,"人类生活方式中与动物方式共同的部分不能被认为是人类的生活方式"[①],人是为了维持自身生命而不停进行劳动活动,到后来工匠也遭到歧视,因为二者均没有脱离生产生活必需品的范围,所以他们都没有摆脱动物的基本特性。

从这个意义上理解我们可以看到劳动具有的两个最基本特征。首先是劳动具有的必然性。由于人们需要为了维持自身的生命而不停地生产生活必需品,那么劳动就要一直进行,可以说人类所有活动得以进行的其他条件就是劳动活动,包括经济、政治活动都要由劳动来提供基础保障后才能进行。自古希腊以来人们对于劳动这种必然性的抵触,主要是因为从事劳动的奴隶受到强制性进行生产活动而失去了自由,所以他们都不是公民,因为他们并没有行使公民的权利,都是不自由的人。在城邦中作为一个合格的公民,他一定是从劳动的束缚中解脱出来的,他是自由的,但是作为人他又需要生活必需品,那么这一点只有通过控制他人来获得自己的自由,这也是希腊城邦需要奴隶的原因。第二点,劳动具有私人性。在古希腊时期,劳动属于私人领域,这是一种前政治现象。在私人领域充斥着暴力和强制,而这是非常正常的行为,从严格的意义上来说劳动是私人的事情,在这里没有真正的自由。真正的自由不会在私人领域中实现,它只可能在公共领域中实现,那些从事必须性劳动的"人"都不可能进入公共领域。[②]

---

① 阿伦特.人的境况[M].王寅丽,译.上海:上海人民出版社,2009:81.
② 仰海峰.阿伦特眼中的马克思——思想史语境中的重读与误释[J].吉林大学社会科学学报,2007(5):26.

正是奴隶制的存在才使得当时的古希腊城邦能形成多元化的政治形态。希腊人认为,奴隶的存在是保证公民从事政治活动的必备条件,只有确保让公民们从必要的劳动中解放出来参加政治,才能实现公民的个人价值,才能确保城邦政治的正常运行。在这样的观点下,哲学家们对于劳动的态度保持一致的怀疑和贬低,他们都认为把人从自然支配的生命必需性中解放出来参与政治是一种哲学理想和政治追求。所以,他们把劳动领域中这种统治与被统治的关系应用到了政治当中,政治由此产生。在西方政治哲学传统中,总体来说,劳动在历史上的各个阶段的地位并不高,甚至都没有政治活动所限定的价值。它在由自由人所组成的政治领域中只能停留在政治之外,马克思则以"劳动创造了人本身"开始了对政治哲学传统的反叛之路。

首先,他认为与古希腊形成的劳动观正相反。劳动不是让人丧失自由而是让人真正得到自由的活动。人不是被上帝创造的而是劳动创造了人,人与动物之间最重要的区别就是劳动,或者说人是劳动的动物。亚里士多德认为,"奴隶和夷狄并不在真正的人的范围内","只要人被进行强制性行动他就不符合作为真正的人,当人只有不受动物那种必然性的约束时,当他可以自由地在公共领域中进行言说和行动时,他才能被称为真正的人"。"人是政治动物"可以说是古希腊最早的对人的性质的定义。马克思对于人的这个定义是对古希腊以来的劳动观的终结。我们可以发现,二者在回答同一个问题,而对于这个问题的许多方面是完全对立的,在这个我们所理解的、共同关心的政治与劳动的世界中,以"政治动物"居住开始到"劳动动物"居住结束。

马克思认为劳动的动物有以下几个含义:当人不参加生产而是需要依赖别人的劳动成果而进行生活的人,他就不是本来意义上的人,哪怕他已经在城邦政治生活中存在。"人是理性的动物"是亚里士多德之后的哲学对人的定义,然后所谓理性的动物也并不适用于所有人,因为并不是所有人都具有"理性"思考能力,或者说每个人的思考和推理的能力是不同的,所以这个定义并不能概括人的本质。而马克思所提出的"人是劳动的动物"这一定义挑战了人类对于自身基本活动的等级秩序,他认为人与动物最大的区别就是人可以通过劳动来生产自己所需的生活资料,人们是通过劳动来进行自然的物质代谢,而动物只能从自然界中直接获取自己维持生命的必需品。

其次,马克思把劳动放在了与上帝同等重要的位置上。他在与"上帝创造了人类"基督教教义相对应的基础上提出"劳动创造了人类"。自古希腊以来劳动被始终排除在政治领域之外,古希腊人、罗马人把劳动从生育、诞生的角度来理解,认为劳动是用来维持人们的生命的,认为这都属于必然性领域之内的事,劳动只是解决了人们的生存问题而存在于私人领域当中。直至中世纪,劳动仍然受到蔑视,除了与古希腊时代一样认为它是一种人应该脱离的必然性外,他们还认为这是对人自立性的一种玷污,只有劳动者或者不自由的女人才能从事这种活动。

而马克思则完全颠覆了传统的劳动观,他认为整个人类存在的前提以及人类活动的核心就是劳动。马克思对劳动进行了高度的赞扬,他认为劳动是人自由自觉的活动,是人的本质的彰显。他把劳动从私人领域中解放出来,认为劳动解放是具有革命意义的活动,劳动解放是人们达到真正自由的必要性桥梁。从劳动中得到解放意味着资本主义社会中受剥削的工人阶级获得了政治上的平等。把劳动从必要性中、从受人轻视中提升为人类生存的必要前提条件,把劳动问题从私人领域上升为公共政治领域,马克思对古希腊以来的劳动观进行了彻底的颠覆,给予了劳动以重要地位。

(二)塑造一种全新的人类政治交往状态———"自由人的联合体"

马克思在对西方政治哲学传统以及黑格尔的主奴辩证法进行批判的基础上建立了劳动与政治解放之间的联系。通过对劳动异化本质的揭示来说明如何通过在资本主义社会进行劳动解放以实现无产阶级的政治经济学。

马克思提出"无产阶级只有解放全人类,才能彻底解放自己",这一观点与以往人文主义式的价值宣导和道德悬设不同,它是站在全人类的价值立场上包含着对西方政治哲学传统的转换与超越,是一种批判性的理性断言。

首先,在马克思的劳动理论中"市民"被作为旧唯物主义的基点,而"人类社会"或"社会化了的人类"则是新唯物主义的基点。这是对西方政治哲学传统价值立场和立足点的根本转换,马克思通过把阶级之间的对立转换为实现消灭阶级压迫的人类解放;同时也是从以个人需要为导向的市民社会转换为实现人真正自由本质的"自由人的联合体",这也是马克思哲学的公共性维度所在。

其次,马克思对西方政治哲学传统的批判不是停留在理论层面、道德层面,而是在劳动实践层面上扬弃了统治者与被统治者之间的支配关系,同时指明通过解放人类劳动为原初动力的人类解放的行动方向。这里必须指出,马克思在对黑格尔的主奴辩证法进行批判的过程中完成了对西方政治哲学传统的批判,同时他也对黑格尔的劳动理论完成了批判和继承,提出了他自己关于如何通过扬弃异化劳动来实现全人类解放的哲学理想,这是对人类解放的实践意义的揭示而不仅仅是作为一种人道主义价值存在。至此,马克思扬弃和超越了西方政治哲学传统,完成了神与自然、自我意识与劳动、民主主义政治自由与共产主义人类解放之间的转换过程。

马克思在《评一个普鲁士人的〈普鲁士国王和社会改革〉》一文中深刻认为,是生活本身使人与劳动进行了分离,人的本质是人的物质生活、精神生活,人的道德、人的本质、人的真正的共同体,当人脱离了应有的本质的时候,他比脱离了政治生活更加可怕。所以,提出实现所有人的本质比提出让人们回到政治生活中更加有意义。这也就决定了当工人进行起义时不管最后的结局是怎样,它的性质和意义是无穷无尽的,因为它是要把人从束缚中解放出来为实现自己的目标,而政治革命则不然,不管它如何改变政治形式它从刚开始所带来的狭隘的精神却从未改变过。我们可以看到,马克思的劳动理论体现了其哲学的公共维度,它的本质就是在批判西方政治哲学传统的基础上,以劳动为模型对资本主义社会的经济情况进行了政治经济学分析,从而阐释出他对人的本质的认识,他认为人的本质就是自由自觉的活动,也就是劳动实践。马克思的劳动理论是构建在劳动实践的基础上并提出劳动实践塑造了人及其关系的总和。这与其他政治经济学家完全不同,马克思超越了他们的以抽象的直观性来分析资本主义社会,没有看到劳动异化产生于现代性的政治支配关系,以所谓的自由、平等、博爱来掩饰资本主义社会中劳动者受奴役异化的现象,所以,我们可以说,马克思是真正认识到了资本主义异化的本质所在,即劳动的异化。马克思的劳动理论比资产阶级提出的所谓的政治解放具有更根本、更长远的意义,真正的解放必须直面劳动。

(三)"人化自然"——人的劳动实践的历史

马克思在《1844 年经济学哲学手稿》中指出:"整个所谓世界历史不外是人通过人的劳动而诞生的过程,是自然界对人来说的生成过程。"①他的"人化自然"理

---

① 马克思. 1844 年经济学哲学手稿[M].北京:人民出版社,2000:92.

论批判了西方政治哲学传统对自然非人神性的看法,他认为,自然的本质就是人的劳动实践的历史,其实质是由人的历史劳动实践决定的。马克思扬弃了西方政治哲学传统中政治国家由神秘自然而来的形而上学特性,把政治的历史性本质清晰地展现出来。

马克思对"自然"的重新理解为解决休谟问题提供了解决方案,能够解决休谟问题的关键在于回答如何在现代性的基础上构建政治与道德之间的密切联系,而以往的哲学家不能解决这种矛盾,所以只能选择通过分离二者来回避问题。马克思认为,自然不是作为纯粹的实证世界存在,人们认识它是通过自身的劳动实践来获得阐释的"人化的自然",其本质是"是"与"应当"的关系。马克思主义社会是历史的产物,它不可能是由"是"来统治的永恒社会,它最终的结果是被历史扬弃。这里我们要注意的是,这样的历史过程并非从历史宿命的角度来理解,它是马克思劳动理论的科学结论,因为马克思找到了把"是"和"应当"统一在一起的行动主体,也就是无产阶级。无产阶级可以通过对自己历史局限性的超越来完成最终人类解放的目标,首先因为无产阶级产生于被资产阶级奴役和剥削,所以它天生具有获得解放的要求;其次,无产阶级与其他历史上的阶级不同,它代表了先进的生产力,它自身具有超越历史局限性的能力,没有狭隘的阶级利益可以让其不断前进并完成人类解放的历史使命。可以说,马克思用劳动实践的过程性来把自然理解为人化的过程是真正实现了"是"与"应当"之间的历史统一。可以说,他用劳动实践的过程性来理解自然的人化过程是真正实现了"是"与"应当"之间的历史统一,同时也让自己的劳动理论成为无产阶级和全人类获得解放的政治行动纲领。

三、马克思劳动理论实现了政治哲学传统的转向

马克思的劳动理论将劳动视为人类最自由、最重要的活动,这不仅是对传统劳动观的颠覆,也是对西方政治哲学传统中沉思生活优于实践生活的彻底颠覆。自柏拉图以来西方政治哲学就一直把实践生活置于沉思生活之下,保持哲学与政治之间的距离,但是这最终陷入了形而上学的困境中。而马克思的劳动理论正好改变了这种困境,因为他把劳动地位提高到前所未有的地位并把它作为自己哲学的中心问题,这样才能实行对西方政治哲学传统的反叛。正是马克思劳动理论的提出才使得哲学不再远离政治,才使立足于人类社会解决现实问题得以可能,才能真正实现自柏拉图以来的西方政治哲学的转向。

马克思以劳动为模型对资本主义进行了分析,他揭示出了劳动是人的自由自觉的活动,这是"异化劳动"存在的本质,而异化劳动的根源在于生产资料的私有制。

马克思在《1844 年经济学哲学手稿》中完成了他对异化劳动的概念和形式的系统性阐释。他认为要实现劳动的解放就必须要首先考察资本主义社会的矛盾所在,要分析产生异化劳动的根源是什么以及劳动的本质问题。马克思通过对以往古典经济学的解读,他并没有像以往的经济学家一样只是简单地把异化劳动现象解释为是人类社会的一种普遍现象。马克思认为异化劳动的过程首先就是一个对象化的过程,劳动的产品就是把对象固化、物化成一种东西,劳动的现实化就是劳动的对象化,经过加工成为产品的自然界以新的形式出现,既体现原有的自然状态,还是人的活动的结果。那么异化劳动就是在资本主义的制度下资本和劳动的分离,工人的非现实化成为劳动的现实化而不仅仅是一种劳动的对象化,而且在资本主义社会下对象化的过程成为自身丧失和被奴役的过程而不再是对象实现的过程。所以,当劳动者生产的对象越多时反而他可以支配的对象越少,他已经在生产的过程中成为自己产品的奴隶。

马克思指出异化劳动包含了以下四个环节:第一个环节是劳动与劳动产品之间的异化。在资本主义社会生产的过程中,工人与所生产出来的产品之间形成了异己的对象关系,也就是工人所生产出来的产品并不属于自己,他们需要用自己的劳动所得来购买维持自己生活的产品。第二个环节是劳动者与劳动自身之间的异化。当然异化劳动也是一种劳动形式,只不过在这种劳动过程中劳动和劳动者都不属于本身,都属于别人。第三个环节,人与自己类本质之间的异化。劳动的本质是人的自由自觉的活动,而在资本主义社会下人的自由自觉的活动变成了必须维持个人生存的手段,原本劳动是在改造对象的过程中实现人自身,但是现在人在异化劳动中成为自身的对立物。第四个环节,人与人之间的异化。马克思认为之前的环节,即人与自身劳动产品的异化、人与劳动本身之间的异化、人与自己类本质之间的异化的直接结果都是人与人之间的异化,换句话说就是人与自身的对立是在与他人的对立中把握到的,所有一切异化的结果最终都归结为了人与人之间的异化。

马克思把私有财产与劳动联系起来对产品背后劳动和资本的关系进行了详细

的分析,他在对异化劳动的批判过程中看到了私有财产和异化劳动是资本主义社会矛盾的根源所在,"私有财产是外化劳动即工人对自然界、对自身的外在关系的产物、结果和必然后果"①。异化劳动作为私有财产的产物和结果,虽然私有财产来源于异化劳动且它是不断外化劳动的结果,但是它却在资本主义的制度下表现为异化劳动过程实现的前提条件,成为异化劳动的根据和原因。应该说,私有财产是以前所有制形式中的矛盾展开发展出来的合理结果,私有财产在资本主义制度下的产业资本是其完成形式;以一种普遍的形式来完成对人的统治并使其成为历史性力量。为此,马克思提出了一条明确消灭私有财产和异化劳动的道路来把社会从私有财产中解放出来,只有如此劳动者才能真正得到自己的劳动权利,才能消解劳动和资本的对立关系。而马克思又把这一伟大的历史人物交给了无产阶级,这是无产阶级的历史使命。马克思在对资产阶级进行批判的时候找到了"历史之谜"的答案,这对其批判旧哲学建立自己的劳动理论具有十分重要的理论意义。

马克思的劳动理论超越了旧哲学的脱离社会实践的特征,把现实社会秩序基础上需要进行理论再现的思维模式进行了转换,旧哲学的实践基础被马克思进行了反思和批判,并揭示出他们脱离社会实践的基本特征。马克思指出旧哲学的主要特征是它们以逻辑范畴为基础寻找理论视阈中哲学的基础和前提,但是这种哲学基础是脱离社会实践的,正因为其哲学基础当中没有实践部分所以旧哲学都有一种片面性。"主观主义和客观主义,唯灵主义和唯物主义,活动和受动,只是在社会状态中才失去它们彼此间的对立,从而失去它们作为这样的对立面的存在;我们看到,理论的对立本身的解决,只有通过实践方式,只有借助于人的实践力量,才是可能的;因此,这种对立的解决绝不只是认识的任务,而是一个现实生活的任务,而哲学未能解决这个任务,正因为哲学把这仅仅看作理论的任务。"②除此以外,旧哲学把其立足点放在了"市民社会",在资本主义社会中人与人之间的异化现象被当作一件十分正常的事情,原本人与人之间真实关系被商品和货币所替代。为此马克思对其进行了批判。他指出,首先应该对其哲学基础和理论思维方式进行反思,通过对旧哲学的这种把哲学基础建立在脱离社会实践的理论领域中思维方式的批判,来说明人类生活的真正变化和发展的一般本质和趋势;其次,对于人与人之间

---

① 马克思.1844 年经济学哲学手稿[M].北京:人民出版社,2000:61.
② 马克思.1844 年经济学哲学手稿[M].北京:人民出版社,2000:88.

关系的物化现象,马克思认为必须拨开物化形式的面纱而看到背后社会关系的本质,旧哲学理论中的根源正体现在此。马克思在《关于费尔巴哈的提纲》中指出:"全部社会生活在本质上是实践的。凡是把理论引到神秘主义方面去的神秘东西,都能在人的实践中以及对这个实践的理解中得到合理的解决。"①马克思对经济学尤其是劳动观的批判和反思正是反映出他对实践问题的关注。瓦·图赫舍雷尔指出:"这里(指《1844年经济学哲学手稿》)考察的异化理论是马克思的一种最初的尝试,他试图从理论说明社会历史发展的物质基础和动力,试图根据他研究经济所获得的、在一定程度上加以综合的材料来证明,人类历史的基础无非是人类在物质生产活动中并借助于这种活动进行的辩证的自我产生过程。"②马克思通过对资本主义社会中异化劳动现象的分析揭示了这种人的被物化的现象不是人的真正状态,他认为:"物化形式是资本主义市场经济条件下实践的基本形式,它以商品、货币等物化关系掩盖了人与人普遍的相互依赖关系。"③

马克思的劳动理论是通过对资本主义劳动形式的分析、对资本与雇佣劳动关系进行批判来揭示资本主义生产背后的真相,洞察了资本榨取工人剩余价值的,为消灭异化劳动和私有制,实现人的真正解放奠定了坚实的理论基础。马克思对劳动问题的探索,把劳动定位在社会历史发展的基础上,从而把劳动提升到了哲学的高度。

第三节　阿伦特劳动理论对西方政治
哲学传统的"修正"

与马克思一样,阿伦特劳动理论也是在批判西方政治哲学传统中形成的,虽然她有意对遗忘和背离"政治本真"状态的政治哲学传统反思和解构,但她并未彻底放弃西方政治思想传统,她主张回到西方政治哲学传统的古希腊源头——前苏格拉底时代,重新寻找和"理解"西方政治思想——传统的"本义"。对西方政治哲学传统实现了"理论修正",在"政治的复归"中开出和建构新的"政治自由"之维,她主张选择一条在西方政治哲学传统的基础上重新"理解政治"的、"往回走"的"理

①　马克思恩格斯选集:第一卷[M].北京:人民出版社,1995:56.
②　图赫舍雷尔.马克思经济理论的形成和发展[M].北京:人民出版社,1951:150－151.
③　李淑梅.哲学实践基础的发现与哲学的变革[J].教学与研究,2001(7):35.

论回归"之路。所以,最终阿伦特只是"修正"了西方政治哲学传统。

对阿伦特而言,把政治从哲学和科学的理性专制中解放出来是一个带有本质性的话题。政治在阿伦特那里不再是任何意义上的"争权夺利"的行为,它被恢复了最本真的意义,即人的行动是对其本质的彰显。阿伦特认为,事物的前进过程永远不会在逻辑推演的辩证与非辩证之中得到实现,人只能在现实行动中实现政治的本真含义,它一定是在行动实现的过程中,即"自我显现"中展现出来,或者说,政治就是一个"显现"的空间。行动在展开过程中的荣耀性就代表了它的价值体现,人的存在在公共性行动的过程中显现。阿伦特行动理论主要是通过对人"行动"的基本活动范式的分析,来回到原本意义上的"政治"(authentically political,即本真政治)的含义,试图恢复政治的尊严和政治的优先性。这实际上是一条"让政治回归政治"的道路。

一、行动的拯救——公共领域的重建

在阿伦特的劳动理论中公共领域的本质即是行动的彰显。而面对公共领域的危机就需要重塑人对政治的理解和态度,政治哲学传统引发的现代性政治危机需要通过恢复"政治的本真"状态来解决。阿伦特指出解决现代政治危机可以选择两条途径,一是从行动回到人的精神生活中完成思维、意志、判断与行动的融合;二是从精神走向行动,恢复遗失的革命精神和权力的重要意义。通过这两条路径,我们解决现代性政治危机、恢复公共领域才得以可能。然而也正是因为选择这样的两条路径最终也决定了阿伦特行动理论只能是对政治哲学传统进行了"修正"。

(一)从行动返回精神生活

阿伦特面对现代性公共领域危机时明确提出"回到哲学中去",她通过对人的精神生活的思考,试图用人的精神生活来领导人的行动能力,这种试图"理解所发生的事情"集中体现在她的晚年思想中。

阿伦特在《精神生活》中提出,人的自身之中包含着三种精神能力,即思维、意志和判断,作为人的精神能力每一种能力都是不可或缺的重要维度。阿伦特认为,精神能力的提出主要是为了解决现代社会中"无思"的情况,尤其是在"无思"的情况下如何去行动,阿伦特认为这是她首要解决的问题。现代社会"无思"是其主要病症,面对众多"无思"的人,我们需要通过人的精神能力来引导人们如何去行动来拯救人的精神生活,使其成为真正意义的人。

1. 思维与行动的融合

阿伦特认为,人的精神能力不应该仅仅指一种形而上学的思辨而应该是在现实中的人的活动,它体现的是人的一种与世界、与政治打交道的独立思考的精神能力,这是阿伦特对人的思维能力的一种革命式变革。

首先,阿伦特一直强调的是思维的本质不是一种形而上学的沉思方式,她通过时间来让思维与行动进行融合。思维处于时间的流变之中而不是时间的静止,所以思维就具有了与行动一样的本质,它们都可以从现实中抽离出来打断时间的流失,存在于过去与未来的交战之中。在阿伦特认为,"过去"与"未来"之间的鸿沟需要思维和行动来弥合。"过去"作为一种前进的力量让人在传统中得以前进,它是人走向未来时必须越过的障碍和摆脱的重负,一个活着的人需要"过去"但是又无法摆脱"过去",因为它始终如影随形。现在的世界已不同于以往,它总是带有一种不确定的方式来影响着人们,而作为一个有思维的人可以通过与自身和解的方式用思维来解释传统来完成行动最终与这个世界达成和解。而这时,思维就成为政治的事情。

其次,思维与行动的融合有利于公共领域的复兴。思维与行动除了都处于时间的流变之中以外,二者还都具有一致性、都具有初始的意义。每一次的思维活动和每一次的行动都是一次重新的开始,也都是一次新的意义的切入。同时,他们还都维护了多样性的存在,保护了公共空间的完整性。阿伦特指出,思维并不是哲学家所特有的能力,而是每个人都具有的普遍能力,在每一个具体的事件上我们都应用了自己的思维能力,而且我们无时无刻不用自己的思维能力去行动。阿伦特认为,一个独立的人具有思维能力去思考是应对这个"无思"社会的最好武器,一个真正有独立思维能力的人可以打破一切固有的行为规范和既定的价值标准,它要求对任何已经固定的思想框架和思维模式进行反思和批判,现代性政治危机的一个重要原因就在于人的无思性,那么拥有独立思考的精神能力在这个时代就显得尤为重要。

阿伦特之所以在晚期思想中提出思维和行动的融合问题是因为她认识到了现代的人们需要行动的能力但是更需要的是指导行动能力的反思和批判精神。

人在行动前应该用思维能力先去考察情况,这也是把思维放在首位的原因。

阿伦特认为更为重要的是人的行动总是面临着传统的标准,那么我们就更需要反思和批判的精神来分析这些标准问题然后再去做判断。人的思维能力比我们想象的要更为强大,阿伦特的思考是在"过去与未来"之间的考察,它直指现代社会的"无思"现实,面对这种现实情况只有会反思现实的人才能完善人的精神和抵制恶行的发生,只有把人从"无思"的状态变成"有思",把"无思"的社会变成"有思"的社会,人的思维能力的真正的政治意义才体现在其中。

2. 意志与行动的融合

与思维能力不同,意志作为人的一种能力指的是人用于将来的一种内心的感觉和精神状态的心理能力。人的意志充满着矛盾和冲突,它的内部,一个人的内心往往是"我愿意"和"我不愿意"同时发生,所以内心当中经常展开激烈的斗争,人在展开行动的时候就已经证明了意愿正在做出选择,这之后的既定事实也就是行动的结果。所以,意志的这一本质特征表明了它一定是指向未来的,它具有一种开启、开端的能力。每天都有人不断地涌入我们这个世界,他们因新生获得了创始能力,他们在出生时就证明了自身要在不确定性中开始计划、创造未来,用自己的意志来面对未来。人的意志包含在他的出生中,新的开端、新的希望、新的意志意味着人拥有未来、拥有无限可能,而正是这种意志的创始性力量为公共领域开创了道路。

阿伦特指出意志与行动之间的关系,这里我们说的意志是一种与政治行动紧密相连的自由意志,人的所有的意志都与行动有关。与其他的精神能力不同,它不用像思维一样面对的是自身的思想世界,不是与主体自身发生关系。意志是一种要求人与世界相关联并通过行动不断外化显现的过程,所以它是实践的。阿伦特认为我们在面对现代社会时,只有通过人的意志与行动的融合才能对公共领域进行复兴。

3. 判断与行动的融合

阿伦特在对人的精神进行探讨时深受康德的影响,尤其是其"未曾写出的政治哲学"的三大理论批判中的《判断力批判》。所以,她认为人的判断能力在精神能力中尤为重要,尤其是特殊性、精神的扩展及共同感等方面都与公共领域有着密切的关系。

在政治领域中政治现象之间是有差异的,所以我们应该从人的特殊性出发、从人对自身的理解出发来揭示政治现象,而不是用一种概念来对多元化的社会现实进行判断。阿伦特对特殊性尤为重视,她认为从特殊性的角度来理解一切问题可以得到合理的解答,同时阿伦特还提出了"精神的扩展",即"扩大了的精神",也就是需要人从"旁人的角度"来观察其他人的观点,考虑别人的立场越多提出的意见也就越容易让对方接受。这种凸现政治性的精神能力成为公共领域得以存在的前提,只有在这种可以使人们互相联结的有效途径作为公共领域的基础,才能使公共领域重建得以可能。

判断与行动的融合对于公共领域来说是尤为重要的。其原因在于行动的人的本质的复数性,所以在公共领域范围内人与人之间应尽可能从他人的立场来思考问题,这样才能促进政治行动的顺利进行。作为一个行动的人,判断是其内在的能力,是进行决断的前提条件。通过判断我们才能分辨出什么是善什么是恶,才能知道如何对公共领域的方向进行引导。阿伦特指出,虽然思维和意志在人的精神能力中占有非常重要的位置,但是人的思维和意志的能力是有限的,它们只能解决私人领域当中的问题而无法解决所有问题,思维和意志都是人的自我对话,而判断则不同,它与行动都属于公共领域范围内,在思维与行动之间通过判断来进行联系,它作为人的精神能力是离公共领域最近的。

(二)从精神走向行动

解决现代性政治危机除了从行动返回精神外,还有一条道路就是从精神走向行动。公共领域的最终复兴仅依靠人的精神生活是不够的,只有恢复人的行动才是重建公共领域的根本,其中最为重要的就是找回失去的革命精神和恢复权力的政治意义。

1.找回失去的革命精神

阿伦特认为,现代性中有一种精神其本质就是对旧权威和传统的颠覆,它天生就是要实现理想的行动,这种精神就是现代革命精神。可以说,现代革命精神作为现代性的一部分是一种新的思维方式,是遵循现代性逻辑的一种现代性叙事。

阿伦特以法国革命和美国革命为例,探讨了两种革命方式为什么一个走向了成功,而另一个则走向了失败。法国革命的失败让阿伦特觉得有些释放,它借用了罗伯斯庇尔的话:"我们将会逝去,不留下一抹烟痕,因为,在人类的历史长河中,我们错过了以自由立国的时刻。"①阿伦特对法国大革命的失败非常失望,因为它的失败让阿伦特的政治自由的革命理想和精神没有实现出来,她认为法国大革命最终背离了自己的理想,社会的根本问题最终该是回到了现代性的问题上,公共政治领域的衰落和社会领域的膨胀是现代人的命运之殇。当阿伦特对此问题反复思索时,美国革命的到来为其提供了实现自由理想的革命形势,她认为这种革命形势为自由的实现提供了可能的路径。

阿伦特在对法国革命和美国革命进行比较的时候发现,法国革命的失败原因在于它只是在名义上追求自由,而美国革命则不同,它是从实质上追求自由,这也是二者革命结果不同的根本性原因所在。美国革命的成功证明了现代革命道路的可行性,阿伦特指出现代革命需要构建自由,而这种自由不是现代意义上的自由,而是指古典的自由,一种公共自由。古代的自由与现代自由不同,古代人更强调公民分享社会权利,比如在广场上协商问题、进行投票讨论;而现代意义上的自由则是强调保障私人可以享受快乐的权利。阿伦特指出,美国革命开始就在宪法中维护了真正的政治权利,保障了公共自由的实行的可能性以及确保了公民分享管理国家的权力,现代革命的路径只有实现古代的自由才能称为是真正意义上的革命。现代革命中最重要的一点就是它带来了新的开端,这种开启新世界秩序的开端代表了世界的新秩序,意味着人类的希望所在,也是人类具备开创新事物能力的真实显现。之前我们提到人的行动时谈到的人因其诞生而来到世界时伴随的就是自由,自由与行动天生就联系在一起。阿伦特还指出现代革命的目标是实现公共幸福,美国革命的成功在于拥有对行动生活的激情和积极参加政治生活的意愿,在政治体中践履政治实践,充分享受政治权利和敢于发表自己的见解,树立了公共生活的典范。革命的目的就是要建立一个可以让政治行动得以持存的行动领域,让人们充满对公共自由和公共生活的追求和向往。人们在公共领域中才能得到真正的幸福感,他们可以十分享受地进行讨论、协商。

但是,即便是符合阿伦特心中理想自由标准的美国革命最终也难逃革命精神失落的命运。现代革命的哀伤根本原因在于公共领域的衰落,所以不论是法国革命还是美国革命都只能是现代性中的一隅显现。现代性给我们带来的既有对传统的突破,它让科技工业迅速发展,让劳动走出了黑暗的私人领域而进入新型的社会

① 阿伦特.论革命[M].陈周旺,译.南京:译林出版社,2011:49.

领域,它让社会进步,让人的理性达到了历史以来的最高峰。也正是经济的发展、社会的发达让原本的公共领域的政治生活价值变得越来越低微,政治被经济所取代,政治生活的荣光逐渐黯淡下来。为了解决这一问题,阿伦特指出,人们应该到前现代的政治哲学中去寻找解决现代性政治危机的钥匙。自启蒙运动以来,人们逐渐开始形成的理性主义认为古典政治哲学中的"善"变得越来越不重要了。那么现代人选择放弃对政治生活的参与而陷入了虚无主义的泥沼之中。现代对传统的抛弃使得人们在失去心中可以依靠的东西后变得无所适从,以前所追求的公共幸福似乎越来越远,这种抛弃的结果最终引起了政治的困惑,追求美德的政治生活不得不走向了衰落。革命问题从来不是一个在理论中解决的问题,它的本质就是现实政治本身,正因为阿伦特是一位坚定的古典共和主义者,她认为古典的城邦政治生活才是完美的"政治"典范,现代社会的兴起摧毁了她的古典政治的模型,所以阿伦特提出我们应该返回到古代去,回到她心目中理想的城邦中去。

2. 权力的回归

重建公共领域的另外一点就是要求权力的回归。阿伦特指出公共领域中的权力不是暴力,它是一种独有的政治活动,权力是更好地理解公共领域的前提,所以权力的恢复有助于公共领域的复兴。

阿伦特认为通过对权力的恢复可以解决现代性困境下公共领域的重建问题。

阿伦特所说的权力有这样几个含义:首先,权力总是在政治的维度下进行讨论的,对权力的重新理解为解决现代性政治危机提供了一个新的思路。其次,权力一定与政治紧密相连。对权力的重申实际上就是一种政治的方式,阿伦特认为,权力与人的复数性有着密切的关系,"权力对应于人类的不仅是行动的能力,而且是一致行动的能力"[1],权力的产生离不开人们,或者说,人们的共同行动最终产生了权力,"行动者一旦相互联系与结合,不管其是人数之多寡的结社团体,公共的权力与公共之利益就随之被表达了出来"[2]。所以,只有群体才能拥有权力而不是个体,也就是说当一群人聚集在一起采取共同行动时才会产生权力,人们在行动时拥有权力指的是,一部分人被授予以群体的名义来进行一种政治生活。第三,权力的本质追求意见而非真理,公共领域是意见的领域,权力产生于此,所以我们可以确定

---

① 阿伦特.共和的危机[M].郑辟瑞,译.上海:上海人民出版社,2012:107.
② 蔡英文.政治实践与公共空间阿伦特的政治思想[M].北京:新星出版社,2006:243.

地说意见是权力不可或缺的重要组成部分,权力体现出来的是人们相互承诺的政治的重大意义。阿伦特认为之所以权力与公共领域紧密相连是因为它必须在有他人在场的前提下才能得以展开,人们为了彼此行动而聚集在一起形成权力,当人们分开时权力就此消失。与权力相似的力量则完全相反,力量是在人相互隔绝的状态下还可以继续拥有的东西。所以权力是对公共领域的建构性活动,人们之间的承诺、立约维持了权力的存在,而权力又为建构政治生活提供了稳定的世界性基础,权力的回归为公共领域的重建提供了一个新的路径。

二、与世界的和解——恢复意见在政治中的尊严

西方政治哲学传统自柏拉图开始就把意见和真理对立起来,对意见抱有偏见,认为其是关于变化的知识而无法给人以实在的认识。阿伦特认为,政治的领域就是意见的领域,真理只是以标准来对人统治的暴政,恢复政治的本真状态就要颠覆"(理性的)真理"对"意见"的压制,消除"(理性的)真理"的专制,以谋求"意见"的复活。①

(一)共通感和政治中的意见

"共通感"是西方哲学史上十分重要的概念,它是指我们感官感知的东西让我们可以共同生活并对这个世界进行共同分享。在古罗马共同感被作为共和国事务的最高标准,而柏拉图所开创的政治哲学传统则认为城邦公民的共同感的本质是对城邦生活的腐蚀,公民不应该享有共同生活,也不应该把培养共同感作为一种政治生活。阿伦特对共同感的认识是通过对科学主义对政治的危害的批判中阐发的,她认为共同感主要在政治和道德领域中发挥作用,共同感与人的复多性共存并包括一切可以共享的人的知觉、假设、概念和理解,我们能取得政治认识的可能在于共同感为判断提供了合法性基础。

阿伦特认为共同感的形成过程与公共事务观点的完善过程一致,在公共事务讨论的过程中既形成了观点也形成了共同感。所谓共同感就是我们与他人的交流工具,人们通过共同感来相互交流主观意见,是真正地把意见从公共事务当中解放出来。在希腊语中,意见(doxai)包含着两种含义,首先是意见,即一个人对事物的表达。那么我们可以理解为,由于个人的独特性和他所具有视角的不同,他所看到

---

① 川崎修.阿伦特:公共性的复权[M].斯日,译.石家庄:河北教育出版社,2002:293.

的事物完全表达出来的是自己这种独有的、唯一的视角所表达出来的,我们称之为意见。希腊人把意见理解为世界向自我的敞开。因此,意见是一种非个人的幻想也非四海皆准的东西,它是根据每个人在世界中所处位置的不同,世界向每个人展现面貌的不同而展现个人真实的看法和表达。意见(doxai)的另一层含义是卓越和声望。它是指人们通过意见来丰富共同世界并展示自我的独特性由此得到不朽的声望。阿伦特指出意见对于公共事务尤为重要,希腊人在城邦中的争辩正是构成其政治生活的最根本的东西,我们所共享的世界被复数性的人以无限多的立场所认识从而产生不同的观点,人们相互之间学会了如何交换观点,学会理解从他人的角度甚至是相对立的角度来照看同一个世界,人们在公共领域相互显现,平等地交流意见,虽然意见属于个人但是其形成过程中却包括对他人意见的考虑,这才是一切政治生活存在和延续的最终根据。

(二)通过政治理解达到与世界的和解

"理解"是阿伦特实现政治生活的核心概念,它与"意见"紧密相连。在面对现代人类的生存困境下如何表达一个人从自己的立足点和视角出发对公共事务的一己之见,即表达自己的"意见"是一个十分重要的问题。阿伦特哲学所要实现的目标是如何来理解人类生活,她认为虽然我们现在社会技术如此发达,但是通过各种手段和方法来搜集和分析信息,这不是真正的理解。理解作为我们与世界和解的永不停止的活动,它虽然并不能给我们带来什么明确的结果,但是它可以让我们产生一种家园感。阿伦特在其理论中反复强调,从人的诞生开始就是作为一个陌生者来到这个世界并且一直带着陌生性生活,作为一个真正的政治行动者其根本特征就是陌生性,即与他人的不同之处。那么对于政治生活来说带有陌生性的行动者如何在共同体中进行交流则是一个难题。阿伦特认为,政治生活之所以能成立和继续在于其实质上是一种"和"的状态,也就是说共同的生活是自身和他人在一起而不是"为了"或"敌对"他人。在公共领域中,人们既相互尊重又相互依赖,这种"和的状态"就是人们之间不断相互理解的结果,对于个人来说,理解始于其诞生终于其离开世界,所以我们又可以说理解是人的存在的特殊方式。

阿伦特把"理解"作为人的生存方式,它是我们与他人共处的基础。那么在这里我们有必要对理解的前提进行深入的分析,理解不等同于科学研究,它不是那种对于一个问题通过对其进行科学的分析,包括从其他相似问题中寻找答案来掌握解决问题的隐蔽规律或掌握事件发展的未来走向,简单地说它不追求外在的目的。阿伦特认为,"真正的理解"是以一些经验和信息的积累作为导向,带着对事件真实的感受去寻找事件中所包含的可以形成共同感的要素。理解的过程应该不是事实和数字的堆砌,真正的理解会坚持最初的知觉,当我们在认识事物时第一感觉总是对它充满着新奇,会感到它的一切都是新的东西,但是当我们继续认识的时候才会发现其中有某些地方与其他事物相似,我们就是在这种不断认识的过程中对事物进行理解的,所以认识事物的过程也可以被称为是努力理解的开始。

当然,我们对不同事物或事件的理解一定是复杂的、矛盾的,而这种理解的差异性、复杂性正来自于人自身的复数性本质和政治生活的世界性。只有世界性和复数性这两种特征才建构起我们生活世界的现实性,阿伦特指出,政治的理解一定是发生在现实生活中,以现实为出发和归旨的。当人们在政治领域相互理解时还需要人的一种能力,即想象力。进行政治行动的人首先就是要通过想象力获得处理事件所需要的理性思考,它可以帮助我们摆脱自身对事件带来的强烈、执着的情绪从而进入一种平静的状态,在获得的平静中我们可以对事件进行全面的思考并勇敢地表达自己的意见,甚至是在理解他人的意见时。只有这样的理解才能让处于行动中的人真正理解所发生事情的真实过程,从而加深他在现实生活中不固执于自己的情感和意见来认识真实事物。这里我们要注意的是在处理事件的过程中对情感和意见的隔离与科学家们完全摒弃自己的情感和意见相同,阿伦特所要说的是对世界保持一定的距离才有可能更好地认识它,而这个就是她所说的人与这个世界的"和解"、人在世界中获得了"安身之处"。

我们对事物的认识一定会经历多次认识,那么这其中就会包括多次理解。从最初的理解到真正的理解、从开始的现实到最后返回到现实,这种一次次理解的过程可以说是一种循环,而在每一次的循环中我们的理解其实是在肯定前一次理解的基础上得到的。对于这种看似"恶性"的循环,阿伦特认为就像是哲学家在不断进行论证和思考时他一直保持让自身与事物之间进行无止境的对话一样,人的理解过程也是如此。在这种不停的"理解"和"安身"中那些真实的意义就会从我们所经历的事件中显现出来。

三、对"技艺国家"的批判——回归亚里士多德的实践哲学

阿伦特在对整个现代政治的批判中展开了她对政治的思考,她认为,传统的断

裂使我们政治思想和道德判断的准则完全崩溃,"我们已经失去了理解的工具,我们寻求意义,同时却受阻于我们没有能力产生意义"①,我们无法与传统对话,无法理解过去也就无法理解现在。理解的危机体现在政治中,"政治领域的基础已不再稳固,由此产生了这样一个社会,尽管当它受到严重挑战时,或许还能理解和判断,却不能给出判断和理解理由……问题在于当我们受到当今道德和政治问题的挑战时在我们的回应中明显缺少传统"②。

马克思通过对政治的终结来实现共产主义社会理想,而阿伦特关心的则是失去本真意义的政治实践是否能回到亚里士多德的实践科学中去。阿伦特对现代性政治危机的根源做出了判断,她认为现代性政治危机的根源在于哲学与政治的分离,技艺对实践的代替。

今天我们将如何看待政治,如何去解决"技艺国家"中人们在支配与政治、权力与暴力的主导下、规范制度失效的情况下人们如何做出正确判断的问题。阿伦特的城邦政治深受海德格尔存在思想的影响,她对政治哲学传统的批判是在海德格尔对柏拉图形而上学批判的基础上建立的,尤其是海德格尔对技术的态度影响了阿伦特对于现代技艺政治传统的态度。

阿伦特的行动思想应该放在亚里士多德实践政治复兴的背景下来理解,它回应的是现代政治哲学危机,并通过对自由和交往的重新理解,赋予政治以不同于现代政治传统的新的意义。当哈贝马斯认为,阿伦特系统地复兴了亚里士多德的实践思想。这点明了阿伦特的行动理论在思想史上的重要地位。如果我们从整个20世纪亚里士多德实践哲学的复兴来看,海德格尔的存在思想开启了亚里士多德实践哲学复兴之路,阿伦特和伽达莫尔则分别从政治和伦理的方向沿此道路阐释亚里士多德实践政治的思想。区分技艺与行动是阿伦特复兴亚里士多德实践政治的关键。阿伦特在此基础上,将真的实践与非真的实践,生产性活动与展现性活动的区别运用到批判现代社会的技艺代替行动。阿伦特从技艺活动的本质入手来批判,任何生产性的活动都必须遵循某种图示来构造对象物。这种对象化将技艺置于实现图式的过程中。图式本身也即技艺活的目的,从一开始就位于技艺过程之外,在技艺活动结束后仍然可以独立存在,从而不断复制技艺过程。技艺活动的稳

---

① 阿伦特.过去与未来之间[M].王寅丽,张立立,译.南京:译林出版社,2011:14.
② 阿伦特.过去与未来之间[M].王寅丽,张立立,译.南京:译林出版社,2011:361.

定性使人们倾向于在政治中用稳定的图式来控制短暂而脆弱的行动。这种稳定性背后体现的是人支配和主宰的欲望。对象化活动的本质是支配和统治。阿伦特看到，只有在技艺活动中人才会成为自己的主人、成为世界的主人。在劳动中，人无法摆脱必然性，在技艺活动中人才真切地感到这个世界不是上帝创造的，而是人的生产活动本身创造的，但是技艺活动却是通过对物的暴力实现的，具有毁灭性。例如，建造房屋首先要砍伐木材，砍伐本身蕴含着人对自然的暴力。现代人的生活方式体现在对主体性的赞美中将自然视为改造的对象，不断以暴力的方式掠夺，不仅造成了人生存环境的恶化，也带来了人本身的虚无。技艺活动本身由手段—目的的方式决定。制造者所制造的物构成外在的目的，而技艺活动本身成为手段。现代人的活动几乎完全被手段—目的的方式支配。在现代劳动中，并非是劳动者支配工具而是机器的运转强迫人的身体运转，机器和整个生产过程支配了劳动者。在自动化的过程中，不仅使人成为机器的奴隶，而且使技术的无限发展不断摧毁物性与世界。

虽然在修正西方政治哲学传统、回归雅典政制的过程中，阿伦特并未刻意去附和任何一种主义或派别，而是进行"无扶手地思考"，但在一定意义上，阿伦特的政治思想还是可以"被描述成亚里士多德、康德和海德格尔之间的戏剧性对话的场所，她让他们都来面对我们时代的灾难"。因此，"除非我们理解了阿伦特是怎样用亚里士多德式的、康德式的和海德格尔式的范畴创造一种新的组合——这种新的组合表明她是一个深刻的现代思想家而不是通常被认为的怀乡病的思想家，我们就无法把握阿伦特的政治思想的深刻独创性"①。实际上，阿伦特既不是虚无主义者，也不是非道德主义者，而是一位追随自己的思考活动的政治思想家。她的目的不是提出理论性的答案，而是激励人独立思考的丰富性，即重新思考人类责任的意义和人类判断的力量。为此，阿伦特才呼吁："即便是在黑暗的时代中，我们也有权去期待一种启明。"②

本 章 小 结

本章主要介绍了西方政治哲学传统的形成及马克思、阿伦特与西方政治哲学

---

① 韦尔墨.后形而上学现代性[M].应奇，罗亚玲，编译.上海：上海译文出版社，2007：163.
② 阿伦特.黑暗时代的人们[M].王凌云，译.南京：江苏教育出版社，2006：3.

传统的关系问题。为了更好地理解马克思的劳动理论和阿伦特的行动理论,我们必须回到西方政治哲学传统中来理解和把握马克思与阿伦特思想的各自特点及其与西方政治哲学传统深刻的渊源。西方政治哲学传统的形成过程就是哲学与政治从统一的状态走向分裂的开始,从古希腊前哲学时期——哲学与政治的统一,即政治是一种生活方式开始,到以苏格拉底之死为标志——哲学与政治开始分裂,再到后柏拉图、亚里士多德时期,对于政治本真状态、意义追寻的丧失,进入近代社会以后,政治更是受到了极度压缩,公共领域开始隐退,再到黑格尔试图用历史哲学来弥合政治与哲学之间的裂痕。在厘清了西方政治哲学传统的发展过程之后,我们来考察马克思、阿伦特与西方政治哲学传统之间的关系。马克思为了解决哲学与政治之间的分裂问题对西方政治哲学传统提出了挑战,他不仅颠覆了黑格尔还颠覆了思与行、政治与哲学的传统等级秩序,最终完成了对西方政治哲学传统的终结和超越;而阿伦特在面对同样的问题时选择了对以往和背离政治本真状态的哲学传统进行反思和解构,她主张回到西方政治哲学传统的源头——苏格拉底时代,重新寻找和理解政治的本义,其本质是对西方政治哲学传统进行"理论修正"的"往回走"的"理论回归"之路。

第三章 哲学的"政治"实现与政治的"哲学"实现

马克思和阿伦特都对人的存在条件进行了详细的论述。马克思认为,劳动是一切人类生活的第一个基本条件,它是人的生存性前提也是人的根本存在方式,"劳动创造了人本身",这也是人与动物的根本性区别所在。劳动对于人的意义不仅仅是人通过对象性的活动创造了劳动的结果,人通过劳动过程肯定了自身、肯定了他人和社会,在此过程中实现了人的本质和社会的本质。

马克思以劳动为切入点把"生活世界"具化为生产力和生产关系、经济基础和上层建筑等基本范畴,用劳动作为解释人、自然、历史、社会等现实世界的基点,成为人在现实世界中生存和发展的真实依据,通过对人类解放现实途径的不断求索将哲学视阈带入了现实的"生活世界中",最终完成了哲学的"政治"实现,即劳动上升为实践。而阿伦特则把人类活动分为三类,即劳动、制作、行动。她认为,劳动只能作为人的生存条件来让我们得以生存同时它也是人区别于动物的基本前提,也是人与他们在政治世界中展现自身、证明自己存在的根本依据。但是,只有行动才可以让人的存在本质得以彰显,人只有在公共领域中才可以完全地展现自我,而这正是我们所追求的真正幸福,由行动所展开的政治的"显现"空间体现了人存在的根本性意义,其在公共空间所展现的才是人的真正本质,即政治本质的实现。阿伦特关注行动,肯定积极行动的重要性,认为行动关乎人的自由。这种行动自由指的是完全摆脱必然性带来的束缚而投入于人自身真正想做的事情之中,或者说行动是人的一种本体性存在的显现。但在不断考察行动的过程中,阿伦特最终选择了从"行"到"思"的转变。阿伦特在晚年强调了人精神活动的重要性,即思维、意志和行动,其中判断最为重要。作为一个正常的有行为能力的人在"无思"的社会中如果不经过思考和判断而采取行动的话,那结果必然是愚蠢和盲目的,因为只有经过对要进行的行动进行思考和判断,在"做"与"不做"中选择才可以看到自己与他人之间行动的差异性,是否存在所谓的"对"与"错"。阿伦特认为正是精神能力尤其是判断能力在公共领域当中具有重要的意义。而阿伦特晚年的思想转向也使得阿伦特哲学最终只能走向一种政治的"哲学"实现。

本章将从三个方面,即作为人的本质性的两种生活方式、历史中的劳动与行动及考察实践之维下的劳动和行动来论述马克思劳动理论与阿伦特行动理论所选择的不同哲学路径及实现目标。

第一节　劳动与行动

一、劳动作为人的生存性前提

从人类诞生之初,人类自身的发展和对于完满自我的实现就是人类所一直追求的,而在马克思看来,劳动恰恰是实现人类这两个需要的前提和基础,只有在劳动的过程中,人才建立起与外界的一切关系,包括人与自然、人与社会,那么在此过程中,自然形成了人类自身的发展,与之相伴随的即是人类的历史。劳动同时也蕴含着人要实现的目的和需要以及想要追求的理想、意义等内容。劳动虽然是人的生存性前提,但是它具有超出维持生存的更重要的意义。

(一)劳动是人的生存方式

现实的个人,是马克思哲学的理论关切,亦是马克思劳动理论的出发点与归宿,他认为活生生的人要想生存下去的条件就是劳动,"个人怎样表现自己的生活,他们自己就是怎样。因此,他们是什么样的,这同他们的生产是一致的——既和他们生产什么一致,又和他们怎样生产一致"①。作为人生存下去的前提条件——劳动,它不仅是人满足自己物质需求的过程,还是人的自我实现的过程,是人的本真的存在方式,所以我们可以看到劳动的方式和内容的改变在历史的人的生成过程中起决定作用。

自由自觉的活动是人的本质属性,劳动产生于其中,人在劳动中需要交流和配

---

① 马克思恩格斯选集:第一卷[M].北京:人民出版社,1995:67-68.

合所以产生了语言和意识,人也在劳动中形成了以自然血缘关系为基础的社会关系,正是劳动赋予了人与其他一切动物区别开来的独特意义,马克思曾说:"劳动创造了人本身。"①也就是说,人通过劳动使周围的一切环境发生了变化,在此过程中,自然界也发生了变化,而正因为自然界的变化,人自身也会同样发生着变化,马克思的"人化自然"理论就是以此为基础的更深层次的阐释。马克思指出人类为了维持自身的生存和生活条件通过劳动来改变外部自然,在改造自然的同时也改造了自身的自然并创造了自身。

在倡导自由主义的亚当·斯密看来,劳动是让人作呕的活动,但是他对劳动和价值的关系做了非常具有进步性的阐述。斯密区分了使用价值和交换价值,但是对于劳动的理解不得不说马克思更胜一筹,马克思曾这样评价斯密:"斯密在下面这点上是对的:在奴隶劳动、徭役劳动、雇佣劳动这样一些劳动的历史形式下,劳动始终是令人厌恶的事情,始终是外在的强制劳动",但"一个人'在通常的健康、体力、精神和技能、技巧的状况下',也有从事一份正常的劳动和停止安逸的需求,这在斯密看来是完全不能理解的"②。在马克思看来,劳动是人生存与发展的前提基础,是人的存在方式,劳动本身体现的是人自由自觉的生命样态,它的存在对于人自身来说应该是快乐的,因为劳动在一定意义上来说就是人自身的本质需要,正是基于马克思对劳动的这种理解,所以,资本主义社会中人们越劳动却越压抑的状况引发他的思考,进而产生了马克思的异化劳动理论。现实生活中的人们之所以压抑,之所以贫穷,恰恰是源于异化劳动的产生。

(二)劳动扩展人的社会交往和关系

马克思不仅将劳动归结为人区别于动物的标志,而且将劳动视为社会交往和社会关系形成的基础,在马克思看来,正是人们在劳动中通过交换自己才使得一切关系得以形成,特别是资本主义社会。对于资本主义社会的考察,马克思是从总体的角度来对其进行审视的,进而他发现社会生产的最终结果总是表现为人自身,"作为它的主体出现的只是个人,不过是处于相互关系中的个人,他们既再生产这种相互关系,又新生产这种相互关系。这是他们本身不停顿的运动过程,他们在这

---

① 马克思恩格斯选集:第四卷[M].北京:人民出版社,1995:373.
② 马克思恩格斯全集:第四十六卷下[M].北京:人民出版社,1980:112.

个过程中更新他们所创造的财富世界,同样地也更新他们自身"①。在马克思看来,生产关系产生于劳动之中,它是人类和人类社会存在和发展的基础,但是生产劳动的过程除了形成生产关系外同时也形成了社会交往,在马克思的视阈中,劳动既是自己的劳动也是别人的劳动,这里蕴含着马克思对劳动的辩证法理解,劳动既是人类自我确证的过程,也是他人自我确证的过程,劳动使人们彼此之间形成了一种认同,彼此的认同。如此看来,对于生活也是一样,在生活世界中,人们在劳动中既创造了自己、生产了自己,也同时创造了他人、生产了他人,这时就形成了一种互为状态。马克思由此推断,劳动建立了社会交往,并且它是人类特有的生存方式和生活样态,劳动是人类社会中人们之间相互联系和交往的不可或缺的活动。

马克思对人类交往形式进行了详细的分析,由此,他提出了物质活动、物质交往等概念,并且明确指出,人们的意识、思想、观念等的产生最直接的来源就是人们在现实生活中的物质活动,在此过程中,语言应运而生,因为从某种程度上来讲,语言是人们物质交往活动的载体,"思想、观念、意识的生产最初是直接与人们的物质活动,与人们的物质交往,与现实生活的语言交织在一起的"②。交往关系不应仅仅被局限在物质生活层面被理解,它应该是以物质交往为基础的全部政治、经济、文化交往的总和。"人的本质不是单个人所固有的抽象物,在其现实性上,它是一切社会关系的总和。"③由此可见,人的发展与自身和他人之间交往关系的发展有关,由此引申,交往关系决定了社会的发展情况。对于人类社会的发展,在马克思看来人类社会最终会走向共产主义社会,而共产主义社会依然离不开人们之间的交往,在这一点上,与他并肩战斗的好友恩格斯在谈及共产主义制度时也是这样阐述的,共产主义"只不过是各个人之间迄今为止的交往的产物"④。由此可见,人的自由全面发展、人最终的解放都是建立在人们之间的社会交往之中的。

关于社会交往的形式,在马克思的阐述中我们可以清晰地看到,他对交往的形式进行了历史性的梳理,"迄今为止的一切交往都只是在一定条件下的个人的交往,而不是作为个人的个人的交往"⑤,所有交往形式都是在一定具体条件下形成

---

① 马克思恩格斯全集:第三十一卷[M].北京:人民出版社,1998:108.
② 马克思恩格斯选集:第一卷[M].北京:人民出版社,1995:72.
③ 马克思恩格斯选集:第一卷[M].北京:人民出版社,1995:56.
④ 马克思恩格斯选集:第一卷[M].北京:人民出版社,1995:122.
⑤ 马克思恩格斯选集:第一卷[M].北京:人民出版社,1995:127.

的,根据劳动形式、生产的发展情况不同就会形成不同的交往关系,总体来说随着社会经济的不断发展,交往形式也是由低到高的。马克思把人发展历史形态大致分为三类:

首先是自然经济时代的"人的依赖关系"。这是人的最初交往状态存在于自然的原始共同体中。在这一时期人们主要依赖于自然界天然的物质来维持自身生存,由于生产力水平较低,生产分工也是自然分工。受到这些条件的限制,以血缘关系和地域关系为主的封建等级制度是人们在这一时期的主要交往关系,人们为了共同的需要和共同的目的聚集在一起,身为个体的人在这一阶段基本都是作为整体中的一分子而发挥作用,本身的个性和独立性比较缺乏,因为个体都必须依赖群体而生存。

其次是商品经济时代的"以物的依赖性为基础"的人类交往形态。在社会生产力得到解放、资本主义制度确立后,在自然经济中原本以地域和血缘为交往纽带的人与人之间的关系逐渐弱化,取而代之的是以物的交往为主的社会交往形态。以物为主的交往方式产生于商品经济之中,在这种社会样态下人与人之间不再是通过自己在劳动过程中与他人发生关系来交往,而是通过货币媒介来进行交往。这样人与人之间的交往关系从在劳动中转换为在交换中,在交换中完成人的所有社会活动。在以商品经济为主导的社会生活中,对生产资料的占有不再是决定个人是否能够生存下去的最主要因素,个人一无所有还可以通过把自己的劳动力当作物品交换出去,即拥有全部生存资料的人不通过交换无法生存下去。人们进入交换关系的时代,在马克思看来,这里也充分体现着黑格尔的辩证法原则,交换既使得人们之间的联系变得空前紧密又将人的孤立化状态呈现出来,"使自己确立为一个孤立的个人所需要的手段,又使自己成为普遍的和共同体的生物"①。在以商品经济为主的资本主义社会中,人的群体性依赖开始逐步弱化,人的个体性、主体性更加显现出来,人们开始摆脱自己如动物般的群体性特征,个人的自主性和独立性越来越强,"形成普遍的社会物质交换,全面的关系,多方面的需求以及全面的能力的体系"②。我们可以看到从自然经济时代到商品经济时代人的交往被扩大,随着人的交往越来越普遍个人也就越来越突出,因此在自然经济中起显现作用的地

---

① 马克思恩格斯全集:第四十六卷上[M].北京:人民出版社,1979:497.
② 马克思恩格斯全集:第三十卷[M].北京:人民出版社,1995:107.

域限制和民族限制在商品经济社会的交往活动中不再重要,个体性逐渐突出,个人在社会历史的发展中逐渐成为真正的个人。

人类交往形成的第三个时期是未来的产品经济时代。马克思认为:"交往的普遍性,从而世界市场成了基础。这种基础是个人全面性发展的可能性。"①在这一时期人们可以形成一个理想的交往关系,它是建立在社会化大生产的基础上,这种社会化大生产体现在马克思所说的物质财富极大丰富的时代,即共产主义社会,亦成为自由人联合体的时代,自由人联合体是对以往所有交往形式的彻底批判和扬弃,每个人的自由全面发展不仅仅体现为自身的完满,更重要的是它还是其他人自由全面发展的前提和基础,这种理想性的交往关系使主体间性以更加普遍、更加紧密的方式联结,由此,在这样的共同体中个体与个体之间、个体与社会之间的冲突得到缓解甚至消除,人的交往以一种自由的状态进入了世界,人与人之间彼此相适应,或者说人以一种更好的方式与自身相处,人通过对社会关系的占有更好地实现了自己,人在这种理想的交往关系中真正地从狭隘的意义走向了世界性的历史意义。

从以上三个社会形态我们可以看到,社会交往的历史是根据劳动方式及人的劳动能力的不断变化而变化的,这里面就涉及两种交往形式的更替即新的交往形式和旧的交往形式,后者最开始的产生是因其自主地适应当时的生产状况,然而随着生产力的不断发展,生产关系的不断调整,它慢慢地不再适应新的交往形式了,不仅不适应并且成为新的生产力发展的桎梏,于是前者便开始发展起来并将后者代替,由此循环往复,社会形态不断更替,在这种更替中,劳动的不断发展起着决定性的作用,它将人与人之间的交往形式从彼此狭小的相互依赖关系逐渐转换成为世界的交往范式。我们可以从交往形式的历史中深刻地看到人类历史发展的变化,清楚了解这种变化为最终实现共产主义理想、人的完满即实现人的总体性和完整性提供了必要条件。

(三)劳动实现人的自我确证

在马克思的理论中,人是通过人的本质来进行自我确证的,那么,什么是人的本质或者说人的本质属性到底是什么?马克思在《1844 年经济学哲学手稿》中谈

---

① 马克思恩格斯全集:第三十卷[M].北京:人民出版社,1995:541.

论的最主要的问题就是人的本质问题,他将人的本质归结为人的自由自觉的感性活动。这里我们可以将其分解开来进行阐释:首先,人是活动的主体;第二,自由是前提和基础;第三,自觉即人的本能或者说人的潜意识中存在的自发成分;最后,感性活动,即它是人们非理性的一种活动。由此,人的劳动恰恰满足这四点的阐述,并且将人与动物区别开来。人与动物的最主要区别不是对自然的适应能力,而是体现在对自然的改变中。动物对自然是本能的顺从,它们对自然环境的改变是无力的,而人类则是通过不断地调整劳动方式来在自然中进行生产维持生命的产品。动物的本性在于顺应自然,由此它只能按照其本能尺度来适应环境以维持自己的生存,由于其无法突破自己而永远只是在重复活动而从来不存在于历史中。马克思认为"动物不把自己同自己的生命活动区别开来。它就是自己的生命活动"①。与此相对应的是,人与动物在这方面完全不同,人将"物的尺度"与"人的尺度"在人的自由自觉的活动即劳动中完美地统一起来,人们通过劳动的方式创造和改变对象,同时也在劳动的过程中完成自己。因此,我们可以得出结论劳动是人的生存性前提的同时也是人的自我实现的过程,所以人不会是动物那样的以非历史性的方式存在,历史只能产生于人的活动之中,人通过劳动在历史中谱写自己、展开自己,最终人在历史中完成自己。

马克思强调:"我的劳动是自由的生命表现,因此是生活的乐趣。……我在劳动中肯定了自己的个人生命,从而也就肯定了我的个性的特点。劳动是我真正的、活动的财产。"②由此,劳动的积极意义逐渐展现出来,在马克思那里,劳动的意义不仅仅体现在最基本的维持人类生命的作用,劳动过程的展开正是人完成自己的过程,它对人有着极为重要的意义。人在劳动的过程中塑造了自己,与此同时他人以及整个社会也在人塑造自己的过程中被塑造出来。"假定我们作为人进行生产,在这种情况下,我们每个人在自己的生产过程中就双重地肯定了自己和另一个人……在我个人的生命表现中,我直接创造了你的生命表现,因而在我个人的活动中,我直接证实和实现了我的真正的本质,即我的人的本质,我的社会的本质。"③

劳动的过程就是人把自己的目的、智力、知识和技能以及体力完全物化在对象的身上,按照主体的目的对客体进行改造的过程,也是把人的本质力量凝聚到对象

---

① 马克思.1844 年经济学哲学手稿[M].北京:人民出版社,2000:57.
② 马克思.1844 年经济学哲学手稿[M].北京:人民出版社,2000:184.
③ 马克思.1844 年经济学哲学手稿[M].北京:人民出版社,2000:184.

的身上,对改造对象实现完全占有的过程。劳动是一个创造的过程,它与动物的生存活动截然不同,它不是某种活动的简单重复,它是创造自我的过程,在创造的过程中,价值就显现出来了。我们可以说,劳动最本质的表现为人的本质力量对象化,在此过程中,人自身得以确证,然而更重要的是,人的价值也在劳动中体现出来即人的理想、人的目标正是在劳动中实现的,劳动不仅体现为人的真实需求,更体现为人内心的真正需求,"就在这种自我复现中,把存在于自己内心世界里的东西,为自己也为旁人,化为关照和认识的对象时,他就满足了上述那种心灵自由的需要"①。马克思在劳动问题上的研究比黑格尔更进一步,他突破了黑格尔认为的把劳动及自我实现放在精神领域中来理解。马克思明确指出劳动是人的对象化,人在劳动中创造对象也创造自己,他指出"劳动的对象是人的类生活的对象化,人不仅在意识中理智地复现自己,而且能动地、现实地复现自己,从而在他所创造的世界中直观自己"②。

对象化是人在劳动中产生的,在马克思看来,人在劳动的过程中将人的主观性即人的目的性加注于对象之上,在此过程中,对象的属性也将内化为规律影响着人自身,逐渐地内化于人自身,从而实现了人对人自身的改造。"正是在改造对象世界中,人才真正地证明自己是类存在物。这种生产是人的能动的类生活。通过这种生产,自然界才表现为他的作品和他的现实。因此,劳动的对象是人的类生活的对象化。"③那么在这个过程中我们可以看到的不仅是凝结着劳动者智慧的劳动产品,还有人进行自我生产的过程。人在生产产品的同时也生产了自己,"自己"从某种程度上来讲就是人的劳动产物。人在劳动过程中产生了客体,客体相对于主体而言,人是主体,而恰恰在生产客体的同时,人将自己的本质力量内化在客体的属性之中,这样客体的属性也变成人自身的一部分,人的劳动生产了产品也生产了自身。由此,马克思从实践的角度出发,把对象、现实和感性等人的感性活动"当作实践去理解"④,整个世界在马克思看来就是一个感性世界,是人的生活世界,个人的全部生活都是以此为基点全部展开。以马克思的理论视角,我们可知,人类从诞生之日起就经历了原始文明、农业文明和工业文明时期,其中,原始文明时期人们

---

① 黑格尔. 美学:第一卷[M]. 北京:商务印书馆,1996:40.
② 杨魁森. 哲学就是生活观[J]. 学习与探索,2004(3):23.
③ 马克思. 1844 年经济学哲学手稿[M]. 北京:人民出版社,2000:58.
④ 马克思恩格斯选集:第一卷[M]. 北京:人民出版社,1995:58.

对自然的依赖性与动物无差,之后的农业文明时期人类才渐渐掌握自然的规律并且开始利用自然的规律为人类自己服务,而到了近代,工业文明时期,人的主体性显现出来,工业的历史和工业的生成是人本质力量对象化的最好展现,马克思称其"是一本打开了的关于人的本质力量的书"①。人可以通过劳动来审视自身,"我们的生产同样是反映我们本质的镜子"②,马克思认为人在劳动的过程中发生的不仅有人与自然的关系,还有人与人的关系。劳动就像镜子一样照映出我们的生存方式,人在劳动中创造和确立对象,人也在劳动中创造和确证自己。人不仅是从自然界中获得维持自身需要的物质生活条件,他把自己的审美能力、道德能力等人的本质都通过劳动展示出来。劳动不仅是人的生存性前提,也是人展示自身、实现自身、确证历史的真实过程。

(四)劳动发展和实现人的潜能

在马克思的视阈中,劳动体现为人的自身创造,人在劳动中实现自身。他指出:"为了在对自身生活有用的形式上占有自然物质,人就使他身上的自然力——譬如腿、头和手运动起来。当他通过这种运动作用于身外的自然并改变自然时,也就同时改变了他自身的自然。"③马克思认为每个人只要他是一个人,他就会拥有力量和需要,人的自然力量和自然需要就是他与生命的实体共同拥有的东西。马克思将其中一些称之为自然的力量和需要,把另一些称之为类的力量和需要,而类的力量和需要是人所独有的,它使得人类在自然界中与其他动物区别开来,使人类在自然界中显得独一无二。那么,拥有自然力的人和拥有类力量的人在马克思的理论中显得尤为不同,正是人的类力量才使人成为人,而类力量恰恰是通过人的劳动这种形式展现出来的。

当然我们首先认识到的是劳动作为人的生存性前提条件存在,它的第一目的还是要维持人的生存和满足人的物质生活需要,但是此外劳动的过程还是人类历史的形成过程,是人不断获得自由和全面发展的过程。马克思说:"生产劳动同智育和体育相结合,它不仅是提高社会生产的一种方法,而且是造就全面发展的人的唯一方法。"④因此,劳动在马克思的理论中最本质的就是展现为人的自我创造和

---

① 马克思.1844年经济学哲学手稿[M].北京:人民出版社,2000:88.
② 马克思.1844年经济学哲学手稿[M].北京:人民出版社,2000:184.
③ 马克思.资本论:第一卷[M].北京:人民出版社,2004:208.
④ 马克思.资本论:第一卷[M].北京:人民出版社,2004:557.

人本质力量对象化的过程,强调人与劳动的内在一致性。劳动这种"积极的、创造性的活动"使人自己发现自己、自己发展自己,可以说劳动这种自由自觉的活动是人的本质性状态,劳动被解放得越彻底,人就越能获得真正的自由以实现全面的发展。在这里,马克思所谈到的发展指的是实现人的全部潜能,包括已经实现的和未实现的,即已经实现的存在状态向另一种为实现的完整的状态转化,同时,也是人从潜在走向实在、从可能性走向现实性的转化。马克思认为我们每个个体都具备这种无限发展的可能性,都包含着实现所有潜能的可能性,因此,在马克思看来,能够实现人的自由全面发展的自由人联合体即共产主义社会是完全可以实现的,在这样的共同体中,人才能成为真正全面的人。

二、行动作为人显现的必需性

"人——作为行动之存在——表现他优异之言行在这一公共的、开放的空间,以彰显其自我个体性,这即是阿伦特所称的行动主体的'自我彰显'(self-disclo-sure)。"①

阿伦特认为人在"公共领域"当中应该充分地展现和表达自我,公民们在从"私人领域"进入"公共领域"时应该通过行动来显现自身,我们应该活在自己的生命中而不是仅仅活在人群中。"公共领域"是与"私人领域"截然不同的领域,它有自己独特的运作原则和活动内涵,是一个独立自主的领域。

(一)存在于显现

人的存在就是显现自身。人从出生开始就注定拥有一个属性——"显现",显现不仅是让我们可以去看、去听、去尝、去闻,更是让我们被他者感知的方式。

在世界中无论是什么性质的东西,不论是人还是物,是活着的还是死去的、自然的还是人造的、短暂的还是永恒的,它们都是显现的。在这里我们可以看到人或事物显现需要具备两个条件,首先是有物可以显现自身,具体人或事物的存在才可以被感知,才能让显现得以可能;其次是能够接受显现的存在,也就是说可以感受到物或人的显现。具备这两种条件也就是存在才可以显现。不管是物还是人存在于世界中时即显现,当物消失人离开世界时显现即消失。所以存在就是显现,二者同时发生。

① 蔡英文.政治实践与政治空间[M].北京:新星出版社,2006:159.

"物体和人的存在必须要有一个他物或者他人作为旁观者的见证才得以存在。"①阿伦特阐述了我与他者之间的关系,经由他人的看见和听见才确证了我们和物的存在,他人的在场确保了物和我们所生活世界的真实性。所有显现都不是孤立的,存在的任何事物都会被感知,而且不是被一个人而是被居住在这个世界上的很多人感知。人和动物都是有感知的生物,二者都可以成为对其他物感知的接受者,人和动物既是等待着被显现的物同时也是保证其他显现物实在性的证据。人和物在显现的过程中不是作为纯粹的主体存在,他们也不能被理解为纯粹的主体,因为他们都具有一种个体性。如果主体不是客体,那它就一定不是主体,它与客体一样显现给他人,他人保证了人和物的客观实在性。就正如我们所谈论的"意识",我意识到自身因而我能呈现给我自己,在世界上存在的生物都有能力存在和显现自身,这个生物既包括人也包括物,他们都是既为主体也为客体,能够同时感知和被感知。

阿伦特认为显现是以多样性的状态存在的。在世界上的人和物所显现的方式和形态多种多样,所有具有感官的生命都共同显现,每一个人或每一个动物都生活在自己的世界中。而世界是特殊的存在,它存在于我们来这个世界之前,并且当我们离开时它还继续存在。任何生物都是以生、死的方式进入和离开这个世界,存在代表着生存,消失代表着死亡。生命就是一个从出现到消失的过程,而时间则超越生死的跨度。不同生物的生命长度不同决定了它体验生活时间的不同,时间是内在于人之中的测量生命长度的模型。在世界中我们区别有机物和无机物的主要方式就在于二者具有不同的"显现"方式,生物以其生命性质自觉显现在自身的生命过程中,由自我显现的冲动支配,就如舞台上的演员一样,所有生物的生命显现在同一个舞台上表演着属于自己的不同的生命形式,不同生物依据自身不同的展现方式来证明自己与其他生物的根本性区别。我们可以看到,显现所具有的同一性让他人得以感知,但是同时它的差异性有成为被显现者的证明。阿伦特指出正是由于事物本身就存在于这个世界之中,所以它才会以自身的方式显现并被他人所看见,它所显现的过程是从某处来又从某处消失,它已经做好了被充分显现和被其他人感知的准备后才进入了这个可以让其自身显现的世界。

---

① ARENDT H. The Life of the Mind[M]. New York:Harcourt Brace &Company,1978:19.

(二)言行和显现

当我们出现在这个世界上的时候同时我们是平等的,人与人之间又都有自己独特的差异性。由于我们都以平等的身份进入这个世界,所以我们才可以互相认识和互相理解,但是也正是我与他人之间的差异性才能让人有展现自身的动力。人作为一种生命体与其他生命体不同,人自身总是伴随着变化和差异,总是要把自己与他人区别开。人与人之间的交流又仅仅是一种简单的、情感的交流,更多的是人通过交流和行动来确证自身是一个独特性的存在,这种确证的目的不是证明自己有多特别而是天生地人就要与他人区分开。人的言说和行动是其所特有的一种显现方式,首先它不是非生命物理对象的显现,其次它也不是身体显现。言说与行动是一种生命体建立在自身主动性上的、别人无法替代的显现方式。就像古希腊的公民一样可以使用奴隶来代替劳动来让自己享受政治生活的美好,但是言说与行动是不可能让别人代劳的,这是身为人的基本特征,当人没有言说和行动的能力时他也就不具备生活在这个真实世界的能力,像这样的人在世界上生活着其实就如同他死去一样或者说他并不是像一个真实的人在生活着。

阿伦特认为人除了第一次肉体的诞生外,当人以言说和行动展现于这个世界中时他正在第二次"诞生"。第一次"诞生"给人带来了生命让人可以进入世界,第二次"诞生"是以言说和行动进入公共领域,这次"诞生"依靠的是他者的在场。可以说,在公共领域中人的行动不像劳动一样受生存需要的必然性所驱使,也不是为了实现目的性而去工作,它一定是主动性地去确证自己。正是人在公共领域的"诞生性"给这个现存的世界带来了开端性的原则,阿伦特指出新的事物在进入世界的时候总是以一种无法预料的面目出现,就正如人在行动上总是会对未曾预料的事情有所期待,即使这个事情并不在我们的能力范围之内。

人们自出生起就在不停地追问这样一个问题——"我是谁?"这个问题不仅是每一个人都会思考的问题,甚至在人的每一个行动中都需要回答和面对。言说和行动总是与人如影随形,人对他者的显现就存在于他的言说和行动中,言说和行动可以让我们更好地理解他人的意图和目的。在行动内总是存在着言说,当行动与言说分离时它就已经不是行动本身,因为行动中的主体性已经不存在了,也就是说只有当言说的主体和行动的主体同一时,二者才能成为可能。人在进行交流和沟通时所使用的手段就是言说,行动是用来自我保护或实现目标的手段,二者对于人来说都非常重要,言说和行动是人在其显现的世界中唯一可以证明其身份的活动,二者是能真正地表明"我是谁"的方式,而这些都只有在公共领域中才能成为可能。

阿伦特指出,言说和行动的特殊性使人在纯粹的归属感之中,没有人会在言说时知道自己真正显现的是谁,但是他又非常肯定地知道它显现的一定是自身。人以言说和行动出现在公共领域中,既不是为了他人而活也不是为了与他人为敌,因为人在进行言说和行动时不会以显现自身为目的来开始,而是他在进行着这些活动的时候就自然而然地显现自身了。当然言说和行动也会改变,如果行动没有对行动者显现,那么它将会变成成就或者仅仅是达到一个目的的手段,当人失去归属感的时候,行动就变得像制作一样,它只是一种生产对象或完成目标的手段而不再有荣耀的光芒。简单地说,当人是为了他人而活或者对他人仇恨为敌时,言说和行动就改变了自己的性质,它们不再是为了人显现的方式,言说变成了空谈而不具有任何意义,行动只变成了一个人外在的成就而不能确证他的自身。

(三)沟通与认同

人可以"显现"自身的前提是他人对我的感知、了解和判断,我存在的真实性由他人来确定。阿伦特认为,我与他人所共同形成的公共领域就是我们共同显现自我的地方,人与人之间的沟通和互动在这里实现,在公共领域内的沟通就是与他人分享言说和行动,人的行动决定了公共领域的内涵。阿伦特指出,人与人之所以可以沟通是因为我与他人之间平等地对待、共同地行动和同时显现于世界中,或者说沟通是人以言说和行动切入到他人的生活领域来获得维系自身认同的方式。她认为沟通是动态的,在公共领域中行动从来都是在不可预料的情况下,沟通成为个人自身与他人、与社会的人际关系网络。从存在论意义上,人的行动是展现了已经存在的沟通网络,其中呈现出来了意象、世界观、言说和行动之间相互无边界、无限制的流动,可以说人的行动是一个不断更新和变化的过程,身为行动者既可以主动地选择自己的行动,同时也需要对行动结果无条件地承受。人在进行言说和行动时,任何人都要接受二者的不可预料和无限制的特性。

在公共领域中个体需要他者的存在,因为人自身与他者之间编织成了一张网,这个由二者形成的世界就是公共领域本身。在公共领域中,人与人之间既是联系的又是分开的,正是因为分开我们保持一定的距离可以看清对方完整的显现,所以我们可以相互辨识。阿伦特曾举例公共领域就好比我们在聚会时所使用的桌子,它就是一个独立的公共空间,因为其存在我们才可以既相互联系但是又相互隔开,公共领域消失了人们之间的联系也就断裂了,从而不管是显现者还是他者都回到了孤独的人的状态而变得趋向一致。最害怕的是用工具主义的态度来破坏在共同的世界中联合而又分离的人,如果当他们展现的不是理性的一贯行为的话,人与人之间形成了一种对立的关系,二者的关系不是"为了"就是"反对",但绝不是"与"的关系。在这样的情况下人显现自身所表现出来的不是"我是谁"而只是"我是什么"。阿伦特认为与显现的空间本质截然不同,人格是可以"生产"的,也就是说我们可以在公共领域中创造一个以自己为主角的历史故事。

阿伦特指出人们在共同生活中具有独特的个人品质,个人处于关系网中,我们所做的一切不仅确证着自己还影响着别人,所做的一切不仅只与我们自己有关。不同的个体在自身言说和行动的过程中也创造了属于自身的记忆。我们的决定做什么是通过对共同生活的关心程度来使我们自身与他人区分开,我们与他们的相处方式由我们展现出来的"谁"来决定。在我们眼中世界按照我们的意图来展现,如果没有意图世界的展现也就没有意义。人们可以在公共领域中生活表明了人们之间在言说和行动中充满了相互信任,而这种信任来源于在公共领域中人可以自由地显现自身。可以说,公共领域不仅确证了人自身还确立了世界的真实存在性。人要求把自身存在的被动、给定的一方面实现出来,不是受规定性的驱使而是人天生内在的要求把它充分表达和实现出来,我们需要注意的是现实中的活动是实现活动得以存在和发生的根本性依据。

阿伦特把一般性生命体的显现和世界的显现综合在一起对人的"世界性格"进行了说明:人不仅是生活在这个世界中,他属于这个世界,因为人在世界中不仅在这里显现,更重要的是他作为一个对象在这里被感知、被观察和被体会。生物作为一种表象而存在,人只是其中一种特殊的表象存在。不论是一个人或者一个事物,它的显现一定是在一个场域中得以展开,人或事物的表象一定是对某个特定对象的表达,而这种表达却是多样的。阿伦特在这里强调人自身所需要显现的特质不是"被给予的"、既定的或不证自明的,它应该是一种被他人不断体会、理解的过程。因为任何人或事物的展开从遮蔽的状态开始,人或事物的存在都是显现与遮蔽相交织,所以理解人或事物的表象或现象我们需要的是区分"显现"与"遮蔽""真实"与"非真实"。阿伦特认为在这个世界中,人与世界,我与他人、我与我们都是相互关联和相互显现的。

阿伦特作为一个犹太人在这个世界中的经历让她形成了独特的公共领域理论。她认为我们应该以一种"坦诚"的状态生活在这个世界上,个人应该从自身生活中的感受和意志中挣脱出来参与公共领域中的共同生活,阿伦特把自己因犹太人身份遭受到的别人的议论、攻击都融入了对私人与公共性问题的理解上,她指出个人的身份认同在对抗这种"不义"时就形成了公共与福祉的关注。达成公共性的重要条件是,当个人进入公共领域时私人的认同必须通过言语和概念来加以解释。纳粹的恐怖统治让阿伦特对其进行了深刻的反思,我们应该对于过去所存在的个体和历史都进行审视,这种审视有助于让我们对历史进行重新的理解并为我们的身份认同问题指明方向。阿伦特劳动理论的独特之处就在于她对公共领域及身份问题的独特思考,她指出我们在面对公共政治生活时应该清楚自己要寻找的是什么。

阿伦特指出,公共领域与政治相互联系密不可分,但是在二者之间存在一个明确的分界,公共领域和政治在这个分界中保持着一种互动和辩证的关系。她明确指出,对私人关系是否进行侵犯是界定公共性政治好坏的标准,同样,私人性事物的好坏则由是否遮盖了公共性的政治行动来决定。"如果人们面对的物质对象(包括我们叫作文化的那些人类目的的具体表现形式)不能保证人进入世界,不能保证发动创新以打破常规,那么它们就丧失了给人以位置感的能力。"①阿伦特认为,现代社会存在的最大危机来源于我们的传统和教育出现了问题,由于我们的自发感、历史感和对整个世界的认知都来源于此,如果传统的标准出现了是非颠倒,那么我们对于这个世界的认识也不是真实的,而这些标准也无法再给我们提供关于问题的答案,相反"真理"成为一种标准来对我们进行控制。阿伦特指出,身为一个政治行动者我们应该在某种意义上走出这种处境,与他人(潜在的能动者)进行有意识的沟通和想象性的认同,能够向他们显示我是"谁"。

第二节 历史中的劳动与行动

马克思和阿伦特分别对劳动、行动及历史三者之间的关系进行了详细的阐述,

---

① 汉森.汉娜·阿伦特:历史、政治与公民身份[M].南京:江苏人民出版社,2007:75.

正如第一节谈到的,劳动和行动是人的本质性的两种生活范式,那么二者不同的活动方式都形成了历史。马克思指出人类历史发展的基础是劳动,历史不是被理性抽象地推演出来的而是人的劳动创造了人类历史。劳动不仅生产出物质生活资料,还创造出社会关系与人自身。劳动的过程就是世界发展的过程,人对世界的认识和解释不是劳动是否存在的前提条件。而阿伦特则是从古希腊对历史、政治理解的角度来阐释行动与历史之间的关系,即人为了把自己得到不朽的生命意义,他就必须要不断地证明"我是谁",这种对意义不断追寻的过程就形成了为了纪念"有死的人"稍纵即逝光芒的历史。本节将试图从"过程性""时间性"两个维度来考察马克思劳动概念和阿伦特行动概念的区别。

一、劳动创造了人类历史

马克思认为人类历史发展的基础是劳动,在以往的形而上学中这个问题总是被遮蔽着的。作为现实的人的活动,劳动不仅创造了人类历史,它还是理性何以可能的条件。众所周知,马克思的劳动理论是马克思实践哲学的基础,劳动理论从某种程度上来讲赋予了马克思哲学生存论的维度。

（一）现实的人及其活动

1. 人的现实过程就是劳动

马克思哲学一直把和人的命运息息相关的感性世界作为之间的关注点,它以现实的人在世界上的活动和现存世界的变化为焦点。他指出,人和世界对象性的关系在现实中不断地生成,在这一过程中人和世界的关系应该被哲学从现实的人和世界的角度来把握。

马克思认为所谓"人的世界"是由人的本质力量对象化了的"对象世界",人们通过劳动创造出来的这个感性的"人的世界"是人时时刻刻生活在其中的一个现实的世界,它在本质上已经打上了体现人本质力量的烙印,它是人类劳动创造的结晶。马克思选择人的"生命活动"来对现实的人进行剖析是因为它可以观察人的其他关系,"生命活动"的核心就是人的生产性工作,这个生产性活动在马克思那里就表述为"类生活"而生命就体现在他的对象性活动中。所以在现实中生活的人不会是一个抽象的个体,他一定是在物质生产中劳动的活生生的人。现实的人其生命活动就是要通过自己的活动来创造属于自身的类生活,通过劳动所得到的成果是其物质生活条件的基础。只要我们提到现实的人就离不开感性活动——劳动,作为有生命的人在现实生活中的生命过程就可以用感性、对象性的活动,即劳动来理解。

劳动、感性活动、现实的人三者紧密相连。马克思的劳动概念不是抽象孤立的人的非感性活动,它是现实的人的感性活动。在马克思看来,对劳动的理解我们不能以任何先验为前提,对现实的人的理解,我们必须从人的生命活动本身出发,人的生命活动在马克思那里表述为感性活动,因此在现实的生活世界中,人的感性活动体现为具有创造性的生命活动,它强调的是世界的独立活动以及它作为有目的的奴隶所具有的整体性,创造性更加关注的是产品即人的对象化结果的独特性,由此人类的历史便得以形成。马克思坚决反对空洞地谈人,脱离历史来讲人的存在及其意义,将人进行抽象化的概括是马克思最为不齿的行为,他主张的是历史的本质应该由现实的生活根源、现实中存在的人来揭示。

劳动把人和动物彻底地区分开来,二者相比,人的劳动并不仅仅为了保证自身的生命延续,只有动物的本能才是为了生存下去而进行活动。马克思说:"动物只生产它自己或它的幼仔所直接需要的东西;动物的生产是片面的,而人的生产是全面的;动物只是在直接的肉体需要的支配下生产,而人甚至不受肉体需要的支配也进行生产,并且只有不受这种需要的支配时才进行真正的生产;动物只生产自身,而人在生产整个自然界;动物的产品直接属于它的肉体,而人则自由地对待自己的产品。"[①]因此,自然界将动物的生产仅限于它自身,只能满足动物们生存和繁衍的需要,动物在自然界中只能为维持生命的延续而活动,所以它们也只能在自然界的范围内被规定和理解。人则完全不同,根据马克思的观点,人活动的一个最重要的特征体现为他的计划性和目的性,人的生产劳动是现实生活中的感性活动,这种活动不仅能够生产出满足人们生存需要的产品,它还生产出了社会生活本身。

在以往的哲学中,人和动物经常被理性和思维标准来衡量,一般认为人和动物的区别还在于理性思维的存在。然而,马克思认为这种区分并没有真正地理解人和动物的区别,毋庸置疑,人是有理性思维的,人具有理性思维是因为人有意识、有大脑,那么动物没有大脑吗?动物也有,而且有很多高级哺乳动物比如白鲸在某种程度上是可以与人交流的,虽然大多数动物都是靠着本能与自然界和人类产生联

① 马克思.1844 年经济学哲学手稿[M].北京:人民出版社,2000:57-58.

系,而马克思认为人和动物最根本的不同就在于劳动。人的感性活动——劳动,它体现为人的生命展开形式和人存在本身。马克思通过对劳动和感性的人的阐述将近代形而上学突出强调的意识主体性彻底颠覆了,因为,在马克思的论述中,人的意识也是在劳动的过程中产生的。人维持生命所需的物质资料、社会生活的本身都是由劳动创造出来的而非理性推演得到的。

马克思的政治经济学批判对其历史唯物主义的创立起到了至关重要的作用。在 1845 年马克思到布鲁塞尔研究政治经济学之前,他在巴黎的经济学研究让他认识到劳动对于人类历史的形成与发展起到了决定性的作用,他把德国古典哲学中抽象的异化概念上升为现实的异化劳动,一条历史唯物主义的道路被打开了。我们可以说,这一时期对异化劳动的研究为全面构建历史唯物主义奠定了理论基础,政治经济学的研究对于马克思从异化到异化劳动再到历史唯物主义的转变有多么重要,马克思通过用劳动范式来对资本主义异化现象进行了分析,其目的在于要寻求一个理想中的社会形式、理想中人的生活状态。

2. 劳动与实践的结合

在马克思的理论中一直存在着一条清晰的主线或者说内含着一条逻辑主线即实践的逻辑。实践的逻辑在马克思的阐述中最具有颠覆性的就是将劳动上升为实践,劳动的最高形式就是实践。这种给劳动赋予实践意义的做法彻底颠覆了以亚里士多德为代表的西方传统哲学,马克思给实践重新赋予了感性活动的内容,为揭示人类历史的发展规律铺设了一条通过生产劳动而实现的道路,人类历史的前提是"一些现实的个人,是他们的活动和他们的物质生活条件,包括他们已有的和由他们的活动创造出来的物质生活条件"①,马克思的"新唯物主义的立脚点"是"人类社会或社会的人类"。由此,马克思明确了历史唯物主义、旧唯物主义和唯心主义之间的根本区别。旧唯物主义以市民社会作为自己的立足点,它把社会和单个的人都做简单的直观,而不能从历史的、整体的角度把握社会是由人类劳动创造和推动的产物,同时它也无法看到从社会关系中看个人与他人、个人与社会之间的联系,它只能用个人的观点来观察社会,用个人的直观的、纯粹自然的联系来构建多个人的共同性。与它相对应的唯心主义则是把历史中人的主体能动性抽象地夸大了,它所要诉求的成为"完整的人"只能在理想中才能实现。所以,唯物主义和唯

① 马克思恩格斯选集:第一卷[M].北京:人民出版社,1995:67.

心主义二者在历史观的道路上都走向了困境。

马克思对费尔巴哈抽象的人进行了超越并把劳动作为了人的本质性活动。他指出,费尔巴哈把抽象的人作为自己哲学的基点,他把人分解为普遍的、思辨的,即抽象的人,把社会关系都归结为抽象的人的本质,并认为经验个体才是社会的坚实基础,这是典型的旧唯物主义观点。而马克思则对此进行了批判和超越,他认为必须从社会的现实历史情况和政治经济学研究出发对资本主义社会进行分析,把对抽象的人的关注转移到现实的人身上,从哲学的范围扩展到对政治经济学的研究中。马克思对费尔巴哈旧唯物主义超越的重大转变在于他把对政治经济学的分析带到了哲学研究中,并且把劳动作为人的本质性的活动来理解。马克思从来没有把纯粹人类学角度理解的人的本质作为其哲学的根基,他不赞同把人理解为完全被自然规定的存在物。马克思认为人的类本质的实现,即人在本质上获得了相应的感性形式,它仅仅是主体的本质外化的结果。人的本质应该是不断生成的过程,人在对象化的活动中自我生产和自我展示,马克思对费尔巴哈只理解了感性却不知道感性活动的本质所在的观点进行了批判。

"也许历史是马克思极感兴趣的唯一事物"[①],马克思对历史的理解也是从劳动的角度进行的,他认为历史不是自我意识活动的思辨,它应该是人的生产劳动的历史。作为"人的活动"的历史,是人的存在方式,人是"历史性"的存在。在马克思看来,有生命的个人是一切存在的前提,"全部人类历史的第一个前提无疑是有生命的个人的存在"[②],人作为有生命的个体存在是其展开生命活动的前提和基础,有了存在的前提人才成为人。自人在世界中存在的那一刻起他同时也成为整个人类历史的前提和结果而存在着。人类历史只有以现实的个人的劳动为基点才得以展开,人的劳动是历史得以成立和发展的真实基础。

（二）向历史真实基础的回归

马克思以劳动为基点阐述人类历史的形成和发展,恩格斯曾这样说:"历史破天荒第一次被安置在它的真正基础上:一个很明显而以前被人忽略的事实,即人们首先必须吃、喝、住、穿,就是说首先必须劳动,然后才能争取统治,从事政治、宗教

① 柯林伍德.历史的观念[M].北京:商务印书馆,1997:186.
② 马克思恩格斯选集:第一卷[M].北京:人民出版社,1995:67.

和哲学等等。"①

以往的哲学并没有将历史与人的劳动联系起来,因此证明劳动是人类历史产生的基点无疑是开创性的。马克思指出,对于劳动的历史性的本质问题并不是一蹴而就发现的,劳动与人类历史的关系是在马克思对黑格尔唯心主义历史观的批判中、对青年黑格尔派自我意识哲学的批判中,以及对政治经济学的研究中,最后通过批判和审视费尔巴哈的旧唯物主义的过程中发现的。马克思通过对这些理论的多次批判才找到人类历史的根源在于其自身的根本活动,即劳动。

马克思在对唯心主义历史观进行批判时指出,现实的人及其活动是历史的主体和出发点,唯心主义历史观与唯物主义历史观不同,前者把现实的人对自己目的的实现活动理解为是一种在抽象理性规定下的对无限目的的实现工具。马克思指出:"历史什么事情也没有做,……创造这一切、拥有这一切并为这一切而斗争的,不是'历史',而正是人,现实的、活生生的人。……历史不过是追求着自己目的的人的活动而已。"②马克思在对唯心主义历史观进行批判时说:"事情被思辨地扭曲成这样:好像后期历史是前期历史的目的,例如,好像美洲的发现的根本目的就是要促使法国大革命的爆发。"③

马克思曾说过,他是黑格尔这位伟大哲学家的学生,然而众所周知的是,马克思的理论也是以批判黑格尔为主要特色的,马克思认为在历史观上,黑格尔的错误在于唯心地理解整个人类历史,他将抽象的思维外化为整个世界,将一切事物都从抽象思维中所演变出来的理解,在《精神现象学中》黑格尔曾指出劳动的概念即主体对客体进行的创造和扬弃的活动,通过劳动主体达到自我实现的、自我确证的目的。在《逻辑学》中黑格尔把劳动和实践都理解为是一种绝对观念,他认为主体和客体只是意识和自我意识的不同形式,劳动是意识的自我肯定、否定、再肯定的过程,他是从抽象的精神活动的角度对实践、主客体及劳动进行理解的。在黑格尔去世后,他的学生们对其哲学纯意识领域思辨性质进行了批判,力图把他的思想理论从精神意识转到对行动的理解上,其中奥古斯特·冯·切什考夫斯基《历史学引论》宣称今后哲学要"成为一种实践的哲学,更确切地说,要成为实践活动的哲学,

---

① 马克思恩格斯选集:第三卷[M].北京:人民出版社,1995:335-336.
② 马克思恩格斯文集:第一卷[M].北京:人民出版社,2009:295.
③ 马克思恩格斯选集:第一卷[M].北京:人民出版社,1995:88.

'实践'的哲学,对社会生活施加直接影响的并且在具体活动范围内发展未来的哲学"①。然而,切什考夫斯基的批判也有其局限性,他只是从理论层面上对实践问题进行了批判,而没有从社会革命活动的角度进行理解,他所以为的改变现实世界的途径是仅仅通过纯粹理性批判就可以达到。而赫斯以及鲍威尔的批判也没有从理论批判的范围中突破出来。

马克思通过对以上哲学的批判对实践进行了重新理解,从在巴黎开始着手研究政治经济学开始,他就发现了劳动、生产和实践之间的关系,从而确认了人的最基本的实践活动就是劳动。他指出只有深入地理解劳动才能真正地找到历史唯物主义的道路,才能发现人与自然的真实关系。

马克思对黑格尔的哲学进行了批判并指出他的哲学的根本错误在于从无限、普遍性的逻辑上来理解整个世界,在一定时期内,黑格尔曾扬弃了无限,对现实的、感性的和实在的东西进行了设定,然而在他思想发展的后期,还是抛弃了实在性回到了抽象和无限中,所以黑格尔只是本质上从对宗教和神学的批判出发最后又恢复了对其的肯定。在马克思看来,黑格尔哲学是以自身为基础的哲学。他指出:"因为黑格尔根据否定的否定所包含的肯定方面把否定的否定看成真正的和惟一的肯定的东西,而根据它所包含的否定方面把它看成一切存在的惟一真正的活动和自我实现的活动,所以他只是为那种历史的运动找到抽象的、逻辑的、思辨的表达,这种历史还不是作为既定的主体的人的现实的历史,而只是人的产生的活动、人的发生的历史。"②我们可以这样说,黑格尔的哲学是在抽象思维里用逻辑范畴来描述了历史的形成过程。

黑格尔哲学的错误根源在于他把对象化和异化混为一谈了。他认为,人的本质的异化是以一种抽象思维的方式同自我对立的对象化过程,这与以非人方式同自身对立的对象化截然不同,人的本质被当作一种异化和扬弃的过程来理解。但是,重要的是黑格尔把历史的辩证过程作为一种从异化回归的理解,虽然这种理解被局限在以否定之否定的逻辑共识在抽象思维中转了一圈,黑格尔对现实的异化问题做出任何批判。但是马克思认为黑格尔哲学之中可取的部分在于黑格尔本人对于人自我产生过程的理解,黑格尔认识到了劳动的本质即人的自我外化和对外

① 麦克莱伦.青年黑格尔派与马克思[M].北京:商务印书馆,1982:12.
② 马克思.1844年经济学哲学手稿[M].北京:人民出版社,2000:97.

化的扬弃,认为现实的人是其自身劳动的结果。马克思从现实的历史辩证法的角度对黑格尔的思辨辩证法进行了改造,首先要确定的就是历史辩证法的基础是建立在现实的感性上的,打破由黑格尔现实的自然界和现实的人所设定的物性的存在,对历史的主体做重新的理解,否定了黑格尔提出的人的对象性和对象性的人只是人自我意识之中的活动。在马克思看来对于人的理解我们必须要从现实的活动中出发,人毋庸置疑是自然存在和对象性的存在,人的本质不是受精神所设定,不是自我意识在对象化的过程中设定了人,人的本质是在现实对象性活动的过程中,即劳动过程中形成的。

综上所述,在马克思对政治经济学的研究中他已经开始把劳动作为人类历史的基础,通过把劳动定义为人的本质来对黑格尔的抽象自我意识的活动进行了批判。他认为,人通过劳动生产自己的过程就是整个的世界历史,劳动这一活动是人之为人的最有力的、无可辩驳的证明。

(三)从必然王国走向自由王国

马克思曾在《德意志意识形态》中提出要"消灭"劳动。马克思提出"消灭"劳动针对的是抽象劳动,他认为劳动是作为现实历史基础的对象性活动,我们应该扬弃压抑人性和使人的生命沦为资本增值工具的抽象劳动,抽象劳动遮蔽了人的生命,让人失去了根本的自由。他在《资本论》中对资本主义的生产过程进行了研究和批判,他在对整个人类社会历史进行了考察之后提出了关于"自由王国"和"必然王国"的著名论断。

马克思用物质生产和自由活动来把社会按照主体活动的目的不同分为两个领域,在物质生产领域中,人们与自身活动目的和手段相对立,活动的目的就是实现这些外在的目的,人活动的目的受到两方面的限制,一种表现为物质的"必需",而另一种表现为经济规律的"外在目的",因此,活动本身成为一种达到外在目的的手段,这个物质生产领域在马克思看来是人类发展所必经的阶段,属于必然王国,而真正的"自由王国"在马克思看来就是不以生产为目的进行劳动时,当劳动成为一种自由自觉的活动时,我们才能得到真正的自由。人作为一种特殊的有机生命体,虽然生存是满足其生命延续的最基本条件,但是它并不是人的全部需求,当人的劳动目的只是满足人的生存需要而进行物质生产时,我们就始终处于"必然王国"中,只要这个活动的目的不改变,只要劳动仅仅是为了满足人的生存需求而进行时,劳动只能作为手段而不是目的,当劳动仅仅作为生存手段而存在时,人将无法通过这一手段而获得自由。

马克思认为:"事实上,自由王国只是在由必需和外在目的规定要做的劳动终止的地方才开始;因而按照事物的本性来说,它存在于真正物质生产领域的彼岸。……在这个必然王国的彼岸,作为目的本身的人类能力的发展,真正的自由王国,就开始了。但是,这个自由王国只有建立在必然王国的基础上,才能繁荣起来。工作日的缩短是根本条件。"①对于"必然王国"与"自由王国"之间的关系,马克思指出真正的自由是指劳动的自由自觉,人们把自身的全面发展当作活动的目的,不把活动作为手段来理解,一切劳动处于自愿,不是为了外在的强制、不是为了仅仅满足自身的生存需要,只有满足这些,在社会中的每个人才能得到真正的自由。与之相反,"必然王国"把劳动看作是实现人更好生活的手段,劳动受外在必然性的影响,即使在自由人的联合体中人们用看似符合人性的方式进行劳动,这里的劳动仍然是不自由的,仍然是手段而不是目的。那么如何实现人类的"自由王国"呢?马克思指出,"自由王国"的实现必须通过"必然王国",人们通过自己的努力对必然性进行扬弃后以一种最合乎人性的方式来建立人与自然之间的关系,这样才能通过"必然王国"走向"自由王国"。

对于资本主义,马克思也不是全盘否定的,他也曾对其给予了肯定,他肯定了资本主义社会存在的积极意义,"资产阶级在它的不到一百年的阶级统治中所创造的生产力,比过去一切世代创造的全部生产力还要多,还要大"②。以商品经济为主的资本主义社会充分调动了人们的积极性和创造性,生产力得到空前的解放和发展,资本主义大发展大繁荣的时代开始到来,熊彼特认为"这个宣言不乏称赞资本主义光辉成就的叙述;即使在宣布资本主义未来死刑的时候,他(指马克思)也从不否认它在历史上的必要性"③。在社会化大生产蓬勃发展的同时,马克思看到了隐匿在资本主义社会背后的机制,即异化劳动的存在,工人们越劳动越贫穷,人们开始讨厌劳动甚至厌恶劳动,但是人们却离不开劳动,因为,这时的劳动被降低为一种谋生的手段,"在奴隶劳动、徭役劳动、雇佣劳动这样一些劳动的历史形式

---

① 马克思.资本论:第三卷[M].北京:人民出版社,2004:928-929.
② 马克思恩格斯选集:第一卷[M].北京:人民出版社,1995:277.
③ 熊彼特.资本主义、社会主义与民主[M].北京:商务印书馆,1999:48.

下,劳动始终是令人厌恶的事情,始终是外在的强制劳动"①。特别是随着社会化大生产的普及,分工在社会中逐渐被细化,人的劳动形式从整体上被切割开来,人们的劳动越来越被固化在一个领域之内,人的孤立化和片面化的生存样态逐渐展现出来。

在"必然王国"中,劳动的性质和目的发生了变化。由此,马克思对人类社会的状态进行了细化,他将人类的原始社会称为"自然必然王国",之后的奴隶社会和封建社会则是"外在必然性王国",人类社会就是从"自然必然王国"走向"外在必然性王国"再走向"自由王国"的过程。马克思的"必然王国"和"自由王国"概念既是社会范畴也是历史范畴,他认为劳动是由现实的人的活动产生的自由自觉的活动,它应该是目的与手段的统一。而在不同的社会阶段中,人类一直为了满足自己的生存需要而在不断地进行着"必然性"活动,即使是资本主义社会,马克思也将它视为一个成熟的"外在必然性王国"而已,因为在资本主义社会中,人的劳动和自身都被细化了,所谓个性自由的出现,也只不过是一种为了对抗被社会关系不断扭曲的束缚,所以这里的自由只不过是在社会形态下讨论的自由,真正的自由是不会在这样的社会形态下实现的。马克思在对资本主义社会进行分析时所用到的对劳动的扬弃是指在"外在必然性王国"下的异化劳动的扬弃,在资本主义社会中无法得到真正的自由,因为个人通过出卖自己的劳动获得了自由,但是整个社会却是异化的,这种在异化社会下通过放弃自己一部分而得到的自由并没有逃脱"必然性王国"的强制性统治。

马克思指出,自由是自我实现的过程,而真正的自由必须通过劳动将外在的必然性扬弃掉。"诚然,劳动尺度本身在这里是由外面提供的,是由必须达到的目的和为达到这个目的而必须由劳动来克服的那些障碍所提供的。但是克服这种障碍本身,就是自由的实现,……而这种自由见之于活动恰恰就是劳动。"②他认为真正能实现人本质的活动,只能在共产主义社会中实现。因为在共产主义社会中,劳动不是作为人类谋生的手段而存在,而是能够实现人的自由全面发展的有效途径,劳动的真正目的就是实现人的完满或者说这是它的唯一的、根本的目的。

---

① 马克思恩格斯全集:第四十六卷下[M].北京:人民出版社,1980:112 – 113.
② 马克思恩格斯全集:第四十六卷下[M].北京:人民出版社,1980:112.

二、历史与行动的开创性

我们来跟随阿伦特追溯一下历史概念在古希腊的原初含义。

(一)古希腊的历史概念

1. 对意义的追寻

"必死的人所能实现的伟大的事功(the great deeds and works of which mortals are capable)"①是古希腊历史叙述的主要内容。希腊人对人与自然的关系是"人之必死与自然之永恒的对立"。希腊人认为,人以必需的状态存在于宇宙中,在永恒宇宙的天空下是不死的奥林匹斯诸神,在这之下是人从生到死的垂直的生活轨迹,有限生命的人在无限永恒的天空和自然面前被突显出来。希腊人追求不朽的人生在永恒的宇宙中得到了意义,他们认为人应当在有限的生命里去尽可能追寻人生的意义,并寻求"不朽"和"伟大",这种意义的追寻不在于人生的长短而在于对自然性和必然性的摆脱。当人以其言说和行动进入公共领域时就像闪电划破夜空般,人的出生是其第一次进入自然界,而其进入公共领域则应该算作他的第二次出生。在公共领域里的出现揭示了人的真实本质,可以说这是一个人的真正出生,他在向他人不断展示"我是谁"的过程就是人的自我实现的过程。然而,我们发现在人所有创造的事物当中言行却是消逝最快的,但是它却最能体现出"人所能实现的伟大",那么如何把证明人的伟大的言行保存在永恒的事物之列,历史的工作解决了这一难题。阿伦特认为,历史把言行从瞬间与永久的矛盾中解放出来,人的事迹在说故事的人讲述中流传下去。在古希腊,一切衡量的标尺是"不朽",自然不需要任何人的帮助,它生生不息地循环就拥有不朽的意义,只有人是瞬间的存在,因为其有限的生命所以必须要在短暂栖息时努力赢得不朽,而历史所做的工作就是把这些努力证明自己存在过的人的痕迹留在永恒的纪念碑上。

古希腊人受到"不朽"意义的影响从他者的角度来对历史进行了理解。阿伦特指出,"历史"一词来自希腊文的 historein,原义是"为了弄清过去事情的真相而进行的探究",在荷马史诗中对"历史学家"(histor)解释为"仲裁者"。"历史"一词意味着它只是对所发生的事件和行为揭示出的意义的记录,这种忠实地记录表明了对事件和行为本身的尊重,意义是在事件和行为自身之中蕴含的,它并不需要用

①　阿伦特.过去与未来之间[M].王寅丽,张立立,译.南京:译林出版社,2011:43.

终极的目的来赋予。阿伦特认为在排除特定的环境和原因后应当对个别的事件和行为的意义给予承认,但不是以决定论来进行理解而是在发生的含义上,事件和行为的发生让我们看到了自身周围没有注意到的因素,可以说它们的光芒石在无数零散的因素中照亮了一条通往过去和未来的道路。同时,"历史"是对在发生事件和行为时在场所有人的观点、利益的尊重。

在古希腊历史与政治密不可分,二者之间最重要的关系是历史让稍纵即逝的政治行动的光芒得以保存,肯定了政治活动本身所具有的意义,拯救其脆弱的本性。古代的历史概念与现代的历史概念完全不同,在古代的历史概念中充斥着自然世界的不朽和人的必死、自然与人为相对立,虽然从希腊到罗马对历史的看法稍有不同,但从整体上来说都是体现了作为一个必死的人对于"不朽"的追求,并指出人的"不朽"只能在城邦的共同体中才能实现真正的"不朽"。

阿伦特认为希腊人对于历史的理解是带有无偏见的客观性的,他们不会因双方的立场和利益来影响所要记录事件的客观性,甚至在某种程度上他们超越了一般所谓成功和失败的标准,并且努力抛弃自己的民族利益或文化偏见来客观地记录和陈述所发生的事实。整个希腊对于"不朽"的看法前提是认为伟大的言行虽然只能驻留极短的时间,但是它们所包含的是人的生命的那一刻的凝聚,它可以被所有人听见、看见和铭记,诗人和历史学家就是保存了言行自身所具有的光芒。"伟大易于被认出就在于它本身向往不朽——在否定的意义上就如同,一个英雄蔑视所有来了就去的东西,蔑视个人生命的一切,包括他自己的生命在内。"①

2. 历史与有死的存在者

希腊哲学中的自然运动方式与人类活动的主要方式对阿伦特产生了很大影响,她对二者进行了细致的分析和区分。阿伦特指出,自然运动与人类活动的主要区别在于自然运动是一种无休止的循环运动,而人类由于其生命性由生到死的过程所以注定他只能是一种线性运动。

赫拉克利特是希腊哲学中对自然运动方式进行较早描述的哲学家,他说:"世界过去、现在和将来永远是一团永恒的活火,在一定的分寸上燃烧和熄灭。"②"这团活火"的意思指的就是世界内部处于永恒变动的状态,但是这种永恒变动的前提

---

① 阿伦特.过去与未来之间[M].王寅丽,张立立,译.南京:译林出版社,2011:52.
② 策勒尔.古希腊哲学史纲[M].翁绍军,译.贺仁麟,校.济南:山东人民出版社,1992:47-48.

是按照一定的标准来进行循环。海德格尔认为赫拉克利特的"活火""总是已经逗留于自身并且因而把一切到来保存下来的东西,它在诸神和人类之前,并且对诸神和人类来说作为 φυσις[涌现、自然]而居于自身之中……世界就是持续的涌现。"①海德格尔对古希腊自然概念的理解被阿伦特吸收进了行动理论之中,阿伦特对于自然界的理解是它作为一个巨大的循环存在,在这个循环里没有开始也没有结束,所有存在于自然界的事物都在无休止地不停重复旋转,自然正是循环的方式来超越人的短暂性存在的。

阿伦特在"历史概念"中对循环运动和线性运动进行了详细的论述并对这两种运动方式进行了层次划分,她认为循环运动是作为自然的和整体人类的运动方式而存在;线性运动指的是对于自然和整体人类的循环运动而言,身为个体的人和个体事例的过程。② 通过阿伦特对这两种运动方式的阐述,我们可以看到这两种运动方式其实都包含在人的生命过程中。人生活在自然界中,也就存在于自然的循环运动之中,以从生到死的生存方式来打破这种自然界的循环反复,无论何时,个体的人和个体的事件的出现、活动都是线性活动,这种线性活动最终打破了人和自然的为目的的、循环重复的运动。柏拉图认为,人的生死运动过程对于自身来说就是一种"过去时"和"将来时"。

阿伦特认为人区别于自然的最重要的标志就是他的"有死性",她认为"有死性"指的就是在宇宙中除了以循环方式运动外的一种直线运动方式。希腊人的历史概念就是在对人的有死性的理解下产生的,在他们眼中神和时间都是依赖自然的这种循环往复的性质才达到无限和不朽的,柏拉图对于不朽是这样理解的,"……一个这样的有运动、有活力的生命体,就等于给不朽的诸神立殿"③,而自然在亚里士多德的眼里是一种既无生成也不消灭、既无开端也无终结的状态,在其自身之中包含着无限的时间。阿伦特也正是受到了这种对自然的认识的影响,她才对人的生命有着线性运动的理解。她认为人的生命活动与自然的无限循环相区别,人的生命活动的轨迹以人在世界上的出现为开始,以人的消逝为终点的线性活动,在线性轨迹中人的生命过程得以展现但是同时又受到开端与终结的限制。

阿伦特在这样的"历史概念"的影响下,她对人类相对于自然的不朽呈现出来

---

① 海德格尔. 演讲与论文集[C]. 孙周兴,译. 北京:生活·读书·新知三联书店,2005:301.
② 阿伦特. 过去与未来之间[M]. 王寅丽,张立立,译. 南京:译林出版社,2011:38.
③ 柏拉图. 蒂迈欧篇[M]. 谢文郁,译. 上海:上海人民出版社,2005:25.

的脆弱性不由地哀叹。按照希腊人的理解,已逝的将永远消失而不再重现,而自然和奥林匹亚之神则是在给定的世界中拥有不朽生命的存在,而与人有关的一切就如人的有死性一样,包括人的言行、人的劳动产品以及人的功绩都是短暂的。阿伦特指出只有在历史中记录下这些转瞬即逝的生存体验时人的生命内容才不会被最终遗忘,对于不朽的自然和整体的人类而言,个别人的言行、事例才能被称作历史。

3. 行动的开创性

人在世界上从生到死的生存境况决定了他的行动属于线性运动,"世上唯一有死的东西,因为动物只是作为它们的类成员而存在,而不作为个体存在"[1],人的存在对于不朽的自然来说只是一种转瞬即逝的短暂停留。除此以外,作为个人存在对整体生活而言也属于线性活动,每一个人从生到死的过程都是一个个别事件,对于整体人类而言个别人的生死就像行动一样也是一种线性活动。阿伦特指出,线性活动的本质就是伴随着不断活动的过程,活动中主体的细节在不断消逝,如果没有历史来记忆和讲述,那么线性活动的结果将是脆弱的,到最后一无所有更不用说达到不朽了。在这里我们可以看到,既然不朽的事物是所有人和物的追求,而它从事的循环运动也必然是我们所要达到的目标,但是循环运动极为僵化和重复,而线性运动又无法持久,所以人的生命就是一个特殊的存在,在无限循环的过程中以自身生命的线性活动来打破它的僵化,这每一次的突破都是一个"新的开端"[2]。

阿伦特认为死亡是个体生命无法摆脱的宿命,在自然面前有死的人是脆弱和易朽的。但是人可以从短暂的生命中用自己的行动来实现自身伟大的意义所在,"留下不可磨灭的印迹",从而"在这个万物皆不死的宇宙中找到他们的位置"[3]。

证明自身具有一种"神"性。[4] 正因为如此,"言辞、行为以及事件,即那些单单由于人才存在的东西,跟随希罗多德成了历史的主题"[5]。在希腊英雄故事中最著名的不朽英雄代表就是忒修斯,他被誉为"雅典的第一个英雄",从忒修斯杀死米诺陶洛斯事件中我们可以看到雅典通过摆脱克里特的压制而获得最终独立自主的发展空间的事实,而这一事实也代表着在人性与兽性的战争中人性获得了最终的

① 阿伦特. 过去与未来之间[M]. 王寅丽,张立立,译. 南京:译林出版社,2011:39.
② 阿伦特. 人的境况[M]. 王寅丽,译. 上海:上海人民出版社,2009:2.
③ 阿伦特. 人的境况[M]. 王寅丽,译. 上海:上海人民出版社,2009:10.
④ 阿伦特. 人的境况[M]. 王寅丽,译. 上海:上海人民出版社,2009:10.
⑤ 阿伦特. 过去与未来之间[M]. 王寅丽,张立立,译. 南京:译林出版社,2011:40.

胜利。在阿伦特看来武修斯的行动具有一定的政治意义,它其实证明了人对自然所具有的超越性,尤其是他带领整个希腊城邦对克里特进行反抗最终走向兴盛这一举动具有鲜明的开创性意义。

新的开端的形成以线性运动对循环运动的打破为标志,人的存在对于整体循环运动的自然来说既是一种破坏又是一种新的可能。个体的人对于整体人类来说也蕴含着追寻伟大意义的开端,结果是消极还是积极的我们是无法从事情的开端中预先知道的,但是重要的是僵死宁静般的无限循环已经被打破,新世界作为一种潜在的力量已经悄然萌生。当人的生命被作为一种短暂的线性活动来理解时,从另一个角度来看,这也是人生命的特殊性所在,即创造和开端的能力。"历史将那些通过自身言行证明了自己与自然相配的有死者收藏到它的记忆中,他们永恒的名声意味着,即使他们终有一死,也能跻身永恒之物的行列。"①

(二)现代历史与政治

从希腊开始的对"历史概念"的理解一直延续到罗马时期,整个时期都认同人作为有死的生物,即通过自身的行动而建立伟大的功业来达到对"不朽"的追求,并且这一时期的哲学家们都认同人只有在城邦政治共同体中才能最终实现。但是,这种对"不朽"意义的追寻到了基督教时期却受到了损害,因为希伯来犹太教传统认为人的生命才是地球上最神圣的存在,自然和人类社会都将最终走向灭亡。这样古希腊对于不朽和有死的区分就失去了意义,因为不管是自然还是历史终究是要走向消失的,所以人的不朽就与现在世界毫无关系。阿伦特认为,基督教的历史观除了其具有非政治化倾向外,整个基督教对于个人生命的神圣化对现代人有着至关重要的影响,而这种个人生命的神圣化使得整个现代政治哲学特别看重个人利益,认为人的欲望和人对生命的感觉应该是其一切行为的标准,现代政治已经不再具有古希腊历史观念中那种毫无偏见的客观性,它完全没有给批判个人利益或生命活动留有余地,判断中对"善"的考量消失并转变为与个人感觉有关的"趣味"。

阿伦特认为,她对近代历史概念源于基督教这个观点并不完全认可。她认为,如果承认了近代历史概念源自于基督教那么就掩盖了近代历史概念对政治的异

---

① 阿伦特.过去与未来之间[M].王寅丽,张立立,译.南京:译林出版社,2011:44.

化。自古代以来人们一直在追寻的"不朽",其实正是人作为政治存在的根基所在,而近代"过程"这个概念把自然的不朽、世界的不朽、人的全部都消解掉了,所以在某种程度上人作为政治存在在中世纪还存在一定的可能性,但在近代开始的世俗化则是完全让政治变得不可能。阿伦特指出宗教和政治的分离意味着近代世俗化的开始,正是二者的分离最终造成了中世纪与现代历史之间的裂痕,而这种裂痕则远深于当代历史学家所指出的二者之间的某些隐秘的连续性。

近代世俗化的开始让人从以前在生命中一定会面临死亡沦落到在政治生活中也成为必死的,"不朽"的意义在近代被彻底消解掉,它成为一种没有必要也不可能实现的事情。"古代关于世界比个人更持久的信念和相信政治结构保证了尘世生命在死后的继续存在的信念,再也不会出现了,以至于一个必死的生命和一个多少是不朽的世界的古老对立失去了意义。现在生命和世界都变成了易逝的、必死的和徒劳的。"①阿伦特指出,更为可怕的是原本对于追寻"不朽"意义的失落让我们无法忍受,但是在日益加剧的世界的异化和虚无主义的泛滥时,当代人已经习惯了生活在一切都是必需的世界中,没有意义、没有永恒。正是在这样的一种情况下产生了近代概念,"我们的历史概念,尽管实质上是一个近代概念,它的存在却归因于一个过渡时期——当生命不朽的宗教信仰失去对世俗社会的影响力,而新的对不朽问题漠不关心的态度还未出现的时候"②。

历史"最终被要求赋予人在地球上的行为和遭受以必要的意义和新的价值"③。近代政治哲学用目的来代替对意义的追寻,它认为事物本身没有意义,只有当它成为完成某个目的的手段时才被赋予一定的意义并且与制作活动相呼应,阿伦特指出,近代目的论的使用成为提升政治活动和政治生活价值的重要手段。

阿伦特指出近代政治哲学中所蕴含的必然性我们可以从古代当中寻找到当时的影子,在古代人们一切都是以自然秩序为标准的必然的循环运动成为历史过程中的一种必然性,它制约着所有人类生活,但是这时的必然性是生物学的而非历史学的。但是,在近代这种必然性却以历史的方式,在生命循环的过程中重新找到了另一种方式出现,"反政治"作为一个现代历史改变它的破坏性在于它对人的个别性和多样性的摧毁,"不可见的历史过程吞没了我们见到的每一个具体可感的事

① 阿伦特.过去与未来之间[M].王寅丽,张立立,译.南京:译林出版社,2011:74.
② 阿伦特.过去与未来之间[M].王寅丽,张立立,译.南京:译林出版社,2011:74.
③ 阿伦特.过去与未来之间[M].王寅丽,张立立,译.南京:译林出版社,2011:75.

物,每个个别的存在,把它们通通贬为整个过程的工具"①。把人彻底地降低为动物,我们与动物之间的区别不再从言行、理性等方面进行区分,而是从二者之间相同的地方,即生存方面来进行区分。为了生存的消费一切都是可以被制造的"完美的",仿佛只要观念上符合逻辑的设想,那么一切都是可以被制造出来的,一切都是可以被实现的,在现代社会中现实与虚拟之间的区分变得越来越没有任何意义,因为在现代历史概念中"意义"已经被消解掉,我们变得不需要证明也无法证明整体意义存在的必要性,人在技术时代所擅长的就是在现实中把虚拟的历史目标和历史目的变得合理,一切都被"过程"所吞噬,包括历史、自然都可以以"过程"的方式加以制作。

阿伦特认为,对于"过程"而言它其实是行动本身的内在性质,行动总是要开启一个"过程",但是一旦行动开始行动者就进入了一个无休止的链条,由于行动的过程不受任何控制,也不可预料,而这一性质源自人的多数性(plurality)和"出生性"(natality)这两个基本事实。然而哲学家却对此无法忍受,他们的工作一直都是消除行动中原始的"过程"性质,通过引入制作概念让一切都变得"可控"。阿伦特指出,虽然政治被取消了原始的"过程"含义,但是"取消"本身也是一种行动的开始。最终人无法控制"过程"的能力被导向了自然,现代社会人更多的是对自然采取行动,或者说是行动的力量以自然的载体释放出来,但是结果我们得到的却是更加毁灭性的。

现代政治认为"历史"是一种过程,在"历史概念"中使用了目的—手段这对范畴,而这一范畴却是来源于制造。阿伦特指出,当人类历史被当作"制造"来理解的时候,行动就已经被制作所取代,行动的真正意义也因此消失了。当政治统治的"必然性"取代自然界的"必然性"时,政治就沦为了受人类事物之外神秘力量所主宰的事物。也就是说,当历史替代了现代政治之时,现代社会中的政治被消解掉了,只剩下经济、社会和"历史"。阿伦特对此观点进行了批判,她指出政治的消失是因为行动被制造替代了,所以才导致现代历史成为主题。阿伦特在对古希腊历史和政治问题的不断思考以及对现代历史概念的不断批判中形成了自己独特的历史观。

---

① 阿伦特.过去与未来之间[M].王寅丽,张立立,译.南京:译林出版社,2011:63.

（三）空间中的时间——行动的历史

上面我们说到阿伦特认为现代性最重要的体现是用"过程"概念代替了"不朽"意义、历史代替了政治和行动。阿伦特称当我们把制造过程中"目的"与"手段"引入政治领域时，现代历史就变成了制造的历史。由此，阿伦特开始了对古典历史概念的考察和思考。在批判的过程中她发现，古希腊的政治中行动的历史是在当下的空间中展开的；而回顾古希腊的政治生活，"开端"中就蕴含着政治的权威，即当下的冲动。这样阿伦特就极为创新地把"过程"中的时间因素转化为当下的空间，确切地说是为了防止过程中的衰败她把时间放入空间中进行凝固，而这形成了阿伦特对历史观的独特理解，即空间中的时间。

阿伦特的行动历史观主要受到了本雅明和海德格尔思想的影响，除此以外还有对古希腊历史概念的体验。本雅明认为，"末日审判的入口"就是新时代的来临，当历史衰弱和传统被瓦解时就是新时代到来的时刻。阿伦特认为："当过去作为传统被继承下来就有了权威，当权威在历史中展现就成为传统。本雅明看到传统的断裂和权威的消失不可修复，所以寻求新的道路。"①阿伦特的行动历史观主要强调的是一种"政治体验"，它十分关注"真的"和"独特的"事件，阿伦特认为："在公共的黑暗时代中，收藏者更重要的不是从公共领域返回到私性世界，而是把各种曾经是公共财富的东西收藏起来，重新装饰公共世界。"②"只要我们使用'政治'这个词，希腊城邦就会继续存在于我们政治体验的根基中。"③

"海德格尔在世纪年代就意识到传统的断裂，并通过倾听并没有在过去中消失的传统，来思考现在。"④我们可以看到，阿伦特对于历史的理解其实来自于海德格尔的《存在于时间》中对"决断"思想的论述。阿伦特通过卡夫卡的"斗争线"的隐喻来解释"当下"，"当下"不是某个时间点而是"决断"的时刻：卡夫卡曾经在隐喻中指出，"过去"和"未来"是他的两个敌人，只有跳出"过去"与"未来"之间的战争才能凌驾于二者之上。阿伦特通过卡夫卡的描述绘制了一幅图表以此来说明过去、未来和现在之间的关系。他认为，只有当过去和未来汇聚在现在时，也就是当

① 阿伦特.黑暗时代的人们[M].王凌云，译.南京：江苏教育出版社,2006:193.
② 阿伦特.黑暗时代的人们[M].王凌云，译.南京：江苏教育出版社,2006:198.
③ 阿伦特.黑暗时代的人们[M].王凌云，译.南京：江苏教育出版社,2006:204.
④ 阿伦特.黑暗时代的人们[M].王凌云，译.南京：江苏教育出版社,2006:201.

我们用自身有限的生命投入到无限的变化过程中时,才能形成永不停息的变化过程。①

阿伦特通过海德格尔对尼采《查拉图斯特拉》中"出口"的解释来阐述她对历史观的理解。她认为,"出口"不是现在而是过去与未来之间的间隙,"嵌入"是为了维护当下而让物体被动地进入时间的方式,只有这样人们才能在过去与未来的斗争中看到"当下"以无时间性的方式存在着,人们可以通过创造无时间性的作品来超越自身有时间性的限制。阿伦特认为"当下"是人在生命过程中的言说,它不是某一刻的停留,也不是人在某一刻的"决断"。阿伦特虽然借鉴了海德格尔关于"决断"的概念,但是二者有一个明显的区别,就是阿伦特虽然强调行动但是从来没有强调过行动中的"决断"因素,所以我们可以把阿伦特所说的"当下"理解为人以自身在空间中的行动打破了永恒流淌不停歇的时间的进程,阿伦特的"当下"就是一种"空间中的时间"。

那么,阿伦特所说的空间到底指的是什么呢?我们必须回到古希腊城邦中来理解她所说的空间性。阿伦特认为,如果人不置身于空间中,就被剥夺了现实性。显然这里的空间性不能从地域上来理解。近代国家的领土扩张并不理解城邦的意义。城邦是公民的共同体,它是在公民的行动中展开的。"在希腊人那里,空间概念并非中立的,客观的,而是伦理的。'空间'就是人之为人的世界,是唯一的,在城邦之外无所谓空间。"②"城邦不仅仅是公民的团体,而且是城邦之庇护神,沐神恩者公民,神的居所天空和城邦上地的四者的'四位一体',此四者被安放于城邦的神圣空间中。"③这种神圣性源自人的行动具有了神的不朽,从而自身具有了神性。

城邦的空间性在于赋予人生活的意义——自由。城邦不是一个"需要的体系",也不是"阶级统治的工具"。城邦自身是自足的,体现在公民追求共同的德性。亚里士多德由此揭示了城邦政治的本质。

阿伦特对现代历史中政治概念的替换所造成的现代政治哲学的困境进行了深刻的批判,并且在批判的过程中提出了自己独特的历史观。阿伦特的历史观所提出的重要意义在于她真正地触及了现代历史本身的问题,但是遗憾的是她并没有

---

① 阿伦特.精神生活·思维[M].姜志辉,译.南京:江苏教育出版社,2015:208.
② 洪涛.逻各斯与空间——古代希腊政治哲学研究[M].上海:上海人民出版社,1998:18.
③ 洪涛.逻各斯与空间——古代希腊政治哲学研究[M].上海:上海人民出版社,1998:107.

真正理解历史本质存在的意义。阿伦特认为马克思也没有真正做到对历史的正确理解,她只是从黑格尔哲学的历史框架中来理解马克思哲学,并为真正认识到马克思哲学从经济政治学角度对资本主义社会现实进行分析从而对现代性提出批判的重要意义。

马克思的历史应该是在面对异化世界时,人的现实的劳动创造了历史,马克思的历史中蕴含了一切现实的活的元素,它是无产阶级推翻资产阶级的革命史,这才是历史的真实面目和深度所在。

第三节 实践之维下的劳动和行动

一、人类的自由解放——哲学的"政治"实现

马克思赋予劳动以实践的意义,将劳动提高到了实践的地位。劳动在马克思那里成为实践最为基础的内容,作为人一切实践活动的基础存在。阿伦特认为,马尔斯对传统劳动的评价进行了挑战,他使劳动从社会最底层、最让人看不起的位置上升为一种最值得尊重的活动,马克思对哲学进行了革命性变革。

(一)劳动上升到实践是理论的内在要求

马克思在《关于费尔巴哈提纲》中对基于劳动范畴建立的新哲学与一切旧哲学或形而上学之间的区别做了详细论述:"从前的一切唯物主义(包括费尔巴哈的唯物主义)的主要缺点是:对对象、现实、感性,只是从客体的或者直观的形式去理解,而不是把它们当作感性的人的活动,当作实践去理解。"①由此阐明了旧哲学的错误是把感性的人的活动进行了抽象处理,即把存在的基础建立在抽象概念上,这种抽象概念来自于旧唯物主义从客体方面、唯心主义从主体意识能动性方面的抽象,哲学的基点被设立在意识或理念世界中,脱离了人的感性活动,这是旧近代形而上学特征。在马克思的理论中,哲学如果脱离了人的感性活动这一根基,它就只能是虚幻的,只有把它放在现实世界人的感性活动中才能真正去理解。

从马克思在巴黎手稿对感性活动与劳动活动的关系所进行的论述中我们可以看到,费尔巴哈最后将哲学归结为"爱的宗教",马克思对其进行了批判,他认为费

---

① 马克思恩格斯选集:第一卷[M].北京:人民出版社,1995:54.

尔巴哈"没有把人的活动本身理解为对象性的活动",而这里的对象性活动指的并不是一般的感性活动即劳动活动。生产活动是人类的生存方式也是最基本的活动方式,除此以外的所有感性活动都以劳动为基础并得到说明。从这个意义上来理解劳动已经超越了旧哲学当中的抽象的、先验的范畴概念,劳动是现实的人的感性生存活动,这是马克思劳动理论的超越性所在。劳动作为人的存在方式,使得自然成了人的无机身体,这样我们才能去理解现实的自然。至此自然和社会都被纳入以劳动为基础存在的理解范围。马克思的劳动理论对旧哲学的超越还在于他把存在本身与人的生存统一在一起,人们正是通过劳动完成了人自身的生成,循环往复,现实世界由此生成,这种不断地被生成的现实存在是靠感性活动即劳动加以确认的。他的这一做法对旧哲学形而上学的异在本质性进行了批判,马克思的劳动理论把主客体都统一到了人的生存过程中,人类感性活动的内在需要就是体现在劳动过程中的对象化过程,劳动是"对本质(自然)的真正本体论的肯定"。他的劳动概念使得哲学的阿基米德点根植于人的现实感性活动中,把原有的知性中存在的物质与精神、自我与世界、感性与理性、价值与事实等二元对立都消除掉,通过劳动的实现过程所呈现出来的现实的、历史性的关系来不断超越定在的自由,显现着作为一个人生存的可能性。马克思哲学正是基于劳动概念对旧哲学或形而上学进行了深刻的批判,从而实现了哲学的根本性变革。

在马克思对旧哲学或形而上学的根本性变革中以劳动的内在性和外在性之间的矛盾运动来作为实现现实人类自由和解放的路径。他认为,人真实的自由状态就是自由自觉的劳动,这是劳动自身的自我扬弃,人所寻求的自由状态必然在作为人的生存方式,即劳动中。人的劳动活动是自然的一种显现,它是人自身自然的延伸——人的无机身体,所以人对外部自由的超越就转换成为人对自身的超越,近代以来资本主义的崛起及由此产生的资本逻辑、资本主义市民社会、国家和形而上学的超越,都被看作是劳动自身的分裂。马克思从劳动本身或人自身中对被分裂的劳动进行弥合,对形而上学进行了彻底的扬弃,这就是他劳动理论所具有的超越性标志。我们可以说,马克思对旧哲学的扬弃以及对"物的依赖关系"的扬弃最终使人获得了解放,并且这两种扬弃本来就是一个过程的两个方面,它们都被包括在马克思劳动理论的实践视阈之下。

(二)劳动是实践的基本形式

劳动作为实践的最基本形式的意义是,实践的其他形式都是从劳动中衍生出来的,人类社会的基本矛盾运动就是劳动的内在矛盾的辩证运动。马克思历史唯物主义的理论架构的基础就是劳动范畴,他的政治经济学批判和科学社会主义理论,都建立在劳动概念的基础上。所以我们可以说,马克思哲学的基础和内核就是劳动概念,西方马克思主义的代表人物卢卡奇也这样认为:"在马克思那里,劳动到处都处于中心范畴,在劳动中所有其他规定都已经概括地表现出来。"①

1. 实践的最基本的形式

劳动概念作为马克思哲学的基石,不仅仅在他的哲学中具有重要的地位,而且在社会实践中的作用也不容小觑,"劳动为社会实践提供了范型"②。在《关于费尔巴哈的提纲》中,马克思把实践作为自己哲学的基础,认为实践就是人的对象性的感性活动,通过与以往形而上学的对比,详细地阐述了自己的哲学与其他哲学的根本区别。马克思的新哲学以实践——人的对象性的感性活动为基础,揭示了"人直接地是自然存在物"③,人以自然界为认识对象,并且作为人的生命活动的一种表现,"人有现实的、感性的对象作为自己本质的即自己生命表现的对象;或者说,人只有凭借现实的、感性的对象才能表现自己的生命"④。而这种对象就是在劳动中生成的自然界,"工业的历史和工业的已经生成的对象性的存在,是一本打开了的关于人的本质力量的书"⑤,"如果把工业看成人的本质力量的公开的展示,那么自然界的人的本质,或者人的自然的本质,也就可以理解了"⑥。

作为人类活动的形式之一就是工业生产活动。所以,我们可以说实践的基本内涵就是劳动。

2. 劳动概念是马克思所有理论的逻辑展开和理论的具体呈现

在马克思的历史唯物主义理论构架下,对许多概念的阐释都是以劳动概念为逻辑展开点的,包括社会存在与社会意识、社会基本矛盾运动以及社会进步、社会解放等等。首先是包含在马克思劳动概念规定性中的社会存在与社会意识之间的辩证关系,无论是社会存在还是社会意识都是由人通过劳动而存在的,因为劳动是人最根本的生存方式,它体现为人的自由自觉的活动即人的本质,是对自然给定性

---

① 卢卡奇.关于社会存在的本体论:上卷[M].白锡堃,等,译.重庆:重庆出版社,1996:642.
② 卢卡奇.关于社会存在的本体论:上卷[M].白锡堃,等,译.重庆:重庆出版社,1996:633.
③ 马克思.1844 年经济学哲学手稿[M].北京:人民出版社,2000:105.
④ 马克思.1844 年经济学哲学手稿[M].北京:人民出版社,2000:105 – 106.
⑤ 马克思.1844 年经济学哲学手稿[M].北京:人民出版社,2000:88.
⑥ 马克思.1844 年经济学哲学手稿[M].北京:人民出版社,2000:89.

的超越;同时,劳动的过程也是人的本质力量对象化的过程,这种外在性将人与自然,包括人与社会的关系连接起来,人在进行劳动活动时最重要的是为了满足自己的生存发展需要,人是由肉体组织所决定的,只有满足了自己的生存需要,人才有可能从事其他活动。综上所述,社会存在决定社会意识的观点就从这里开始形成,而劳动对社会运动的能动性在马克思那里也进行了有效说明,所以,社会意识必然能动地反作用于社会存在。其次,劳动的本质就是人的自由自觉的活动,在社会形式上表现为物质生产力,也就是它可以按照人的目的性来改变自然存在物的形式。劳动的外在性证明了人们是为了满足自己的生存而进行的活动,所以在最后一定会形成对劳动成果的占有关系,即对生产资料的占有就是对以往劳动成果的占有,生产、分配、交换、消费等商品经济领域的几个环节也就因此发生变化,他们形成了最终的物质生产关系,而所有这些关系的总和构成了社会的经济基础,由这种经济基础产生了国家机器和社会意识形态。生产力与生产关系、经济基础与上层建筑的矛盾是由维护现存生产关系中占支配地位的阶级或集团的既得利益关系所决定的。第三,劳动概念与社会进步和人类解放的关系。劳动的外在性和内在性在相互作用中展开自身,一方面,劳动内在性通过生产力在资本主义社会中大力发展人类生产力,以突显人类自由的境域所在;另一方面,劳动外在性用生产关系在资本主义社会中通过异化劳动和资本剥削来使人处于物化的生存方式,人的孤立化、片面化等等的生存样态显现出来,人们由此失去了自由。生产力的高速发展和空前解放为人从异化劳动中解放出来提供了可能性,只有消除了资本主义私有制,把剩余劳动和物质财富转化为自由时间,人才能以自身发展为目的进行劳动和交往,人在通过掌握大量的自由时间、在获得全面发展的同时又消除了只为谋生而进行劳动的目的。马克思通过对劳动外在性和内在性二维结构的解构,逐渐弥合异化劳动给人造成的自身分裂,最终扬弃"物的依赖关系"从而使人获得真正的自由。

3. 劳动概念是马克思整个学说的枢纽或核心范畴

劳动概念不仅仅是马克思哲学的核心,并且是马克思政治经济学的核心概念。劳动在马克思的经济学中是商品用来交换的物化形式,通过凝结在商品中无差别的人类劳动,价值形成了。价值在马克思那里被他分解为两种形式,使用价值和交换价值,与这两种价值形态相对应的是劳动的二重性即具体劳动和抽象劳动,"商品中包含的劳动的这种二重性,是首先由我批判地证明了的。这一点是理解政治经济学的枢纽"①。通过劳动二重性,马克思指出:"把价值看作只是劳动时间的凝结,只是对象化的劳动,这对于认识价值一般具有决定性的意义,同样,把剩余价值看作只是剩余劳动时间的凝结,只是对象化的剩余劳动,这对于认识剩余价值也具有决定性的意义。"②从上述理论中我们看到劳动概念是理解马克思政治经济学说核心内容的钥匙,只有通过它才能真正地理解马克思政治经济学中的剩余价值学说。所以劳动概念是唯物史观中生产关系和剩余价值理论的枢纽。除此以外,对劳动的规定性研究是使社会主义从空想成为科学的关键环节,"无产阶级或无产者阶级是 19 世纪的劳动阶级"③,时至今日,工人阶级依然是劳动阶级,而马克思所处时代的无产阶级是资本主义社会中劳动的主体,是生产力的社会力量,"在劳动发展史中找到了理解全部社会史的锁钥的新派别,一开始就主要是面向工人阶级的"④。资本主义社会所采取的雇佣劳动制度是劳动外在性在其中的主要表现形式,雇佣劳动制度使得劳动过程中所产生的剩余价值被资产者所剥夺,所生产出来的产品并不属于劳动者本身,他被生产过程所异化,资本主义国家从本质上来说只是维护雇佣劳动制度的工具而已。而劳动的内在性总是要求劳动要超越外在性的物化形式,去追寻人类真正的自由的劳动活动,所以,无产阶级是以雇佣劳动制度为批判对象的。而空想社会主义者则不同,由于他们并没有了解劳动的真正内涵,所以在实现社会主义理想问题上也并没有找到正确的实现方式和有力的阶级力量。马克思通过劳动发现了资本主义的真正秘密,从而掌握了对其进行批判的有力武器,并且将实现人的自由全面发展即实现共产主义的任务交给了无产阶级,"完成这一解放世界的事业,是现代无产阶级的历史使命"⑤。马克思的劳动理论是科学社会主义理论形成的基石,为社会主义从空想变成现实提供了理论依据。

（三）实践的最终实现:共产主义

历史上的许多哲学家如柏拉图、莫尔、孔子等都对未来的理想社会进行了描述,但是这些描述中大多数都包含着对其幻想的成分,所以最终都沦为了一种空想社会主义。而马克思则不同,他以劳动为基础对资本主义社会进行了具体分析,从

① 马克思. 资本论:第一卷[M]. 北京:人民出版社,2004:54.
② 马克思. 资本论:第一卷[M]. 北京:人民出版社,2004:251.
③ 马克思恩格斯选集:第一卷[M]. 北京:人民出版社,1995:230.
④ 马克思恩格斯选集:第四卷[M]. 北京:人民出版社,1995:258.
⑤ 马克思恩格斯选集:第三卷[M]. 北京:人民出版社,1995:760.

历史唯物主义出发,用劳动实践提出了共产主义学说为人类社会发展指明了方向。在《共产党宣言》中马克思说道:"代替那存在阶级和阶级对立的资产阶级旧社会的,将是这样一个联合体,在那里,每个人的自由发展是一切人的自由发展的条件。"①

马克思提出的自由人的联合体是一个既有平等也允许存在差异的政治空间,自由人的联合体是对市民社会作为虚幻共同体国家社会制度模式的整体性超越。我们可以看到马克思所说的共产主义与古希腊城邦政治生活的相似,但是它从本质上来说对古希腊城邦政治生活的否定之否定,它是在超越私有制基础上对自由人联合体的回归。在马克思那里,理想的社会不再是一种幻想,共产主义在人类生活中具有真实的可企及性,是在现实中正在被我们所践行的共产主义运动。

1. 具有现实性的人类历史过程

马克思以劳动为基础对资本主义社会经济生活进行了现实批判的基础上为人类社会勾画了未来图景,即共产主义。他认为人的本质就是实践的,所有的社会生活都可以从实践角度来理解,实践的人"不是抽象的蛰居于世界之外的存在物。人就是人的世界,就是国家,社会"②。马克思在其思想形成的早期就曾批判过黑格尔国家决定市民社会的观点,马克思认为市民社会是由现实的人所组成的,人的现实生活构成了人的全部历史,人的实践活动就是人类历史的展开卷,一代又一代的人们不是过着重复的单一的生活,而是继承了前人的经验和财富,继续锻造着属于这一代人的新时期,"每一代都利用以前各代遗留下来的材料、资金和生产力,由于这个缘故,每一代一方面在完全改变了的条件下继续从事先辈的活动,另一方面又通过完全改变了的活动来变更旧的环境,这就表明人是一种历史性存在,他在现实的人的动态的生成过程中完成自身的解放,可见,人类历史是人类实现解放、实现能自由展现其个性特征的历史活动"③。

马克思在《〈黑格尔法批判〉导言》中明确地提出,无产阶级的使命就是克服市民社会实现人类解放,这必须通过推翻资本主义制度和消灭私有财产制度。所以从人类发展的整体进程来看资本主义是人类实现最终解放中的一个必然环节,历史的运动是不断发展的,当然马克思所提出的人类进入共产主义社会并不是指人

① 马克思恩格斯选集:第一卷[M].北京:人民出版社,1995:294.
② 马克思恩格斯选集:第一卷[M].北京:人民出版社,1995:1.
③ 马克思恩格斯全集:第三卷[M].北京:人民出版社,2002:180.

类历史的终结,共产主义不是社会发展的最终完成状态,它应该是人类理想生存方式的美好开端,它实现了人自由全面地发展,是一个面对未来开启的真正"人"的历史的起点。

2. 对古希腊城邦政治生活的扬弃

古希腊城邦政治生活的形成是在特定的政治实践中产生的,在前后几个世纪的过程中在同一个狭小地域中出现了上百个城市国家,它们各自保持独立且没有在相互之间的战争中被消灭或兼并,最终形成了几个大国,这本身就是一个奇迹。希腊城邦在这一段时间经历了从君主制到贵族制最后过渡到民主制(并不是所有的希腊城邦都实现了完全的民主化),这种政治制度形式的完整与古希腊城邦具有较小的人口和地理规模有着直接的联系。除此以外,城邦之间的影响也是一个不可忽略的重要因素,在同一时期各城邦政体演化的速度是不同的,所以人们可以看到各种不同类型的政治体制,古希腊各城邦在实践上先后继起地以空间并存的方式展现出了不同政治体制的演进过程。

阿伦特认为马克思所提出的共产主义社会从政治的意义上是一种向古希腊城邦政治生活的回归,但是她没有看到马克思所畅想的人类生活的理想状态其实是对古希腊城城邦政治生活的一种批判性超越。当在现实世界中哲学已经无力为人类的存在继续提供意义时,马克思提出了共产主义的设想并把它变成了工人阶级革命行动的理论指南,他终结了西方政治哲学传统,并为人类社会的发展、为现代哲学危机提供了一种新的可能,他要让哲学以实践的方式在现实世界中得以实现。

二、旨在认识上的求真——政治的"哲学"实现

(一)回到"精神生活"中

1. "回到哲学中去"

阿伦特在晚年明确表示要"回到哲学中去",她曾经说自己在政治领域已经尽了自己的微薄之力,在她剩余的时间里需要做一些超越政治的事情。阿伦特从政治领域转向了哲学领域,这标志她的行动理论最终回到了对精神生活的反思中,哲学与政治的关系问题始终是阿伦特所关注的焦点问题。阿伦特的犹太人身份和她在纳粹时期的经历都让她对公共生活进行了深刻思考:是否是哲学的本性要求哲学家天生地对政治保持怀疑和批判? 在人自身之中思想和行动是否必然以对立的

形式存在？通过对这些问题的思考阿伦特最终得出了重要的结论,要求在对西方政治哲学传统进行批判后对新政治哲学进行重建。当然在批判传统政治哲学的同时,她还力图恢复古希腊城邦原初的政治经验:热爱公共世界,追求行动和言说的荣耀,政治不是达到其他目的的手段和供少数人使用的权力工具,而是揭示人自身存在的方式。她认为,政治根源于人的"多数性"(plurallty)和"出生性"(natallty)的存在论条件,阿伦特把根源于出生性的"开始"与人类世界的持久稳固统一起来,人向着可能性的生存与政治生活统一起来,个人的自我显示与他人的共同在世统一起来。

阿伦特在《人的境况》中指出,思考作为一种活动,它的积极性超出了积极生活内的所有活动。古罗马思想家老加图有一句名言:"我独自一人时最不孤独,我什么都不做的时候最为积极。"思考与行动相反,行动的特点是积极性和公共性,而思考则需要独自一人的孤独,但是阿伦特正相反,她指出思考需要比行动更加具有积极性和公共性。那么,如何在积极的意义上来理解思,阿伦特最终是如何看待思与行、哲学与政治的关系的? 在晚年著作《精神生活》中她显然要试图回答在《人的境况》里没有展开的话题。

首先,阿伦特的哲学中行动概念是核心概念,她认为一种紧密联系存在于思想与行动之间,对这种内在关联进行说明对其行动理论来说至关重要。阿伦特指出,和个人与他人相处是人进行政治生活的必要条件一样,人与自身的相处对于个人来说也是十分重要的。如果无法证明精神生活是政治的,那么阿伦特就无法证明人存在的根本方式是政治,她自身劳动理论的基础也因此变得不牢固;其次,阿伦特认为在人类的经验生活中天然地存在着这两种生活方式,但是传统"政治哲学"以哲学和政治相对立的方式来思考,并在西方传统中获得支配性的地位,却是源于历史上一些偶然事件的聚合。阿伦特并没有以贬低精神生活为代价来实现恢复古希腊城邦政治生活,她指出对于思想的评判应该向亚里士多德在《尼各马可伦理学》中对理论生活的描述一样,理论生活作为人类生活的一种最美好的形式也是最好的实践活动而存在,只有用制作代替行动的人才会把行动当作一种完成目标的手段,把思想作为一种指导理论存在于行动之外。阿伦特认为,正如人与他人共处还是人自身独处一样,对于思想和行动的拯救也是同一件事情的两个方面。哲学需要政治,正如行动需要思想一样,所以阿伦特最后提到的"回到哲学中去"可以说是对自己关于哲学与政治之间关系思想的重要补充,特别是后来她在康德的《判断力批判》中找到了"判断"这个概念作为联系思想和行动、哲学和政治的桥梁。

2. 判断的政治意义

在阿伦特那里,精神生活的三种活动:思考、意志和判断,它们既独立又相互联系。思考从直接现实中的抽离为意志和判断准备了对象,意志只有不受欲望的直接对象的约束才能对未来做出自由的规划,意识到自身是一个自主的、行动的存在,判断只有从直接参与的活动及利益相关性中摆脱出来才能做出独立的判断,而对过去的判断又为将来的规划提供了基础。思考内在地具有从现实世界中退却的特征,阿伦特因此认为在"职业思想家"即哲学家那里难以避免地会发展出不顾现实的极端倾向,意志和判断则把思考带回到现实世界当中,因为意志和判断处理的都是个别,现实世界当中行使意志或下判断的个别事例,以及活生生的意志的"我"或判断的"我"。在"论意志"中她把意志看作行动的内在动因(意志是"人的一个合法维度就他是一个行动的存在而言")[1],但是思考所寻求的普遍性、必然性和意志所指向的个别性、自发性不可避免地陷入冲突,她在《精神生活》第二卷对"意志"的概念史的梳理表明这是哲学家一直面对的一个难题,传统形而上学用重普遍而轻特殊、重思想乃至取消意志的方式解决这个问题,在她看来正是这一根深蒂固的思想倾向造成了自柏拉图以来所产生的哲学对政治的贬低,因为政治恰恰建立在人的多数性和自发性之上,没有自发性和个别性,就没有政治。最后,她在判断——一种连接普遍与特殊的能力中找到了思考和意志达到和解的桥梁,最终她试图证明判断也是连接精神生活与积极生活的桥梁。显然,判断在她的哲学中的作用正如判断力在康德哲学中的作用:在认识能力中协调着知性和理性,并最终成为现象世界向本体世界过渡的中介。

关于判断是唯一能与行动概念相匹配的能力这一论断,阿伦特并没有系统地发展出一个理论,我们只能从她生前的著作以及她关于判断的演讲中去追溯其关于判断的论述,我们大概可以按时间把阿伦特对"判断"的表述分为早期和晚期,在类型上则形成了两种不同的判断理论。

一种是再现性思考,它把行动者作为自己的中心。"再现"是指再次呈现不在场的人的观点,这种"再现"不是直接采用别人的观点而是指从他者的角度来观察

---

① 阿伦特.精神生活·思维[M].姜志辉,译.南京:江苏教育出版社,2015:213.

世界从而对给定的问题进行多角度的思考最终形成意见。当可以参考的角度越多时,思考问题时所关注的立场也会越多,最终接受的观点也就越多,那么再现性思考的再现能力也就越强,这样在公共领域中所得到的意见和结论也就会得到更多人的认同。而另一种思考则是把旁观者作为中心的思考方式,在这种判断方式下行动者只是作为过程中的"演员",他需要的就是完成自己的行动过程,而旁观者则是作为"观众"来观察全局,所以他能更好地掌握行动者以及自身在这一过程中的全部意义。阿伦特强调旁观者的位置是"身在其中",也就是在判断的过程中而不是"隐退",这是一种带有回顾性质的旁观者的"注视",这种"注视"过程的方式被称为是旁观者的回顾性判断概念。从阿伦特对这两种不同的判断模式的描述中我们可以看到二者之间存在的某种程度的相关性和一致性,首先在这两种判断过程中都存在着行动者和旁观者,所以我们可以把这两种判断模式看作是一种判断视角的转换,不论是行动者以自身的视角来进行判断还是旁观者从全局的角度来进行判断,他们都是要通过这一理解的过程达到自身与现实世界的和解,从而让我们得到存在感和家园感。

阿伦特所提出的判断概念是人对这个世界进行心灵关怀的手段,它是行动者和现象世界之间的桥梁,也是人思与行之间的结合。判断作为一种技艺存在于行动者身上,当行动者在进行政治活动时或者与旁观者进行心灵相接时它就开始发挥其沟通的作用,它作为一种可以解决哲学与政治之间分裂关系的方法存在于人的身上。判断的政治意义体现在它是人通过自身的有效性来为整个世界意识的存在提供了一种有效性,当然阿伦特承认人无法理解和承认所有判断得出的意见。正如康德的图示在认识论中所起到的作用一样,范例确保了判断的有效性,比如我们提到圣方济各时就会联想到善良的本质,范例的存在确保了判断具有有效性和可交流性,但是它也只是在一定范围内提供这种保障。阿伦特认为:"判断是否有效与公共领域中的历史经验和时间维度有关,当判断扩展自身时它可以使个体对自我局限性以及他人及其关系的存在形成明确的认识,在众人的判断中我的判断不过是其中的一个,占据的是意见世界中的一隅,公共领域和世界意识的形成是由判断者在不同立场之间的漫游和转换所形成的。可以说,判断的意义不在于我是否与他人在意见上达到了一致性的共识,而是在于在判断的过程中我实现了与他人对世界的共享,同时对世界意识进行了确认,这是一种实践行为也是对重建公共世界的努力。"世界才是政治中的根本问题所在,阿伦特一直坚持多元论的立场,而这正是对反对任何形式的普遍主义的政治世界的坚持,她指出只有在承认相互差异的基础上进行政治活动才是政治本真的存在。

(二)爱这个世界和与这个世界的和解

阿伦特在晚年提出了判断理论,她认为判断对于人来说是作为一种特殊的需要而存在的,即对过去生活和解的需要以及对人自身意义的追求。判断是一种对过去政治生活的回溯性思考。但是判断它并不是为了服务其他目的而存在的,而是作为一种独立的活动有其自身的含义。阿伦特认为想象和反思是存在于判断中的两种截然不同的心理活动。在想象中,我们可以重新再现现实生活中获得的感觉,如愉快、愤怒、悲伤等;在反思中,我们对这些感觉进行重新判定。所以,我们在进行判断时一定是与事物保持距离的,在一种无关利益的前提下来确保判断的公正性和独立性。阿伦特认为,在判断的过程中经历了想象和反思环节,我们对事物就不再抱有私人的感情,判断可以依据共同感来展开。而这种共同感,即他者通过想象和扩大心灵的范围被显现,共同感一定是在想象的活动中实现的,它不是指我们体验到他人的感觉也不是对他人产生同情,它是指在判断的过程中消除我们对他者的偏见。共同感是指把自身放在他人的境况下来对他人进行充分理解,只有这样才能得到公正性的判断,只有这样人们才不会仅仅对事物的有效性感兴趣而是真正学会了关心世界存在的意义。

阿伦特认为人的思考是一种孤独的活动,它是人与自身在心灵之中的对话,当人开始思考时"我"就远离了世界而处于独处状态。思考在于让人与世界保持一定的距离,通过思考让人对现实生活中所存在的既定制度、习惯进行消解,尤其是对各种陈规旧习的摧毁。而判断以思考为前提,在判断的展开过程中人必须完全按照自己的想法来做出判断,而判断是否具有意义关键在于人在判断过程中对他人是否顾及。

阿伦特从康德那里继承来扩展性想象力和共通感并把它们用于解释道德与政治。她看重判断力,因为判断力没有概念的中介,没有规则,不同于逻辑的思考,只能运用于特殊的情境中。她之所以将康德的美学判断运用于政治,是因为美学判断的自足性和无利害性。美是以自身为目的,所有的意义都蕴含在自身中。只有美的判断是无目的的,因为它们对其他事物没有用。美学判断的政治意义在于,政治是以自身为目的,这样就排除了手段—目的的功利主义政治。政治的判断必须从其自身来判断,不受个体的利害的影响,这与康德无利害的审美判断是一致的。所以,阿伦特说,趣味判断的是现象中的世界及世界性,既不关乎个人的利害,也不关乎自我的道德,它关注的是世界,而不是个体的生命或自我。阿伦特关于政治判断力的思想是原来行动理论的进一步深化,其在根本上是一致的,就像她的美学行动一样,她的判断也体现出了这一特征。但是,她对于康德美学判断的言行和目的论、美学判断与实践理性的关系并没有进行更深入的研究,只是在政治美学的角度来理解而已。

阿伦特的政治行动和政治判断力所构成的政治美学,力图解决长久以来哲学与政治之间的关系,而这些困境是阿伦特无法用政治美学来解决的。阿伦特认为,现代社会的抽象性几乎瓦解了一切价值评判,所有价值都是从其有用性来判断,善、美、正义这些没有用处的德性是不可能放在价值交换的系统中,用计算理性进行衡量。政治美学可以反对市民社会的自利主义和市侩平庸,政治美学的态度成为个人对现代社会绝望的、乌托邦式的反抗。然而这种政治美学与我们的世界和生活脱离,陷入意识形态的幻境中。

阿伦特的判断力思想与后现代的差别很明显。尽管她否定了判断力在普遍规范的条件下运用,但她把判断应用于政治中,尽管判断力属于个体的能力。在阿伦特《心灵的生命》发表之后,很多哲学家都对政治判断力十分关注,虽然他们并非站在阿伦特的立场上探讨这个问题,但或多或少都会受到阿伦特思想的影响。阿伦特站在反规范的美学立场上,她的判断力和公共空间带有强烈的美学色彩。她的理论基础位于现代规范与制度之外,任何规范的基础都是普遍主义思考,都意味着用普遍的规范评判所有特殊的事件。而政治判断的问题是,在现代社会中没有这样的普遍规范来确保政治判断的可能性,也就是说,这些政治判断力理论都对现代制度的框架缺少一种反思、批判,它们只是在形式上表明位于规范下的判断力如何可能,但却缺少具体内容,因为他们无法回答这样普遍有效的规范从何而来,所以关于政治判断力的问题在阿伦特后来的哲学家那里可以说走向歧路,由于对现代制度作为规范本身不加反思,或者政治判断中对现代社会中孤独的人的生存方式的肯定,这实际上表明了阿伦特尝试用重建政治判断力来拯救现代性政治危机的失败,它的最终结果只能是一种不具现实性的,回归"思"的领域中对认识上的求真,阿伦特在晚年要求"回到哲学中去"的愿望,最终使她曾经具有实践意义的政治行动理论只能走向了"哲学"实现的道路。

本 章 小 节

本章主要讨论了马克思和阿伦特不同的哲学实现路径。马克思把劳动作为人类生活的第一基本条件,认为它是人的生存性前提也是人的根本存在方式。他把劳动作为其实践哲学的切入点,通过对生活世界的还原为经济基础与上层建筑、生产力和生产关系等范畴,通过用劳动来对人与自然、人与社会、人与历史等现实生活世界的科学解释,通过对劳动的认识和批判来揭示人生存的真实状态和依据,从而最终找到了人类解放的实现途径,将哲学视阈带入现实"生活世界",完成哲学的政治实现。而阿伦特则认为行动才是人存在本质的彰显,它既是人的完全的自我展现也是人政治本质的实现,由行动所展开的政治的"显现"空间是人存在的根本意义,但是到了晚年阿伦特却最终选择了从"行"到"思"的转变,她更强调判断对于人行动的重要意义,让行动回到了精神世界中,而这一转向最终使阿伦特哲学最终只能是一种政治的"哲学"实现。

第四章　现代性视阈下的
马克思与阿伦特

　　现代社会给人们带来最重要的方面就是在一个全新的政治经济制度下我们的生活方式和存在结构与传统社会发生了决裂,而我们的感受方式和内心的结构也与之前的人大为不同。可以说,现代社会给予了我们一种全新的世界观、价值观和思维方式。马克思、阿伦特作为洞察现代性问题的哲学家都对其进行了深刻批判,马克思以劳动为切入点对资本主义的私有制度进行了分析并展现了由资本塑造社会的基本面貌,而阿伦特则是从"政治"着手对现代世界私人领域进入公共领域进行描述来发现了现代社会的发展困境,二者都以人、自由、共同体等问题作为自己的理论关注点,但是这些概念在二者那里的意义却又不完全一样。比如马克思所理解的人是从事实践活动的现实的人,而阿伦特所理解的人则是古典视角的政治;马克思追求和实现的是人的感觉和一切特性获得彻底解放的"个性自由",而阿伦特却是追求和建立一个自由言谈和行动得以保障和实现的"公共政治空间";马克思以寻求"代替那存在着阶级和阶级对立的资产阶级旧社会的,将是这样一个联合体,在那里,每个人的自由发展是一切人的自由发展的条件"的理想社会为理论目标①,而阿伦特旨在建构一种可以保障人们的政治生活得以开展的"公共空间",一个包含和凸现人的个性和卓越的"个性显现的共同体"。所以,马克思与阿伦特分别代表了超越和回归古典政治的两种不同路径,把马克思和阿伦特放在现代性视阈下进行对话从而彰显出二者根本旨趣的不同是一个非常有意义的课题。

---

① 马克思恩格斯选集:第一卷[M].北京:人民出版社,1995:294.

第一节 人的异化与世界的异化

异化问题不是马克思首先发现的,"异化"这个概念也不是马克思提出的,但是马克思对异化问题的研究却是哲学史上最为深入的,与此同时,异化的概念在马克思的理论中也有着异常重要的作用。他对于异化问题的研究和揭示,是我们把握其资本主义批判理论以及人类解放学说的关键,同时也是我们理解马克思的人权范畴的另外一把钥匙。因为按照马克思的观点,人的任何发展和解放都可以归结为为了消灭这种异化而做出的努力。

一、受抽象统治的人——人的异化

(一)异化:现代性状况

劳动是人最基本的活动方式,本质上是人的自我产生和自我实现,作为社会性的劳动产生了人与自然、人与人之间的存在关系,在劳动中体现着人最基本的存在方式。马克思指出:"生产生活就是类生活。这是产生生命的生活。一个种的整体特性、种的类特性就在于生命活动的性质,而自由的有意识的活动恰恰就是人的类特性。"①所以,马克思对人类基本活动形式,即劳动形式和状况的考察根本上是为了对人的存在状态进行分析,对生产资料的所有制形式、劳动的过程、人的存在状况三个方面进行考察从本质上来说是一致的。劳动的结果具体表现为生产资料的所有制形式和生产方式,同时这也是异化劳动的形式。对"异化劳动"进行扬弃就是对资本主义生产方式和资本主义制度进行批判的过程。

马克思从对异化劳动、私有制和社会分工的具体分析中对资本主义下人的生存状态和存在处境进行了精辟的描述,并深刻地揭露出异化劳动的实质。马克思认为,人们在商品经济社会中联系得越普遍、越紧密,人在社会中的异化现象越突出,普遍的、全面的联系并不是人们之间真正的联系,是异化的联系,其本质是人将自身的生存建立在对"物"的依赖的基础上,它并不是人与人之间自由的联合,而只是社会的"异化""物化"。现代社会的"普遍物质交换"原则克服了古代原始社会的单纯关系,而是用抽象劳动为基础的商品交换确立起来的普遍抽象关系来作

---

① 马克思.1844 年经济学哲学手稿[M].北京:人民出版社,2000:57.

为社会的基础,异化劳动所建立的外在力量与人本身相对立,同劳动相对立。"人同自己的劳动产品、自己的生命活动、自己的类的本质相异化的直接后果就是人同人相异化。当人同自身相对立的时候,他也同他人相对立。"①这说明人的异化被动的存在是通过异化劳动而展开的人的存在样态,是人受制于自己的劳动产品而走向片面化的存在样态。在马克思生活的时代,资本主义经济迅速发展,特别是以科学技术飞速发展为依托的大工业和社会化大生产不仅给人的创造性的发挥提供了前所未有的空间,而且使每个个体的主体性和自我意识得以增强。人类逐渐由敬畏自然、顺从自然过渡到征服自然、改变自然,在这个过程中,人们创造了巨大的物质财富,然而人们在欢呼雀跃的同时不自觉地也走入了自己所编织的牢笼之中,人将自己束缚于对物的无限崇拜之中,商品拜物教形成,人在对物的崇敬之中失去了自我,"这种普遍的对象化过程,表现为全面的异化,而一切既定的片面的目的的废弃,则表现为为了某种纯粹外在的目的而牺牲自己的目的本身"②。人的存在的丰富性被"物"所束缚,人在不停地进行单纯的追求财富的活动,被"纯粹的外在目的"和外在关系所支配,在这种情况下,人成为资本和货币的奴隶,一切物质的东西是人存在的唯一尺度、价值和意义,客体异化于主体并对其进行支配,在商品经济社会中,人获得了独立的主体性和个体自由,但是又陷入了自己所创造出来的物的牢笼之中。

人在这种普遍的抽象中变得越来越失去人的机能和属性,越来越失去人本身的存在,人的属性乃至于人的身体本身都变成可以被货币衡量的要素。在资本主义社会中,人的存在方式的尺度异化为财富和货币,人与人之间的关系、人与物之间的关系都被"占有"关系所替代,征服成为人最基本的生命活动。在这种占有式的存在关系中,利益是主体存在的依据、自我确证的依据,不论是采取竞争还是合作的方式,追求利益的最大化是最终的目的,人类的活动本质上被约为一种单纯的工具性活动,功利性的竞争和冲突成为时代的主题,制度、秩序、法律、规则等等不过是这一主题顺理成章的表现。在这种"占有"和"强制"的支配下,一切存在物都变成了算计的对象,关系的多样性单面化为一种"工具"或者说"效用",一切存在的东西都遵循"被计算和能被计算"的合理化原则卢卡奇语,不仅是人们的劳动

---

① 马克思.1844年经济学哲学手稿[M].北京:人民出版社,2000:59.
② 马克思恩格斯全集:第三十卷[M].北京:人民出版社,1995:480.

产品,而且人们的劳动过程本身都成为分解和组织的对象。问题当然不在于这种分解,而在于这种分解的"占有"和"强制",在于它不是自由自觉的活动,不是人的自由的全面发展,而是劳动的异化,人的异化。

"异化"思维的实质就是对社会现实的批判性反思,一种否定性的立场、态度和结语,一种克服和超越的过程意识。反思就意味着批判,但是反思和批判并不是一种简单的道义上的愤怒,而是通过对现实原理的阐释来对未来的向度进行探寻,从某种意义上来理解,未来不是抽象的观念设定而是一种对真正"现实"的描述。毫无疑问,人的自由自觉的存在是人类一直追求的以自由的个体和自由的共同体为基本内涵的生存样态。从人类诞生之日起,每一时代的人们奋斗的宗旨无疑是为了最大限度地发挥人的创造性,使人最大限度地实现自由全面的发展,然而,在马克思看来人的解放是受现实社会的发展状况所限制的,"只有在现实的世界中并使用现实的手段才能实现真正的解放,……'解放'是一种历史活动,不是思想活动,'解放'是由历史的关系,是由工业状况、商业状况、农业状况、交往状况促成的"①。这样的表述同《1844 年经济学哲学手稿》中"异化和异化的克服走的是同一条道路"内在的逻辑是一致的。马克思认为现代社会是一个异化的社会,人们生活在普遍的异化关系和异化状态之中,这是对现代只是"政治解放"这一思想的具体推进和阐释。他一方面具体阐释了现代人类的生存论处境,同时指出了克服这种异化处境的必然性和必要性,两者之间存在内在的联系。就马克思理论本身的正确性不谈,至少可以明确的是,"异化"思想的立足点并不是单纯的"应该",不是抽象状态和抽象的人性论预设。

马克思揭示了现实的人的异化,这是对人们实际生存论状况的描述和批判。他经过政治经济学的批判,揭示了现代社会自我否定的必然性,未来社会的可能性,为从价值上判定现代的"异化"性质奠定了基础。在马克思的理论中不是只有无产阶级、劳动者才处于异化之中,资产阶级也处于异化之中,"有产阶级和无产阶级同是人的自我异化"②,区别在于他们的感受不同,有产阶级即资产阶级将这种异化看成是自我确证的形式,而无产阶级在异化的过程中感觉到痛苦和无望,无法确认其自身存在的意义和价值,异化的存在论描述和价值判断并不是两分和对立

---

① 马克思恩格斯选集:第一卷[M].北京:人民出版社,1995:74 - 75.
② 马克思恩格斯文集:第一卷[M].北京:人民出版社,2009:261.

的。"异化"的价值判断并不是来自于不变的人性抽象和未来完满性的预设。马克思认为社会关系是人在现实生活过程中的真实关系的凝聚,他不是满足而是批判了非历史的、非社会的抽象人性概念。马克思总是从特定的社会经济关系、从一定的阶级关系中来阐释他对人的理解。在谈人异化的时候,马克思也不忘记从特定的阶级地位出发,指出现实异化对于不同阶级地位的人产生不同影响和不同表现。

伊格尔顿指出,马克思通过劳动对资本主义异化现象进行了批判,他所提出的共产主义的设想不是以抽象的人性为基础而是建立在对资本主义异化现实情况的分析和科学的批判上,"对于马克思来说,关键不是使我们朝着大写的历史目的前进,而是从这一切的下面解放出来,以使我们能够从此开始——以便严格意义上的历史,带着所有它们的丰富差异,能够从此开始"①。

(二)个人现在受抽象统治:现代性的抽象性

马克思始终认为"抽象统治"是现代性的最主要特征,不仅是"个人受到抽象统治",甚至自然和社会等等一切都在"抽象统治"之中。市民社会是马克思对"抽象统治"阐述的基点。对市民社会的分析马克思是从两个层面进行的,首先从政治学的角度,马克思将市民社会和国家的分裂阐述清楚;其次,马克思从政治经济学的视角出发,对市民社会进行深入解剖,阐明了市民社会决定国家的观点。之后的《德意志意识形态》中,马克思将隐匿于现代性的抽象本质之中的内在必然性揭示出来。

马克思提出的现代性"抽象统治"的本质深化了现代性批判的基本主题,也使得其与现代性批判话语直接地关联起来,马克思的劳动理论发展出了一种具有本质意义的现代性批判思路。他通过对资本主义"抽象统治"本质的批判建立了私人生活、国家抽象和社会实践的普遍抽象与形式主义之间的关系。抽象性作为现代市民社会的特征和现代政治国家的主要特征其实从本质上来说是因为它们都是现代的产物,或者说,整个现代社会人与人之间的关系就是一种形式化、抽象的普遍联系。所以,我们可以看到抽象性不仅成为现代社会的基本特征,它还成为现代社会历史、现代意识形态的基本特征,那么,与之相对应的现代的自由、平等、人权

---

① 伊格尔顿.后现代主义的幻想[M].华明,译.北京:商务印书馆,2000:78.

等价值取向也都是只具有抽象、形式上的意义。因此,现代意义上的政治解放最终也只能是具有抽象解放意义的解放,而不是真正完全意义上的人类的解放。

马克思通过资本主义社会现实情况的分析,他在现实生活的抽象关系和观念的"抽象统治"之间建立起了联系,"抽象统治"不仅指物质生活,甚至包括精神领域和人与人之间的关系。马克思在《黑格尔法哲学批判》《神圣家族》《1857—1858年经济学手稿》中都曾对政治国家、市民社会以及私有财产等问题进行过深刻的分析,比如他在《黑格尔法哲学批判》中指出市民社会与政治国家之间的普遍抽象是同一关系,在《神圣家族》中"国家、私有财产等怎样把人化为抽象,或者它们怎样成为抽象的人的产物,而不成为单个的、具体的人的现实"①,在《1857—1858年经济学手稿》中,马克思进一步指出:"个人现在受抽象统治,而他们以前是相互依赖的。但是,抽象和观念,无非是那些统治个人的物质关系的理论表现。"②从以上马克思对资本主义社会"抽象统治"批判的内在逻辑来看,他并不是把"抽象性"作为现代社会的某一方面特征来看待,而是从整体性上认为现代性是抽象的。这是现代性社会的统一特征。

马克思劳动理论的根本意义在于他不仅揭露了"抽象统治"是现代性社会的本质特征,他还以劳动作为人的本质活动原型对资本主义现实情况进行了分析和批判,从而将现代性抽象统治背后的历史动力揭示出来,马克思指出,在以商品经济为基础的资本主义社会,所有存在物都在资本抽象的形式中证明自己的存在。马克思指出:"工人只有当他对自己作为资本存在的时候,才作为工人存在;而他只有当某种资本对他存在的时候,才作为资本存在。资本的存在是他的存在、他的生活,资本的存在以一种对他来说无所谓的方式规定他的生活的内容。"③资本是一切事物存在的方式,而资本对一切事物评判的标准无外乎其是否有用,一切事物的"感性光辉"被有用性所代替,因此,在如此样态的社会中,所谓的人的"全面发展"和"普遍联系"都是建立在抽象为资本的价值之上,有用性使得一切事物彼此之间都建立起了看似紧密的联系。"在这个社会生产和交换的范围之外,再也没有什么东西表现为自在的更高的东西,表现为自为的合理的东西"④,资本用其自身的原

---

① 马克思恩格斯文集:第一卷[M].北京:人民出版社,2009:358.
② 马克思恩格斯全集:第三十卷[M].北京:人民出版社,1995:114.
③ 马克思.1844年经济学哲学手稿[M].北京:人民出版社,2000:65-66.
④ 马克思恩格斯全集:第三十卷[M].北京:人民出版社,1995:390.

则和形象创造了一个新的社会和历史。

马克思指出社会异化的根源在于资本主义的一切关系都是建立在"物的依赖"基础上的,这种抽象的关系使得外在于人的社会关系同人之间是对立的关系。当这种全面联系的形式性和抽象性把人的本质占领时,就意味着与社会异化并存的是人关系和能力的全面异化,它们只是为了形式上实现人的自由创造条件,本身并不具备让人实现真正的全面发展和自由联合的真实能力。

马克思对资本主义状况的分析首先是在黑格尔法哲学批判时期,在《论犹太人问题》中,马克思区分了政治解放和人类解放,他指出,由于现代资本主义社会中人与人之间的关系建立在资本"抽象统治"的基础上,因此,这种推翻了封建统治建立起资产阶级统治的政治解放并不是真正意义上的解放。在现实中,市民生活以利益为基础,对立和冲突随时存在于每个人之中。马克思以政治经济学批判为起点,进一步揭示了现代性"抽象统治"的经济学基础,并指出现代性"抽象统治"的根源在于商品交换中的价值抽象。在《1844年经济学哲学手稿》中,马克思则以超越经济学家的视角来重新对资本主义社会的现状进行了批判,他将"把人类的最大部分归结为抽象劳动,这在人类发展中具有什么意义"作为现代性批判的基本方向,同时他指出作为人最基本的生命活动形式——劳动,它的被抽象才是资本主义社会问题的一切根源所在,这一问题的提出具有根本性意义。马克思在《资本论》中明确指出:"劳动,这只不过是一个抽象,就它本身来说,是根本不存在的或者,……只是指人借以实现人和自然之间的物质变换的人类一般的生产活动。"①在马克思看来,劳动的真正意义应该在具体的社会形式中揭示,然而现代社会中的劳动形式已经异化为"抽象劳动",也就是劳动的本质从人的自由自觉的活动变为了"抽象劳动",而对以劳动为原型对资本主义社会的异化现象进行分析,尤其是对"抽象劳动"及其历史意义的揭示成为马克思的重要工作,其中的现代性批判是马克思工作的重中之重。

"在现代世界中,人的关系则表现为生产关系和交换关系的纯粹产物"②,分工和交换发展到一定阶段抽象劳动就产生了,以抽象劳动为基础的现代社会,不同的存在类型和同一类型的不同个体以交换价值为基础进行转换,在商品经济中存在

---

① 马克思.资本论:第三卷[M].北京:人民出版社,2004:923.
② 马克思恩格斯全集:第三十卷[M].北京:人民出版社,1995:115.

物都是具有交换价值的属性的,被抽象的社会本质隐藏于抽象的个体性和差异性之中,原本具体事物所具有的丰富性和多样性变成了一种杂多,它们被称为"物质承担者"。人与人之间、人与物之间的关系被抽象为以交换为目的的单纯效用关系,在以"物"为基础的抽象关系中,资本主义生产的普遍联系建立起来,整个社会形成了一套以有用性为前提的社会价值体系。

所谓效用体系,就是任何事物存在都会被抽象为可以衡量的量,成了可以计算的存在,但是这并不是自然科学推动的结果,也不是人类思维变革的结果,它是资本主义社会的抽象本质决定的,是一种社会历史的存在变迁。随着"以物为基础的依赖性"和抽象化原则在社会生活的全面渗透,抽象性被确立为现代社会的最根本特征。现代世界中的一切,包括自然、人、职业等都受到了抽象价值的统治,都成为一种可以交换的工具,一切的关系存在都是靠金钱关系维系着,"资产阶级抹去了一切向来受人尊崇和令人敬畏的职业的神圣光环。它把医师、律师、教师、诗人和学者都变成了它出钱招雇的雇用劳动者"①。资本主义将人性的最后一块遮羞布拿掉了,展现给我们的就是赤裸裸的金钱关系。

对于资本主义现代社会的分析,马克思决不仅仅局限于市场交换中的价值抽象,当然商品的价值抽象是所有现代性问题的发动者和推动力。在现代社会中存在的所有理性即技术理性、实用理性等等都与商品交换和价值相联系,从本质上说,二者密不可分。马克思在《共产党宣言》中指出,现代资本主义社会完全充斥着赤裸裸的"现金交易",除此以外再无其他联系。"它把宗教虔诚、骑士热忱、小市民伤感这些情感的神圣发作,淹没在利己主义打算的冰水之中。它把人的尊严变成了交换价值,用一种没有良心的贸易自由代替了无数特许的和自力挣得的自由。"②只要资本和商品还占据着完全的统治地位,"抽象"关系就无法结束统治,存在关系依旧是一种抽象的联系。

马克思的劳动理论揭示了商品交换与社会分工及社会私有制之间的紧密关系,《1844年经济学哲学手稿》就对这个问题进行了详细阐述,他认为抽象劳动的本质是对活劳动的统治,在资本主义社会中劳动分工变得越来越精细而使得人们陷入某一个领域具体的细微环节中,最终人成为被原则细化的原子式的人,而现代

---

① 马克思恩格斯选集:第一卷[M].北京:人民出版社,1995:275.
② 马克思恩格斯选集:第一卷[M].北京:人民出版社,1995:275.

社会的一切根源都存在于这个抽象体系之中。马克思指出："现代社会内部分工的特点在于它产生了特长和专业,同时也产生了职业的痴呆。"①资本主义社会的抽象性已经被"合理化",人的生活已经失去了以前的丰富性而朝着片面化的方向不断发展,可以说现代社会中的效率原则在不断推进抽象劳动的合理化的同时也消除了人的个性和特长,对差异性进行了标准化强制。由于劳动分工的细化和劳动过程的抽象化,现代社会的资本增值原则使得活劳动越来越片面和抽象,人的全面和自由发展的可能性完全丧失而处于劳动抽象所制造的"合理化"的铁笼之中。

马克思认为现代社会的劳动分工使得生产力快速发展的同时造成了人的片面性和普遍联系的抽象性,如果想消灭资本主义的私有制那就要克服抽象劳动。马克思指出,人的解放从本质上来说就是对异化劳动的扬弃,恢复人自由自觉的活动,把人从"抽象性"的关系中脱离出来,让劳动成为人的真正需要,而不是维持生命的谋生手段,劳动的属性并不是让人在强制性的压力下生活,而应该是通过自身的"生命活动"来获得自身的自由。

马克思的劳动理论在对现代性问题的揭示中体现了自身思想维度的奠基性意义。他对黑格尔及其后继者从理性批判的角度来把"抽象性"作为现代精神的基本特征进行了批判,马克思对资本主义社会的经济情况进行了历史唯物主义的分析,对现代性抽象特征进行了揭示,并且在这一分析过程中把与社会制度的批判联系了起来,这也是对一般实证主义对"抽象性"批判的一种超越。马克思是在对具体的现实情况的分析中对现代社会的"抽象性"进行揭示的,他对"抽象性"的批判并没有陷入一般观念论和所谓的悲观主义,并阐述了它与资本主义社会基础之间的存在论关系,这一点具有十分进步的意义。

在目前全球化的时代,现代的"抽象性"得到了前所未有的全面推进,全球化的紧密相连,商品资本发展成了金融资本,这是"以物为基础的依赖"的更进一步而不是脱离。我们陷入的是一种全球性的抽象总体,这一特征决定了我们的生存状况,要想对这种经济关系进行变革没有经济基础方面的变革是不可能的。在目前对现代性批判的话语中,马克思的劳动理论显得尤为重要,因为它不仅在几百年前就为我们指出了劳动异化所带来的根本问题,而且它还为我们指明了消灭资本主义私有制的方法以及人类得到最终解放的方向。

---

① 马克思恩格斯选集:第一卷[M].北京:人民出版社,1995:169.

二、被剥夺意见和行动的政治空间——世界的异化

阿伦特认为自近代以来主体性原则的确立是现代的重大进步同时对政治也产生了巨大的威胁。世界是我们可以通过行动展现自身和与他人互相言说的基础，但是当我们面对政治选择冷漠和失去行动能力后，我们以往信任的常识就变成了一种"反行动"的可怕力量，伴随着人失去世界人也丧失了自身最重要的本质，即"以言说和行动进入世界"展现自身的机会，也丧失了可以让自身意见和行动具有意义的机会。

（一）"世界性"与"非世界性"

阿伦特的"世界概念"与海德格尔和胡塞尔的"世界"相比既是现象学的也是政治的，她认为世界的本质就是一个存在与现象同时显现的空间，是"意义"与"关系"的本质体现，她的"世界"并不是常人闲谈之所的沦陷之地，也不是主体先天意识活动的构造空间。阿伦特在《过去和未来之间》中指出，"世界"是作为人的存在条件而必须存在的，哲学家总是设想着用主观意识来超越或者是摒弃他人的"本真存在"来完成自己对哲学的妄想。阿伦特的世界本质上是指人通过政治的行动来展现自身的存在方式，而真正属于人的世界一定是政治和公共性的世界，阿伦特所说的世界性一般包括六个方面，即现实性、政治性、公共性、显现性、复数性和永恒性。

首先是政治性和公共性方面，人们在共同进行政治活动时所体现出来的就是公共利益，参与政治生活一定是公开的状态而不是被遮蔽的，所以政治性、公共性事物体现了世界性。第二，人们在进行言说和行动的过程中力图形成自我与他人之间面对面的联系还要保持自身与他人的区别和距离，所以言说和行动的基本情况是复数性的。第三，世界的本质就是显现，在世界这个舞台上人们不用去隐藏自身，人的本质就是为了去听、去看和被听、被看，世界性即显现性。第四，时间性和空间性共同组成了世界的永恒性。从时间维度上来看，不论是我们出生前还是离开后世界一直存在，所以它是一个超越生命规定性限制的持续存在，在世界上拥有持存性和稳固性的事物就拥有了世界性。而从空间维度上来看，能在空间中保证一席之地的事物就一定是具有世界性。第五，阿伦特的世界概念既不是神的世界，也不是动物的世界，更不是观念的世界，她强调的世界性本质上是现实性，它是在

人类生活中真实存在的,所以它体现出了一种存在论的意蕴。世界性就是人本质性的一种存在方式、存在结构和存在境遇的综合体,人与世界存在的本质性联系是针对人的存在而言的,这种关系时刻都体现出存在意义上的统一性、整体性和完整性。阿伦特指出,公共领域就是世界性,是人与人、人与世界的共同性存在的统一,它在体现出存在论向度的同时还表现出了政治向度,所以,我们可以说公共领域的问题既是政治问题也是存在论问题。

阿伦特在提出"世界性"时还借用了马克思的"异化"概念提出了与之相对的"非世界性"(worldlessness),这一概念的提出主要是为了阐释现代人类生活的真实状况,即公共领域的丧失、人的无家可归感、对世界共同感觉的退化等等。阿伦特想表达的是,世界性是人的存在前提,而人如何以一种"非世界性"的方式而存在呢,阿伦特对此问题这样解释,现代社会的本质就是"世界异化"(worldalienation),它是一个"无世界"的状态空间,已经不适合人类居住了。

阿伦特指出在现代历史中有三大事件的发生改变了我们的世界,即美洲的发现、宗教改革和望远镜的发明。这三大历史事件标志着人的自我能力得到空前提升,但是这使得原本人与世界之间的依存关系变成了相互之间的脱离。在这三个历史事件的发展过程中世界在变得逐渐异化起来,首先是人对地球的不停探索最终发现了美洲大陆,地理上的巨大发现让人们感到人与人之间的距离迅速变小,原本遥远的距离现在由于轮船和飞机的应用则加快了地球的萎缩。就好比地球仪一样,它是根据陆地和海域的测量按一定比例缩小而成的,而真正的地球好像也是如此,甚至它成为可以掌控的对象。"只有现在人们才完全掌握了他短暂一生居住的地方,把先前所有世纪诱惑着人们又禁止人们进入的无限疆域变成了一个球体,他了解它辽阔的边界和精细的表面就像了解他的掌纹一样。"①伴随着人对地球探索的不断深入而来的不是人与地球之间的关系更加紧密,相反人越来越脱离于原来所熟悉的世界,"人的测量能力的性质是,只有在人从他所有卷入和关心的切近在手之物中摆脱出来,让自己和周围一切脱离,他的测量能力才能起作用"②。当人以物的眼光来衡量他所生活的世界时,就要把它从物的角度来"客观中立"地进行衡量,而原本我们所熟悉的高山、河流和丰富的色彩都变成了符号、数字和模型,阿

---

① 阿伦特.人的境况[M].王寅丽,译.上海:上海人民出版社,2009:250.
② 阿伦特.人的境况[M].王寅丽,译.上海:上海人民出版社,2009:251.

伦特指出,最为讽刺的是人类需要牺牲日常生活的世界来获得地理空间距离的缩短。

阿伦特认为虽然具有"内在世界的禁欲主义"(inneorldly aseetieism)的宗教改革与人类地球探索的地理大发现的性质迥异,但是她指出了其中所具有的"相同的异化现象"①。阿伦特指出宗教改革对于推动世界丧失的方面的积极推动,正是由于教会对农民财产的剥夺并作为了教会财产这一举措对世界产生了致命的打击,一方面它使得农民这个很大一个阶层在世界上没有了财产的保障,直接失去了世界的庇护之所,而必须去直接面对作为最基本的人存在的生存需要。我们之前提到"与财富和对财富的占有不同,(财产)表示在一个公共世界里拥有私人所有的领域,因而是人进入世界的一个基本的政治条件"②。阿伦特在《人的境况》中指出要想把一个人逐出公共世界最简单的做法就是直接剥脱他的财产,社会是造成公共领域和私人领域衰落的根本性原因,对于在现代社会中大众的政治运动所使用的非世界性的思维方式具有十分危险的潜在因素,当私人领域开始扩展到公共领域中时,一个共同的公共世界就开始消失了。

阿伦特所谓的"社会化"过程是为了让更多的社会财富尽快转化为资本就需要剥夺更多的个人财产,从而为资本主义经济的产生和发展奠定基本条件。这是一个世界被消费主义所破坏的过程,也是把全体人类投入自然生命的过程。当资本主义残酷掠夺开始的同时就证明了世界的丧失,这是历史上无产阶级得以产生的现实条件。其次是"社会成了新的生命过程的主体,如同家庭以前是它的主体一样。……正如家庭拥有财产作为私人的所有物一样,民族国家在它直到二十世纪衰落之间为失去家庭庇护的所有阶级提供了一个替代之物"③。市民社会和民族国家的正式出现,阿伦特指出真正的公共领域的出现绝不是市民社会或民族国家,二者只是有着公共领域的外表而其本质只是集体的生命主体和集体生命主体的所有物而已,它们只是血缘、地域属性政治化的产物,原本家庭和财产可以作为人肉体生命的庇护所,并为人进入公共领域创造条件,但是现在这些都被消解掉了。

曾经,我们把政教分离的世俗化过程作为一种人类世界的恢复途径,但是,我们可以看到,人把自身与他人、与世界的所有关系最终归结为人与其自身的关系。

---

① 阿伦特. 人的境况[M]. 王寅丽,译. 上海:上海人民出版社,2009:250,253.
② 阿伦特. 人的境况[M]. 王寅丽,译. 上海:上海人民出版社,2009:250,253.
③ 阿伦特. 人的境况[M]. 王寅丽,译. 上海:上海人民出版社,2009:250,256.

与"失去世界性"相对应的是人"返回到内心世界",当人们对彼岸和来世的信仰破碎后人们选择的不是回到真实世界之中而是要求返回内在的世界性(innerworld-ness)之中。然而返回到内心世界的举动却由于过分关注自身的生命过程最终加速了世界的毁灭速度,"马克斯·韦伯关于资本主义起源的发现的伟大之处恰恰在于,他证明了一种巨大的、绝对尘世的活动,可以在完全不关心世界,甚至没有这个世界的享受的情况下发生,相反,这种活动的最深层动机是对自我的忧虑和关心"①。

在这一认识的基础上阿伦特把"世界异化"又推进了一步,她认为望远镜的发明和天文物理学的发展使得"世界异化"转变为"地球异化"。科学的不断发展使得人的感官能否得到客观真实性的信息被不停地质疑,望远镜的发明和使用使得对人类感觉真实性的挑战越来越严重,当天文物理学的发展让人们终于可以突破自身的地球生命形式时,人得到了从宇宙角度来看到自身和地球的能力。阿伦特认为,在这时地球就像我们一直生活的"自然界一样",它与世界是人的存在条件不同,它是我们的生存条件。地球就是我们所生活的自然世界,这里包括我们所需要的一切有机物和无机物,尽管人建立了一个人造世界来证明自身的存在与其他动物不同,但是不可否认的是人的生存依赖自然环境,所以从另一个角度说,"地球"是人的生命基础和限度。近代科学的不断发展,其本质上是不断突破作为人最基本生命的限制,把自身及其所有的一切变成"人为"的,比如原子弹的发明、试管婴儿等等,从自然的变成人为的,这是对"人的条件"的根本性颠覆。

阿伦特指出人并没有逃脱自身是一种地球生命的命运,地球上的环境决定了他的感觉方式和自身限度,当他通过自身的理性开始怀疑自己所感受的一切时,甚至是想超出地球的生命限度,而今天的科学已经在很大程度上实现了这一点。现代科学的发展已经"把人的经验从受地球束缚的经验范围中解放出来,把人的认知能力从有限性的束缚中解放出来"②,哥白尼所说的"阿基米德点"就是人通过自身的理性获得了"普遍"的立足点和"无限"的能力,"没有实际地站在阿基米德想要站的地方,由于人类处境而仍局限于地球,我们却已经找到了一种在地球上和地球自然内作用于地球(act on the earth)的方式,似乎我们能从外面,从一个阿基米德

① 阿伦特.人的境况[M].王寅丽,译.上海:上海人民出版社,2009:254.
② 阿伦特.人的境况[M].王寅丽,译.上海:上海人民出版社,2009:265.

点处置它。即使冒着威胁自然生命过程的危险,我们也把地球暴露给了完全异在于自然家园的普遍宇宙力量"①。但是事实却事与愿违,当人的理性被无限扩大后发现所谓的"客观实在"无非是人在头脑中所进行的符号设计实验时,结果变得十分滑稽,人对自然报以多大的狂妄梦想去征服的时候就会得到自然更大的报复,当然人没有意识到实现理性梦想的结果是得到自然对自身的惩罚。阿伦特认为我们对待自然就如同政治行动被我们用制作活动替代一样,一个是用"无思"的行动破坏了自然,一个是用直接行动作用于政治引起了可怕的后果。卡夫卡说只有当人用自身理性来反对自身时,才能发现阿基米德点。阿伦特指出,现在我们又在用同一种方式对待地球,人造卫星的发射和原子弹的发明都证明了人类有"征服地球"的能力和想法,但是不论是在地球上还是在宇宙中任何处置地球的能力最终都反作用回人类自身。

　　阿伦特所谓的"人的条件"是指人们生活在地球上所拥有的不仅是可以在这个世界之中存在,同时也拥有了与他人共同存在的机会,这是人得以存在的根本性条件。而进入现代社会,人的条件随着"地球的异化"而发生了彻底的变化,人在现代社会中变得要摆脱生活的世界和地球、拒绝与他人相处以及渴望返回到内心世界独处。阿伦特对现代社会的理解在同时代的哲学家那里都可以找到类似的论断,但是她的批判当中最为重要的是她在回避德国哲学家在现代性批判上所做出的唯理智论倾向,她认为"现代这些决定性的事件的作者是伽利略而不是笛卡尔",强调"不是观念而是事件改变世界"②。阿伦特对事件这样理解,她认为事件就是一种不可预测地偶然发生地并对历史产生重要影响的事情。同时,她还指出,科学的发展导致了今天世界异化的产生,尽管现代"开始于超越之维和来世信仰的突然的、无法解释的黯淡",而科学"造成了这样的形势"③。现代性危机的本质是现代性政治危机,"世界异化"已经从根本上证明了言说和行动作为人的本质性活动方式的可能性已经消失,当言说的意义被怀疑时就证明了其本质上是政治的,所以言说使人成为政治存在的根本性条件,而目前我们只剩下了一对存在的碎片,我们失去了共同言说的对象。

---

① 阿伦特.人的境况[M].王寅丽,译.上海:上海人民出版社,2009:209.
② 阿伦特.人的境况[M].王寅丽,译.上海:上海人民出版社,2009:273.
③ 阿伦特.人的境况[M].王寅丽,译.上海:上海人民出版社,2009:253.

(二)世界的丧失

阿伦特指出世界异化是现代社会政治生活消亡的根本原因,由于现代社会政治被劳动所取消掉,在现代社会生活中人关注的只是自身的生命过程而不再是政治生活。随着工业革命的发展,资本主义社会给人们带来的是物质上的极大丰富,但是同时也给我们带来了威胁,世界不再是稳定不变的,个人曾经所追求的生活意义也被消费给瓦解了。除了我们上面提到的宗教改革对教会和农民财产的剥夺,让社会中的很大阶层丧失社会地位和生存空间,被剥夺的财产转化为了资本,被剥削的阶级成为劳动者,人类的世界被不断地生产、消费和再生产所塑造和消解,人类的世界已经不再是稳固的。区别于财产给世界带来的稳定性,财富是由劳动者不断创造出来的,大量的劳动者构成了资本主义经济兴起的基本条件。虽然生产力不断提高,但是不断增加的劳动是被剥削了身份再被抛向这个世界的人,人无时无刻不在必然性的压迫下苟延残喘,追求更多的财富是整个社会所要追求的目标,甚至以牺牲人自身的世界性为代价。"世界异化的第一个阶段以残酷、悲惨和物质贫困为特征……异化的第二阶段肇始于社会成为这个新生命过程的主体。"①劳动在社会中既被剥夺了家庭和财产,同时又受到了生命过程必然性的压迫,现代劳动阶级所倡导的解放从本质上并没有脱离资本的阴影,只是让劳动者被放置在更为深重的压迫之下而并非获得了真正的自由。现代社会中人们将所有的关注点只集中于经济发展上时,人就变得永不停歇地去追逐着积累财富,而政治就沦落为实现资本主义经济的手段和条件,个体被淹没在生产和消费的洪流中,整个社会的全部关注力都集中在经济上,人们对于政治、对于公共生活、对于自身的关注都被经济所左右,人们对世界的理解角度建立在消费的基础上,把世界的毁灭作为代价来进行生产。

阿伦特指出有这样一个事实不容忽视,就是在现代社会中行动被劳动的生命过程所替代不是一种偶然而是一个必然的过程。之所以说是"必然"是因为社会早已不是阿伦特心目中的理想形式,现代社会早已将传统、美德都消磨殆尽,它希望通过劳动来解决贫困问题,努力用生产的最大化来解决和消除"残酷、悲惨和物质贫困"的状态。在阿伦特那里劳动具有一种强烈的奴性色彩,现代社会通过经济

---

① 阿伦特. 人的境况[M]. 王寅丽,译. 上海:上海人民出版社,2009:204.

活动来实现的劳动解放在阿伦特的眼中只是一种解放而非政治解放,当世界成为人们用来积累财富的牺牲品时世界就已经被彻底地消解掉了。公共领域的政治生活在世界异化的背景下已经变得毫不重要,人们只会对如何更加紧迫地追逐财富以及如何在社会领域内更快地得到价值认同产生兴趣,而这些都是最终使公共领域无法重建的羁绊,对于阿伦特强烈冲击的世界异化对于现代人来说不是一件新鲜事。

在现代社会世界异化的产生原因不仅包括了劳动动物对历史舞台的占据,其背后更深层次的原因是行动被制作代替。制作在现代社会中具有十分重要的意义,它在阿伦特这里被称为工作。工作是指工匠按照一定的模型将原材料进行改造的活动,它是一种符合手段和目的原则的、有开始有结束的过程。这种活动来自于柏拉图的模仿说中工匠制作的经验,即按照理念模型进行制作。在政治哲学传统中,制作的模式被引入了公共领域,公共事务成了哲学家手中的制作对象,当然在柏拉图时期,他把制作引入公共领域时,他的目的则是为了赋予公共领域以稳定性。

在古希腊时期这种做法的目的是使得哲学家过上更安全的生活,在中世纪这样做则是为了救赎人的灵魂,而在现代社会这样做是为了满足生产力的发展和社会要求不断进步的需要。行动不再以目的的面目出现,它成为实现更高目的的手段,用制作来替代政治行动,这种做法本身就是没有看到人作为一种独特生命的存在,即每一个人都与生俱来地对公共生活具有一种热情,作为独一无二的存在,人不能被整齐划一,当然当行动被制作取代后,人的复数性也随之消失。在人类进入现代社会后胜利最终属于了技艺人。

这种制作代替行动的模式给现代社会带来了巨大灾难,它使世界慢慢走向了失落,使得行动生活成为一种不可能,比如20世纪的极权主义兴起,它是典型的制作代替行动的例子,极权主义的本质就是要按照某种"合乎理想"的方式来构造一个世界,它把人的现实生活状态消解到一无所有,而这种构造本身毫无意义可言。阿伦特指出当制作的活动取代行动的位置时,现代政治灾难就拉开了序幕,"现代世界异化的极端程度已经扩张到了最世界性的人类活动,扩张到了工作和对象化,扩张到了事物的制作和世界的建造,这个事实……更尖锐地显示出了现代态度和价值判断与传统态度和价值判断的区别"①。当阿伦特指出世界的异化成为我们目前的生存状态时政治的制作化摧毁了真正的公共政治生活,它是现代性发展到极端的表现。当制作代替行动的位置时,现代与传统之间的鸿沟正式形成,现代社会中行动的光辉随着积极生活内等级秩序的翻转而变得黯淡,最终公共政治走向了衰落。

现代社会让我们悲观地发现想寻找行动的身影是一件困难的事情,积极生活等级秩序的改变,思(thinking)与做(doing)之间关系的倒转,这些都是世界异化开始的证明。现代社会科学的快速发展让人们看到了实用主义的效率所在,这让人们开始产生了实用生产的要求同时也开始了对实用行动的推崇。"人类对知识的渴求只有在他信赖他双手的创造发明之后,才得到了缓解"②,人们是通过"行动"而不是"沉思"来获得知识和真理,或者说"行动"赋予了知识以确定性,沉思只是对真理的关照。直到现代社会的到来,沉思在这里变得毫无用处,它从原来为知识提供保障沦落成了实现行动的手段。思与行的关系在现代发生了根本性的倒转,思从沉思降低为人意识内自己与自己的对话,它变为了一种区别于完全静止的意识高度活动的状态。真理不再是通过思来接近而是必须通过做才能达到。阿伦特强调在现代社会"做"指制作而不是行动,看似二者有着密切的关联性,但事实上行动的政治含义被置换成制作的含义,"双手创造发明"成为现代社会新的"行动"含义,人用手进行创作的过程显示出自然或宇宙的奥秘,行动失去了原本作为追求不朽意义政治生活的含义,人类对于公共生活整合功能的追求变成了对宇宙的无尽探索。事实上在现代社会思与行都已经消失了,行动变成了制作,沉思成为一种附庸,在这样的情形下恢复公共政治遥不可及。

现代社会发展的事实证明了"制作"与公共领域毫无关系,或者更确切地说人们抛弃了公共空间,因为它无法满足人们赤裸裸的生存境况。现代生活已经背离了政治,人们不再需要意义,也不再关注行动,人们需要的是能够解决现实生活中自己生存状态的"做"。自然科学的发展让人们对世界的兴趣不再局限于地球本身,他把自己的目光投射到了地球之外的太空。阿伦特认为人对于去太空探索的渴望背后是一种迫切逃离地球的真实想法,这是"对给定的人类存在的反叛"③,人

---

① 阿伦特.人的境况[M].王寅丽,译.上海:上海人民出版社,2009:238.
② 阿伦特.人的境况[M].王寅丽,译.上海:上海人民出版社,2009:230.
③ 阿伦特.人的境况[M].王寅丽,译.上海:上海人民出版社,2009:3.

们一方面让政治生活陷入了危机,同时还在不断挑战着自己的生存空间。这是人与世界开始疏离的最终结果,当公共整治生活衰落和世界的消失到来时,人们只能从对"世界"关心转向关心世界之外了。

现代社会最主要的特征就是人类进入了太空时代,自科学的大门被打开后,在人类理性被不断地确证后,原本不可想象的事变得一切皆有可能。但是也正是现代科学的快速发展给人类带来了从未有过的危机,人被自身理性所带来的科学技术所背叛,甚至已经产生了要离开地球的渴望。现代人类已经实现了阿基米德所声称的"给我一个支点,我就能撬动地球"的理想,而当人们开始决定逃离地球时才发现将要付出怎样的代价,这也就是自然科学发展出来的"自戕效应",如人造卫星的发射既代表了人们对于地球引力的掌握能力,同时它的反作用力也发人深省;更具有标志性的事件是核技术的应用,它代表了人对自然的征服开启了一个新的开端,但是最后的结果却是应用于战争。人类理性在人类事务中的应用结果与极权主义的状况有些类似,不同的是极权主义把人类世界等同于自然界,认为应当从自然的角度来理解人类世界,而人类理性在人类事务中的滥用则是给予了行动以自然规律的地位,让"一切皆有可能",而这带来的最终结果却是事物将完全不受人们的控制。

现代科学技术的不断发展让我们的生活日新月异,但是同时给我们带来的是奴役和统治。阿伦特指出,现代人已经成为技术的奴隶,她从这点出发对现代性进行了批判,技术思维已经成为人的生活方式,不仅是核武器对人类生存的威胁,人对技术的依赖彻底使人的生存状况走向了异化。阿伦特认为,公共领域丧失的真正根源就是现代性危机,劳动、制作对行动的替代,世界的异化等等一切都让公共空间走向了闭合,人为自己塑造了无家可归的命运。随着公共领域的丧失,政治行动的根基也被不断侵蚀,人类开始进入了自己的生存危机时代。人最为真实的生存状况本应该是与他人共同生活在一个世界中,既可以保持自身的独立存在同时也可以与他人一起分享。政治行动的丧失成为现代社会的大势所趋,人类丧失了世界性、与他人保持距离。现代性危机的本质是政治危机,正是公共领域政治行动生活的衰落、言说的消失,使人丧失了自己存在的家园和与他人共在的能力。阿伦特提出,要想解决这一问题,就要恢复行动和政治的尊严,重新构建公共领域的世界。

主体性在技术时代下加剧了世界的异化。阿伦特对现代性的批判提出的根本问题在于,技术时代下的政治与伦理如何可能? 技术时代是现代人的命运。一方面,战争在高科技的发展中加剧了对社会的摧毁,核武器更是威胁到整个人类的生存。技术的异化加剧了资本的异化,技术的发展与整个资本主义的扩大再生产的过程融为一体;另一方面,技术思维渗透到人的生活的每个角落。阿伦特的"世界异化"观点的提出是为了阐释我们在公共空间消失的状态下的真实生存境况是怎样的。这里我们要明确的是世界的异化指的不是人类对生存环境的破坏最终失去家园,它是指人失去了原本可以展开自身行动以及复数性本质的空间,当行动者展开的一刹那,行动者的行动消失了,公共空间也瞬间闭合。所以我们不能从它是行动结果的角度来对公共空间进行理解,阿伦特指出在公共空间中,主客体已经消失了,留下的只有平等的交往。唯物主义的本质隐含在技术的本质中,她批判人们把思作为技术的理解。阿伦特看到,技术威胁最大的是人的行动。人们把行动做技术化的理解,用制造、用劳动代替了行动。而在政治伦理世界中,人的思考和判断力也面临技术化的危机。

马克思洞察到无家可归状态变成了世界的命运,但这种命运的根和马克思发现的自我的异化一起,构成我们这个时代人的无家可归的命运——世界的异化。而阿伦特则是把马克思"异化"又更深地推进了一步,提出了"世界异化",这种异化不是指人对地球环境的破坏使人最终丧失了原本适合自己居住的家园,它其实是指人丧失了行动空间,也就是公共领域空间。阿伦特认为现代性问题的根源在现代性政治危机,而造成政治危机的本质原因就是人对行动的放弃、对世界的疏离,而这一切最终都造成了公共空间的衰落和闭合。

第二节　个性的自由与公共的自由

在一定意义上,"自由"问题是人类和哲学特别是政治哲学所关注的永恒话题。而作为最关注人类解放和最同情人类苦难的马克思和阿伦特,自然也都重点关注人的自由问题,追求和实现自由是他们政治哲学共同的目标和核心。马克思和阿伦特都反对西方哲学史上的"理性自由"和"意志自由",认为这样的自由只是一个幻象。但马克思追求和实现的是人的感觉和一切特性获得彻底解放的"个性自由",而阿伦特却是追求和建立一个自由言谈和行动得以保障和实现的"公共政治空间"。

一、自由是人的个性的全面发展

(一)自由是合乎人性的回归

马克思认为自由是指人的自由自觉的活动和生存状态,是"通过人并且为了人而对人的本质的真正占有,因此,它是人向自身,也就是向社会的即合乎人性的人的复归"①。"合乎人性的复归"指的是人对自身的世界和自身的关系的复归,最终实现"以每个人的自由全面发展"为条件的"一切人的自由全面发展"。然而在资本主义社会中,人的本质包括他与世界的关系、他与其他人的关系都被以积累财富为目的的生产关系、交换关系所替代,人被物与物的虚幻关系所淹没,除此以外人的尊严"变成了交换价值,用一种没有良心的贸易自由代替了无数特许的和自力争得的自由"②。在资本主义社会中,人作为资本增值的工具而活着,除了自己的本质无法实现外也毫无自由和个性可言。

所以,马克思对资本主义的强烈批判从根本上是在批判资本主义剥夺了其辩护者坚称劳动者在该制度中所具有的东西,即自由。实际上,无论在哪里,马克思都从未简单拒斥古典经济学家和古典哲学家们的平等、个体自由以及政治和公民权利等价值观。马克思对古典经济学家和古典哲学家们自由观的批判,并不是片面的、盲目的和无条件的。对马克思来说,自由既是通过人的活动把自身从社会支配和自然必然性的外在强制中解放出来的"免于……"的"消极自由",更是通过提出可能性并建构新的自由共同体而实现自己个性全面发展的"做……"的"积极自由"。因此,在《资本论》及其相关手稿中,具有统治地位的"资产阶级的自由"不是被取消了而是被超越了——转变成了一种更高层次的人的个性的真正实现。

马克思在《1857—1858年经济学手稿》中对人的自由实现的历程进行了详细的阐述和概括,他认为这一过程主要分为三个主要阶段。我们在第三章中曾经提到过,最初的阶段是"人的依赖关系",第二阶段是"以物的依赖性为基础的人的独立性",第三阶段是真正实现人的自由阶段,即"建立在个人全面发展和他们共同的、社会的生产能力成为从属于他们的社会财富这一基础上的自由个性"③。马克

① 马克思.1844年经济学哲学手稿[M].北京:人民出版社,2000:81.
② 马克思恩格斯选集:第一卷[M].北京:人民出版社,1995:275.
③ 马克思恩格斯全集:第三十卷[M].北京:人民出版社,1995:107-108.

思的这段论述被很多学者引来作为论述主体性历史发展阶段的经典概括,在这三种历史阶段的发展过程中对应着三种社会文明,即农业文明、工业文明和未来的后工业文明,那么,在这几种文明中,人们也在经历不同的生存样态,起初人是在自发的生存样态中表现为一种近乎自然的生存状态,之后人在主体性充分展现的时期却表现为异化被动的生存样态,而马克思的理想即是人类最后所达到的自由自觉的生存样态,在这种生存样态下,人是完全独立的个体,自由体现为他对闲暇时间的完全拥有和自由支配,从而人的一切感觉和特性得到了彻底的解放,这种自由状态的实现代表了人和自然界、人和人之间所存在的矛盾的真正解决,每个人的全面发展在这种自由中得以实现,"在共产主义社会里,任何人都没有特殊的活动范围,而是都可以在任何部门内发展,社会调节着整个生产"①。这才是人的"自由王国",是马克思的人类解放学说所追求和强调的人的自由个性的真正解放,它不是依靠宗教、理性思辨和道德说教而实现的,它是在对必然王国的继承和超越的基础上建立起来的,它不是满嘴的"震撼世界的词句",而是人们可以真正通过自己的实践活动实现的人间天堂。"自由王国"得以实现的根本条件就是"工作日的缩短","工作日的缩短"为人的自由时间提供了保障,在资本主义社会,"各个人在资产阶级的统治下被设想得要比先前更自由些,因为他们的生活条件对他们说来是偶然的;事实上,他们当然更不自由,因为他们更加屈从于物的力量"②。由于资本主义的交换关系决定了工人的自由只能是"形式上"的自由,它并没有真实揭露出资本及资本化对工人阶级的控制。所以马克思提出的自由绝不是仅仅把人从物质束缚中解放出来,而是要求自我对象化追求的个性自由,而这种自由体现在劳动实践中,只有这种劳动实践才能产生个体的历史性和人民的历史性。

从之前的论述中我们可以看到,马克思所追求的"人的一切感觉和特性的彻底解放"是人的个性自由的全面发展,这是马克思哲学的核心和主线。他的这一思想贯穿了他的整个思想历程,从最早的新闻出版自由的文章到对农民权力的辩护,在《黑格尔法哲学批判》中为自由民主的辩护,到犹太人公民权辩护中对政治解放的赞扬,在《资本论》中对剩余价值的批判以及对 1871 年巴黎公社对经济民主的维护,从以上这些论述中我们可以看到马克思对于自由和权利问题的看法远比他之

---

① 马克思恩格斯选集:第一卷[M].北京:人民出版社,1995:85.
② 马克思恩格斯选集:第一卷[M].北京:人民出版社,1995:120.

前的哲学家们思考的深入和宽广得多。① 马克思指出虽然自由国家对宗教、劳动、个人财产以及政治解放方面都保证了其自由，但是这并不是真正的自由。马克思所追求的自由是指人从所有异化、压迫和统治中脱离出来，甚至是从意识形态中解脱出来，自由的实现应当是"必须推翻那些使人成为被侮辱、被奴役、被遗弃和被蔑视的东西的一切关系"②。

（二）通过"人自身的解放"实现人的个性全面、自由的发展

马克思在《〈黑格尔法哲学批判〉导言》中指出，"德国人的解放就是人的解放。这个解放的头脑是哲学，它的心脏是无产阶级"③。关于人类解放理论的核心问题，马克思阐述了无产阶级以及这个阶级所具有的属性和他自身的历史使命，只有无产阶级的解放得以实现，人类的解放才有可能，即无产阶级只有解放了全人类才能让自己得到解放。从资本主义社会的生产方式的内在矛盾中我们可以看到无产阶级作为解放人类的主体力量而存在，无产阶级在历史中所处的地位和意义，以及"由于自己的直接地位，由于物质需要，由于自己锁链的强迫"，因而具有"普遍解放的需要和能力"④，这些都决定了必须通过解放它才能真正达到人类解放。

恩格斯指出空想社会主义者的错误在于他们"并不是想首先解放某一个阶级，而是想立即解放全人类"⑤。而科学的社会主义在空想社会主义要解放全人类的宏愿下从现代社会的真实情况出发，提出只有当无产阶级"上升"到政治领域时人类才能获得真正的自由和平等，可以说"完成这一解放世界的事业，是现代无产阶级的历史使命"⑥。马克思的劳动理论对近代以来所产生的人的抽象解放和虚假承诺进行了彻底的消解，他把人的解放放置于整个现实世界的解放之中并为实现真正的人类解放找到一条真正可靠的现实路径，这一路径大致可以分为三个阶段，即从阶级解放（政治解放）到社会解放（经济解放）再到人类解放（人的自我实现）的过程。从这三个发展阶段我们可以看到经济解放和社会解放是人的解放的前提和基础，这是马克思劳动理论对阿伦特行动理论政治解放意义上的彻底超越。

① 麦卡锡.马克思与古人——古典伦理学、社会正义和19世纪政治经济学[M].王文扬，译.上海：华东师范大学出版社，2011：239.
② 马克思恩格斯选集：第一卷[M].北京：人民出版社，1995：10.
③ 马克思恩格斯选集：第一卷[M].北京：人民出版社，1995：16.
④ 马克思恩格斯选集：第一卷[M].北京：人民出版社，1995：14.
⑤ 马克思恩格斯选集：第三卷[M].北京：人民出版社，1995：721.
⑥ 马克思恩格斯选集：第三卷[M].北京：人民出版社，1995：760.

　　"工人革命的第一步就是使无产阶级上升为统治阶级,争得民主",人类解放的政治前提即无产阶级的政治解放,这说明在资本主义社会中无产阶级无法完成自身的解放,无产阶级的政治解放一定是在自己的政治统治之下才能实现的,所以说无产阶级政治统治是需要无产阶级专政提供政治保证,马克思在提及无产阶级专政时指出,无产阶级专政只是一种"社会解放的政治形式",它是向无产阶级社会的一种过渡。这表明无产阶级专政在马克思那里只是实现共产主义的一种手段而不是目的,无产阶级解放的真正目的是通过推翻资产阶级政治统治,实现对资本主义社会的共产主义改造,从而实现人类社会制度的最高形式,即共产主义。所以我们可以说,马克思的无产阶级专政学说是为他的国家消亡论而服务的,并没有与极权主义有必然的理论关系;除此以外,无产阶级专政与无产阶级民主是一个问题的两个方面,马克思认为,无产阶级夺取国家政权是为了让自己享有原本属于自己的民主权利,这是无产阶级政治解放的根本内容和要求。

　　如果想形成国家权利内部的制衡关系,就必须首先消灭社会生产资料私有制和阶级对抗,并且同时为了自觉接受社会的制约而在社会普遍参与的基础上形成国家权力。在无产阶级成为统治阶级后,社会中不再存在剥削和社会压迫,所有社会成员都是平等、普遍地参与国家政治活动并共同决定国家权力的构成,国家是人民的公仆。马克思指出,共和国真正的民主制度基础是巴黎公社提出的"议行合一"原则,所以他才认为巴黎公社是"可以使劳动在经济上获得解放的政治形式"①。巴黎公社的历史任务是把本应属于社会的权力从国家那里还给社会,它是无产阶级掌握政权的一种最初尝试,"把靠社会供养而又阻碍社会自由发展的国家这个寄生赘瘤迄今所夺去的一切力量,归还给社会机体"②。实现巴黎公社所提出的目标需要两个步骤:第一步是通过建立无产阶级政治统治来再现共和国的真实"社会本质";第二步是国家阶级镇压的只能随着阶级被消除后慢慢开始走向消亡,国家自行消亡始自于当国家把管理社会的职能交还给社会后,公共权力自此失去了政治性质,所以说国家消亡的过程同时也是政治民主的过程,是人民参与国家政治管理的过程,其本质是"人民群众把国家政权重新收回"的过程,是"人民群众获得政治解放的政治形式"的过程。③

① 马克思恩格斯选集:第三卷[M].北京:人民出版社,1995:58－59.
② 马克思恩格斯选集:第三卷[M].北京:人民出版社,1995:57－58.
③ 马克思恩格斯选集:第三卷[M].北京:人民出版社,1995:95.

　　社会解放作为实现人类解放的重要一环是无产阶级的政治解放一定要建立在经济获得解放的基础上。"马克思发现了人类历史的发展规律，即历来为繁茂丛杂的意识形态所掩盖着的一个简单事实：人们首先必须吃、喝、住、穿，然后才能从事政治、科学、艺术、宗教等等。"①因此，共产主义必须建立在社会化大生产的基础上，必须建立在科学技术高度发达的前提下，必须建立在物质财富极大丰富的社会中才有可能实现，在《德意志意识形态》中马克思指出，共产主义的实现是以"以生产力的巨大增长和高度发展为前提"，马克思反复强调当人还不能满足自己的生存需要时根本谈不上解放问题，生产力作为社会发展中的重要因素它对整个社会发展起着基础性和决定性的作用，作为"自由人的联合体"应该"建立在个人全面发展和他们的共同的社会生产能力成为他们的社会财富这一基础上"②，在共产主义中"每个人的自由发展是一切人的自由发展的条件"，它以"各尽所能，按需分配"等原则为阶级解放、社会解放，为人类解放提供了可靠的社会形式。

　　马克思的人类解放理论从根本上说就是实现对"生活世界"的回归，将世界和人的关系都还给人自身，对人的本质和价值进行了还原，他认为人类解放需要以下两个方面的工作，即人对政治国家的改造以及人对自身利己主义的改造。马克思认为人的类存在与个体感性之间存在的矛盾会通过这两方面的改造被消解。对于第一方面，马克思在《黑格尔法哲学批判》中指出为了消除国家、社会以及政治对人权力的侵蚀和压迫，我们应该实行以普选权为形式的民主制度，这样可以形成人的国家、人的集体、人的社会所维护人的创造性活动的联合组织，也就是"只有当人认识到自身'固有的力量'是社会力量，并把这种力量组织起来因而不再把社会力量以政治力量的形式同自身分离的时候，只有到那个时候，人的解放才能完成"③。这里，马克思所提到的人一定是指具体的人，即生活在现实中的有血有肉的、活生生的人。但是国家在市民社会中把现实的人的类本质、共同性和普遍性都被夺取了，从此人成为一个利己主义抽象的人。以此为逻辑起点，人类解放何以可能？要想实现人类解放是否能绕开市民社会，跳出这一环节？答案自然是否定性的，现实生活中的个人必须通过克服市民社会，也就是人克服自我异化，只有通过现实的人的感性活动才能真正完成这种改造。那么，对于第二个方面即对人自身利己主义

---

① 马克思恩格斯选集：第三卷[M]. 北京：人民出版社，1995：776.
② 马克思恩格斯全集：第四十六卷上[M]. 北京：人民出版社，1979：104.
③ 马克思恩格斯全集：第三卷[M]. 北京：人民出版社，2002：189.

的改造,马克思在《论犹太人问题》中提出,改造的根本途径就在于消除少数人富裕多数人贫苦的"两极分化"现象,人们能够联合起来的条件在马克思看来只有当每个人都能够保障自己的生存基础,并且在此基础上还能够满足人的自身发展和对物质财富的享受时,人们才有可能联合起来继续进行创造性的活动。

马克思的人类解放是为了让原本分裂的人再次完整,他指出当人既是现实的人也是抽象的人的时候,当他通过自身的劳动、经验生活作为一种类的存在物的时候,当他认识到自身的力量并使其成为一种社会力量的时候,人的解放才算真正地完成了。人类的解放让人原本分裂的本质、社会生活、人的权力这三个方面重新结合在一起形成人的最真实状态。而当这一问题得到解决时社会存在的根本性矛盾也得以解决,共产主义的实现就是要废除私有制实现人的真正本质,让人与自然、人与人之间的关系恢复到自然状态,是所有对立形式,即自由与必然、个体与类、存在与本质中对立关系的消失。马克思认为,个人的解放与社会解放和类的解放是一体多面,当个人在"自由人的联合体"的类生活中"排除了一切不依赖于个人而存在的东西"时,他才是作为一个真正人而自由结合的并且他在这种自由联合中获得了真正的自由,他的利益、尊严和个性得到了全面的发展,马克思指出,共产主义绝不是以消灭个人个性来达到自由的,它使人的个性得到了真正的全面自由的发展。

二、自由是公共领域内的言行

(一)自由与诞生性、复多性

阿伦特在《什么是自由?》中对自由概念进行了区分,她认为自由不应该是理想主义所认为的思想当中的自由,也不是基督教所指的一直自由,更不是那种在多种可能性中进行选择的自由,也不是与必然性相对的否定性的自由,不是康德所说的超验自由,阿伦特认为人的诞生性和复数性体现了人真正的自由。

人的出生就如同自由一样具有一种开端的能力,开端的本意指的是去开始、去行动。阿伦特对自由的态度与古希腊的政治存在样式有关,但是她从未把自由进行概念化。阿伦特指出,与希腊哲学家在思想自由中感受到行动的无力、基督徒在意志自由中感受到自我意识的交战不同,行动的自由是一种积极的经验,是行动意愿和能力的结合,与现代的自由概念完全不同。

人的自由首先来自于在他自身以生命诞生的形式出现在宇宙中,这证明了人是一个开始者,他具有开端的能力。对于宇宙来说,地球上出现人类是一个进化的奇迹,人的生命的出现以直线性进入了自然界的不断循环的行动轨迹,新的生命的到来就是一次全新的开始,每一个人的出生都是一次新的开始。以科学行为主义的角度来看待在自然历史环境中出现人的生命是一个无法预料的奇迹,人的自由始于人的出生、开始。阿伦特用人的诞生性说明了人天生超脱于必然性,但是她进一步指出人具有诞生性来证明自身具有自由的能力,"因为他们 intium,就出生而言的新来者、开始者,所以人能创始,被促使去行动"①。行动的实现过程才是自由的真实体现,而不是一种潜能和天赋。"人是自由的——与拥有自由的天赋不同——只在于他们的行动,既不是之前也不是之后,自由和去行动是同一的。"②

真实的自由除了与人的诞生性有关之外还与人的复多性有关。阿伦特行动理论中的自由是指政治自由的实践,她不认为自由是一种人的内心感受或不受任何人打扰的生活,它应该是一种公共空间中才能接触到的人的存在样式。当然阿伦特并没有否定自由可以表现为精神独立或者是不受外界影响,但是她反复强调的是政治自由才是一切自由的基础,我们在日常生活中所感受到的自由其实都来源于公共自由。尽管在现代社会中到处充斥的都是非政治的内在的自由概念,但是人只有首先确实经历过什么是真正的自由状态后才能了解并去追求内在自由。阿伦特指出人对于自由的定义在与他人交往的过程中产生而不是形成于自我的对话中,"自由"首先被理解为一种人的身份,人拥有了自由身份就表明他可以离开家庭进入世界用自己的言行和行动与他人进行交往,这之后自由才作为一个意志和思想概念来被讨论。那么阿伦特所谈论的自由首先以解放(liberation)为先导,也就是说人只有先从生存的必须性中解脱出来才有可能得到自由,然而自由的身份并不是随着解放而来的,自由实现的另外一个重要前提是人从必要性中解放之后需要与他人在一个公共空间中进行交往和沟通,换句话说,在一个政治世界(解放后)中每个人都可以通过言说和行动加入这个世界。

(二)公共领域内的自由

阿伦特所理解的"自由"主要是指在古希腊城邦共同体的意义上的行动和言

---

① 阿伦特. 人的境况[M]. 王寅丽,译. 上海:上海人民出版社,2009:177.
② 阿伦特. 过去与未来之间[M]. 王寅丽,张立立,译. 南京:译林出版社,2011:153.

谈的"政治自由",这种自由是作为我们日常生活的事实存在的政治领域而不是作为一个问题出现的。对阿伦特来说,"自由的难题对于政治问题来说更为关键,没有哪个政治理论能任这个难题堕入'让哲学也迷失了方向的晦暗森林',还可以我自岿然不动"①。在古希腊,自由并非意志的特性,也非思想的特性,相反是自由人的身份。成为自由人意味着你可以到处活动,可以离开家庭,并可以通过言谈和行动进入世界——公共领域。② 也就是说,自由乃是城邦公民不是依凭他所拥有的财富,而是他的天赋才能和德性,能够自由地理解、自由地辩论和自由地贡献,从而实现一种共同生活。但阿伦特认为,在自前苏格拉底到古代最后一位哲学家普罗提诺的整个伟大哲学史中,自由一直都没有受到关注。

哲学传统并没有揭示出自由的真实本质,相反它把自由陷入了意志中,让它彻底从政治领域和人类的事务领域中退出。阿伦特认为,"只有古代政治共同体是明确建立在为自由人——既不是受制于他人的奴隶,也不是为生活必需品所迫的劳动者——服务的目标上"③。只有城邦中的自由才是真正的自由,因为在这一公共空间里"德艺"(virtuosity)④的自由得以充分展现,"自由成了一个看得见摸得着的世间实在,它作为一种可以被听见的词语和看见的行动,以及被人们在其最终融入人类历史的伟大的故事整体之前被人们谈论、记忆和编成故事的事件"⑤。自由概念、政治行动、公共领域在阿伦特的行动理论中紧密相连,她认为自由只能产生于行动,单独的自由并不存在,它总是伴随着他人的在场。

阿伦特认为,行动和政治在人的所有能力和潜能当中如果没有自由为前提条件的话是无法明确和言说的。她指出,自由不可能产生于劳动,因为在劳动中人受到生命必然性的约束,完全没有自由可言;同样在工作中的人受到制作对象和手段、目的的制约也不可能获得自由;而人只有在行动中才有可能与他人建立关系,才能在不受任何其他物质因素的影响获得自由,这才是真正的自由。所以阿伦特的自由只存在于公共领域中,当人没有自由的政治生活时他也失去了存在的意义,

---

① 阿伦特.过去与未来之间[M].王寅丽,张立立,译.南京:译林出版社,2011:138.
② 潘琳.阿伦特与现代性的挑战[M].张云龙,译.南京:江苏人民出版社,2012:143.
③ 阿伦特.过去与未来之间[M].王寅丽,张立立,译.南京:译林出版社,2011:146.
④ 孟德斯鸠称 Virtue(美德)或声望、卓越是一种总是努力做自己最好的和成为所有人中最好的,马基雅维利的 virtÙ(德)指的是一种优异,这种优异使人抓住世界展现在他面前的以命运的形式出现的机会,virtuosity 是对其意义的最好解释.
⑤ 贺照田.西方现代性的曲折与展开:第六辑[M].长春:吉林人民出版社,2002:379.

自由是人们保持共同政治生活的理由,因为只有自由存在政治才得以延续,而行动就是自由的经验场所。① 阿伦特从对自由的阐述中明确地表达了行动和劳动的不同,自由只能在行动的过程中获得而不是在劳动中实现的,在阿伦特那里,自由与行动永远紧密相连,甚至可以说自由和行动是一个问题,自由只能在行动的过程中得以实现,并且在行动中获得的自由是政治的本质。

"自由是一种政治的或公有社会的现象,而行动则是真正政治的核心。"② 自由离不开行动,还离不开公共政治领域,阿伦特的自由理论一定是在公共空间进行的,"没有一个从政治上得到确保的公共领域,自由就没有得以显现的在世空间",只有公共空间中才能实现真正的自由,我们需要的是一个可以与他们相遇的公共空间——"一个政治上组织起来的世界,换言之,每个自由人能以言辞和行动切入的空间"③。同时阿伦特还指出自由与公共政治领域之间的关系,自由一定是在公共政治领域中才能得以实现,自由并不会因为解放的实现就随之而来,因为它需要解放个人以外还要解放其他人,而这点只有在公共空间中才能最终实现,所以在阿伦特那里,行动、自由与公共领域之间是相互依存的关系,或者只有当人进入政治领域时,他摆脱了私人领域当中的家庭生活和劳动,只有"完全从生存必需性和生存必需性所从出的关系中摆脱出来"④人才能以公民身份进入政治领域,"惟有存在一种公共领域,才会出现一种不仅仅是人统治人的政治"⑤,政治自由才可能得到实现。阿伦特认为,古希腊和古罗马的自由概念是一个政治概念,它代表了一个合格公民的本质。自柏拉图开始政治哲学传统的基础就建立在自由与城邦及其公民的冲突上,自由从原来在行动和他人交往中体验变成了只能在个人的意志和自我交往中体验,随着古希腊城邦生活的衰落,政治自由的典范也随之消失,自由从与他人交往和对话中展开变成了征服他人的主权概念,一个关于自由意志的理念。⑥ 所以,当人们不再生活在公共空间时,他们就只关心与自身生命利益和私人自由等问题,而不再过问政治自由问题了。

阿伦特行动理论中的自由概念是为了说明她最终想实现的不是基于个体对共

① 阿伦特. 过去与未来之间[M]. 王寅丽,张立立,译. 南京:译林出版社,2011:139.
② 汉森. 汉娜·阿伦特:历史、政治与公民身份[M]. 南京:江苏人民出版社,2007:65.
③ 阿伦特. 过去与未来之间[M]. 王寅丽,张立立,译. 南京:译林出版社,2011:141.
④ 阿伦特. 人的境况[M]. 王寅丽,译. 南京:江苏人民出版社,2009:5.
⑤ 汉森. 汉娜·阿伦特:历史、政治与公民身份[M]. 南京:江苏人民出版社,2007:75.
⑥ 阿伦特. 过去与未来之间[M]. 王寅丽,张立立,译. 南京:译林出版社,2011:155.

同体反抗的自由,而是政治共同体中的自由。从这一点我们可以明确看到阿伦特自由概念与马克思自由概念的不同,马克思劳动理论是在对"真正共同体"的自由展开追求的同时对"虚假共同体"形式自由进行了批判,"在真正的共同体的条件下,各个人在自己的联合中并通过这种联合获得自己的实际自由"①,马克思的自由体现在每个人可以自由地展现其个性并得到全面发展;而阿伦特则认为真正的自由只存在于公共领域中,当然阿伦特只是想要回到古希腊的城邦生活中的自由状态中,她认为城邦是所有政体中最能实现言说和行动的自由空间,自由只有在这样一个政治性的世界中才能逃脱一切的必然性得以实现。② 由于阿伦特对希腊城邦生活的憧憬,她对政治与自由的阐述中总是离不开城邦的例子,她认为在古希腊城邦中人得到了自由行动和展现的舞台,但是这也仅仅只是在"城邦之内",城邦中的公民可以完全享受到政治自由,但是在"城邦之外"却是"无政治的"和"无自由的"。那么,阿伦特的自由最终只能是"精神和自由的概念"而与马克思的自由概念相比还远远没有达到"自由个性"的实践水平。总体来说,尽管阿伦特关注的是现实世界,但是她行动理论的最终旨趣却是要回到古希腊时期的城邦政治生活中,因为她更多的是对现实进行一种理论想象,所以阿伦特的劳动理论只是设想了一个公共政治领域的乌托邦的实现,但是与其他完全虚化的乌托邦不同,她提出的是一个"有用的乌托邦"。

第三节　真正的共同体与政治的共同体

一、自由人的联合——真正的共同体

(一)自由人的联合体

马克思提出的"自由人的联合体"是指通过对资本主义私有制的彻底扬弃而把人最终从被劳动、资本占有的模式中解放出来,它是"代替那存在着阶级和阶级对立的资产阶级旧社会的,将是这样一个联合体,在那里,每个人的自由发展是一切人的自由发展的条件"③。

①　马克思恩格斯选集:第一卷[M].北京:人民出版社,1995:119.
②　阿伦特.人的境况[M].王寅丽,译.上海:上海人民出版社,2009:16.
③　马克思恩格斯选集:第一卷[M].北京:人民出版社,1995:294.

马克思在《1844 年经济学哲学手稿》中指出,共产主义是通过对资本主义私有财产的扬弃来实现"社会的人"的一种"社会的存在"。在这里所提到的"社会"是与共产主义、"自由人的联合体"同样重要的概念,个体存在的方式一定是在社会中的某种形式,所以人的本质的展现同时也是社会生活的表现和确证。在《德意志意识形态》中马克思对"自由人联合体"进行了明确的表达,他认为,所谓自由人的联合体就是把所有可以联合起来的个人让其对全部生产力的总和进行完全的占有,也就是生产工具和财产要受到所有个人的支配。在这里我们需要注意,首先是自由人的联合体中包含着一种内在的自觉性,它一定是在把以前所有制度的自发性进行克服后才会使它们受到个人的支配;其次是自由人的联合体在经济上进行了解放,它让所有的物质条件及现存条件都为"所有人的联合"来服务。只有这样的一种自身具有自觉性的联合体才可以让人真正获得自由全面发展的能力,"自由人的联合体"区别于以往的联合体,比如在革命无产者的集体中就无法实现人的自由的联合,因为虽然集体中的个人也是作为一个独立的个体来参加的,但是这种联合的方式是把人的自由发展放在一定条件之下来让人进行发展的,所以它并不是一种真正的"自由人的联合体"。

马克思在接下来的理论研究中更为详尽地阐述了关于"自由人的联合体"这个新政治制度的设想,其中集中地阐述了两个关键的环节,分别是所有制和分配原则。在《共产党宣言》中,马克思提出了"将全部财产集中在联合起来的个人手里"的重要观点,在《资本论》中他又进一步地指出:"让我们对自由人的联合体进行设想,这一新的政治制度是将人的劳动力当作一个社会性质的劳动力来使用,并且在生产过程中是完全自觉地用公共的生产资料来进行生产,这样一来,生产出来的产品为社会共有;在分配制度方面,联合体在继续生产之前的生产产品中的一部分作为生产资料,另一部分则在联合体成员之间进行重新分配,重新分配的原则是按照每个劳动者的劳动时间的多少决定的。"总体上来说"自由人联合体"所生产出来的产品其性质是社会的。按照马克思的设想,"人们同他们的劳动和劳动产品的社会关系,无论在生产上还是在分配上,都是简单明了的"[①]。他在《哥达纲领批判》中进一步指出,按劳分配制度需要把它作为共产主义社会的一个阶段来看,虽然目前它在本质上还属于"资产本主义的法权",但是它会超出资本主义社会所给予的

---

① 马克思. 资本论:第一卷[M].北京:人民出版社,2004:97.

形态而最终走向共产主义。马克思的这一论述表明,关于"自由人联合体"的共产主义是从资本主义社会中发展出来的,所以它的身上一定会带有资本主义社会的痕迹,但是我们需要相信当社会制度充分发展以后,最终分配制度会从按劳分配转换到"各尽所能,按需分配"的理想分配制度上,当然其前提条件是"生产力也增长起来,而集体财富的一切源泉都充分涌流之后"①。

马克思将"现实中的、有生命的、从事实际活动的个人"在"自由人联合体"中尤为凸显,"各个人在自己的联合中并通过这种联合获得自己的自由"②,他把现实中的人作为其劳动理论的出发点,在其"自由人联合体"中每个人的自由发展成为所有人自由发展的前提条件,也就是说自由发展的个体是"自由人联合体"最终要实现的目的,"共产主义所造成的存在状况,正是这样一种现实基础"③。"自由人联合体"在马克思看来并不是一种新的制度体系,他所强调的是一种人与人之间新的交往形式,在这种交往形式中"个人"占有主要地位,这一点超越了以往哲学家提出的对资本主义现代性的批判、超越了"抽象的人"。真实的个人在马克思的理论中是"现实基础",马克思的"劳动解放"的本质是对每个个体进行关注,劳动解放是最终进行全人类解放的根本途径,是最终实现"通过人并且为了人而对人的本质的真正占有"④内容的真正实现,并最终确证了马克思"自由人联合体"所具有的真正的人道主义性质。

在马克思看来,个人自身全面发展的理想只能是个人通过集体中的"自由联合"才能得以实现,"只有在共同体中,个人才能获得全面发展其才能的手段,也就是说,只有在共同体中才可能有个人自由"⑤。"联合"在这里只是一种为了实现个人自由的手段,马克思提出的"自由人联合体"彰显着人与集体、目的与手段之间的辩证关系。马克思为什么要提出人只有在集体中才能实现真正的自己呢?他认为,在无产阶级革命者的集体中自由相互联合的社会化的人在对待自身与自然之间的物质交换关系时可以尽可能合理地调节,而不是让其统治自身,而是以消耗最小的力量的方法在人的本性条件下与物质进行交换,既不让物质成为人的主宰,同

---

① 马克思恩格斯选集:第三卷[M].北京:人民出版社,1995:304.
② 马克思恩格斯选集:第一卷[M].北京:人民出版社,1995:119.
③ 马克思恩格斯选集:第一卷[M].北京:人民出版社,1995:122.
④ 马克思.1844 年经济学哲学手稿[M].北京:人民出版社,2000:81.
⑤ 马克思恩格斯选集:第一卷[M].北京:人民出版社,1995:119.

时人也不形成以物为依赖的关系。在《德意志意识形态》中,马克思对这一问题进行了深刻论述,他指出基于历史方面的原因提出了"自由人联合体",这一历史方面的原因主要与生产力发展方式的变革有关。以往人的生存和发展都受到偶然性和自发性的影响,自然对于人来说是与人对立的力量;而当生产力再继续发展时形成了初级意义上的分工,一部分的人自发地、不可避免地产生联系,这种联系并不是出于个人的意愿而是出于社会生产的需要,于是在这种情况下,它就成为一种异己的、与人对立的物的力量。通过改变并消除这些前提的自发性,才可以为个人的支配提供前提条件,最终实现个人在集体中的自由全面发展。

马克思对于资本主义进行了如下批判,他认为虽然通过资产阶级革命人要比以前更为自由一些,但是这是在一定条件和一定阶级内实现的自由,并不是人的本质的真正自由。在资本主义社会中由于受到私有制的影响人在外在形式上感觉到了更多的自由,但是从本质上来说人变得更不自由了。马克思对资本主义社会中的自由进行了深刻的论述,他指出资本主义社会中的自由被伪装成了一种进步,"各个人有可能利用偶然性。这种在一定条件下不受阻碍地利用偶然性的权力,迄今一直称为个人自由"①。马克思在《资本论》中指出,自由王国的实现的前提是当劳动恢复到自由自觉的活动状态,同时自由必须经过从必然王国进入自由王国才可能实现。从"必然国王"进入"自由王国"的意思是指,在"必然王国"中人的生产是为了满足自身生存的需要,那么随着人的不断发展他的需要也会不断扩大,在这种被必然性控制的领域内人的自由实现形式只能被限制在通过调节人与自然之间的物质交换关系中,靠不断调整矛盾来找到消耗最小的方式来进行物质交换,但是这最终还是没有摆脱必然性的控制。而"必然王国"的彼岸就是"自由王国","自由王国"的目的就是实现人的自由全面地发展,但是"自由王国"的实现一定是在"必然王国"的基础上才会实现的。这也是为什么恩格斯称马克思的自由是"从必然王国进入自由王国的飞跃"。

马克思指出,共产主义的实现理想就是要通过社会革命来实现对资本主义私有制的扬弃以及建立社会主义社会,最终让人在"自由人的联合体"中实现自由全面的发展。马克思"自由人的联合体"的提出是为了把人从所有虚假的共同体形式中解放出来以让人得到真正的自我实现。

---

① 马克思恩格斯选集:第一卷[M].北京:人民出版社,1995:122.

（二）对虚假共同体的批判

马克思在阐述"共同体"思想时对黑格尔的"国家观"和资产阶级的"货币共同体"进行了批判,他指出黑格尔颠倒了国家和市民社会之间的关系,黑格尔认为由于国家代表了"有规定的形式"所以国家是私人家庭和市民社会的基础,然后马克思发现在资本主义现实状况下国家并没有按照黑格尔的设想符合它的"理念"要求,相反在一定的特殊利益的影响下,国家被降低为一种资产者,它所代表的普遍自由被不停地巩固,而作为真实的人的自由却反而被虚化。马克思看到了这一点并对其进行了批判,他指出与黑格尔所说的国家观正相反,不是国家决定了家庭和市民社会,而是家庭和市民社会决定了国家。从社会的现实情况中看国家的独立性来源于市民社会,"国家的唯心主义的完成同时也是市民社会的唯物主义的完成。……政治解放同时也是市民社会从政治中获得解放,甚至是从一切普遍内容的假象中获得解放"①。

马克思指出,在虚假的共同体下谈政治解放不可能实现人类解放,因为在"国家"的政治体制下个人与社会的联系是被异化的,或者说"国家"作为一个整体都是异化的,如果想恢复个人与社会之间的真实联系我们不能通过对公民领域的隔离来实现,而是应该积极对其进行重构和恢复,"国家"这一政治形式代表的是一种虚幻的普遍性,它"表现为单纯流通手段这样一种奴仆形象,一跃而成为商品世界中的统治者和上帝"的"货币",它自身成为新的"共同体"进而代替了古代的共同体,然而由于货币牺牲掉了对于特殊需要对象的一切关系,它不能容忍任何其他共同体凌驾于它之上,它依然是"使抽象的享受欲得到实现"②。

如何实现人的自由全面发展,马克思对此进行了深刻的探讨。他认为应该对社会进行辩证的分析以此来确证普遍性存在于现实生活中而不是外在的虚幻共同体中。而这种真实的普遍性只能在"自由人的联合体"中实现,与国家中抽象的人的自由不同,"自由人的联合体"实现的是"所有人的自由"。马克思指出,只有在真正的共同体中个人才会有实现自身自由的可能性以及获得实现自身自由的必要手段,以前的虚假共同体的组成方式是由一个阶级反对另一个阶级的联合所组成的,在这样的联合形式下人的自由只能在特定的统治阶级的范围内实现,对于统治

---

① 马克思恩格斯全集:第三卷[M].北京:人民出版社,2002:187.
② 马克思恩格斯全集:第三十卷[M].北京:人民出版社,1995:174.

阶级内部来说人的自由发展是可以得到保障的,但是对于被统治阶级而言所谓的自由不但没有实现的可能性,它还成为自身新的桎梏。在真正的共同体中通过人自由的联合所获得的自由才是真正的自由状态,实现"自由人的联合体"的过程就是人自身实践的现实。"自由社会"成为未来社会与旧社会之间的分水岭,马克思提出的"自由人的联合体"中包含着一种"社会本体论"的意味,他把个人的基本范畴都归类为社会的和公共的,在这种"个人"的基础上设想了由这样的一种状态的人来组成的集体,在这个共同体中作为自由的人才意识到自身活动的可能性,并且人与人之间可以互相联系并且提高彼此的个性。马克思指出,这种"社会"的基本范畴是个人、关系、劳动自由和正义。人的自由个性的实现应该就是在这样的真正集体之中,而不是在虚幻的存在中去通过自由政治的形式来得到,从另一个角度理解"自由人的联合体"是人在感性的世界中不断展开本质的实践过程。

(三)真正的共同体:公共领域的另一种样态

马克思从黑格尔的"国家观"出发对政治国家进行了批判,他认为黑格尔点到了市民社会和国家之间的关系,在黑格尔对"国家"的论述中把绝对理性的辩证思维作为其理论的出发点,以公共利益为主的国家成为以私人利益为主的市民社会的表现形式,国家是家庭和市民社会存在的基础,市民社会的存在体现了国家利益,然而在马克思不断考察资本主义社会现实时却发现,资本主义私有制下的国家情况并没有符合黑格尔所说的"理念"和"形式",因此马克思得以发现国家和社会之间的真正关系。马克思认为与黑格尔设想的正相反,在现实情况下国家是由家庭和市民社会所组成的,国家并没有制约和决定市民社会而正是市民社会制约和决定了国家,至此马克思提出了对政治国家的超越,必须通过消除国家这个虚假的共同体以实现"自由人的联合体"的真正共同体,无产阶级"也就同社会的各个人迄今借以表现为一个整体的那种形式即同国家处于直接的对立中,他们应当推翻国家,使自己的个性得以实现"①。想要消灭国家的存在必须首先完全摆脱国家的政治性质,这是无产阶级的首要问题,但是我们不可能把国家这种形式在短时间内进行消除,而是必须通过循序渐进的过程,依靠不断发展生产力,当物质生产发展到一定阶段时,阶级就会和生产力成为一种矛盾,而当矛盾解决时阶级就被消解

---

① 马克思恩格斯选集:第一卷[M].北京:人民出版社,1995:121.

掉,国家这种形式的虚假共同体也就消失殆尽了。国家在生产力不断发展的过程中慢慢地消解为历史,"在生产者自由平等的联合体的基础上按新方式来组织生产的社会"①,"生产者自由平等的联合体"指的就是自由人的联合体,即对超越国家形式的真正共同体,这是从消除国家形式的维度对"自由人的联合体"进行的概念厘定,即"自由人的联合体"是一种对政治国家形式进行超越的非政治的联合体。

"自由人的联合体"不但需要对国家这种虚假共同体进行消解,同时还需要在经济制度方面进行变革。马克思在对未来社会的构想时指出"自由人的联合体"的经济基础是社会个人所有制,它是在扬弃资本主义私有制的基础上建立起来的。这一结论是马克思通过对资本主义经济情况的分析中得到的,尤其是他以劳动作为原型来对资本主义社会进行分析时发现了异化劳动,并且把异化劳动和私有财产联系在一起。他指出,就如同要进行人的解放一样,在把人从异化劳动中解放出来恢复人的真实本质的同时也要把整个社会从私有财产中解放出来,只有这样,属于人本质特征的自由和解放才得以真正实现。人类解放的构想在马克思那里并不是凭臆想判断而随意提出的,他是在对资本主义社会的现实情况进行批判的基础上进行阐发的,其中私有制和剩余价值的发现为他的学说奠定了坚实的理论基础,由此提出人的自由解放与私有制的批判之间的直接关系,只有建立和实现自由人的联合体,才能真正实现人的自由,才能让人类解放。

马克思指出扬弃私有制就必须依靠无产阶级对占有现有生产力总和的完成,"占有只有通过联合才能得到实现"②,而这一历史使命就落在了无产阶级的身上,他们必须通过革命的形式来推翻资本主义私有制,占有资产阶级所生产的社会财富和一切生产资料,这是消除私有制的根本途径,在"个人对生产力总和的占有"的过程中形成了个人所有制,"联合起来的个人"意味着共同所有,个人所有制的含义是个人所有与共同所有的统一,这是对私有制的真正扬弃,只有通过建立个人所有制才能真正实现人的自由全面发展,在马克思对资本主义私有制进行批判的过程中,他将个人所有制等同于公有制。

马克思指出,在公有制阶段劳动与所有制也是分离的,但是这与资本主义私有制与劳动分离的情况完全不同。在资本主义私有制的情况下,劳动的分离是劳动

---

① 马克思恩格斯选集:第四卷[M].北京:人民出版社,1995:174.
② 马克思恩格斯全集:第一卷[M].北京:人民出版社,1995:129.

的异化,而在公有制阶段它经历了"否定之否定"的过程,首先是个人所有制把劳动作为自己的基础,并将生产资料与劳动者相结合;其次,劳动者和生产资料相互分离后,资本主义私有制对个人所有制的分散性进行了否定;第三,在"自由人的联合体"中的所有制对资本主义私有制进行了扬弃,劳动者重新与生产资料联合在一起,形成了联合体对生产资料的共同占有,但是同时又是对个人占有生产资料权力的认可,这种形式既认可了共同占有又承认了私人占有,它是社会对生产资料进行占有并且将劳动者集中起来进行生产,这样在维护集体利益的同时也维护了个人利益。马克思所提出的自由人的实现就是在这一阶段,他要"重新建立个人所有制"①,而这一阶段已经蕴含在资本主义的生产方式当中,在资本主义私有制当中的社会大生产为共产主义的产生提供了前提条件,生产力的快速发展为社会的发展以及人的全面发展提供了动力,当物质达到极大丰富后人人都可以占有生产资料时,原来劳动者与生产资料之间的矛盾关系就自动瓦解了,"实际上已经以一种集体生产方式为基础的资本主义所有制只能转变为社会所有制"②。

在对马克思理论的研究中我们注意到,马克思在使用社会所有制时,他是把社会所有制与公有制、个人所有制都等同起来,而所谓重建"社会所有制"在本质上就是重建个人所有制,因为社会包括了共同所有和个人所有,所以马克思用社会个人所有制就能更加凸显其本质上是"自由人的联合体"的根本性质,社会个人所有制是对资本主义私有制的彻底扬弃,它使得人能够最终实现自身的全面自由发展成为可能。

马克思在阐述自由人的联合体时指出所有人的自由和个性都会得到全面发展,人和自然、人和人之间的矛盾在自由人的联合体中将不复存在,人和自然、人与社会的关系会在一种融洽的氛围内相处,人会得到全面发展,社会会得到全面完善。当生产力达到一定水平时,当物质财富达到一定程度时,人们不会再因为自身的需求而把自己当作物来使用,那时人的发展成为社会的主要任务,"个体生存斗争停止了"③,人在生产力不断发展、社会不断发展的过程中脱离了动物界,拥有了掌控自然界的能力,成为社会的主人,当人可以掌握异己的力量来创造历史时,人类就从必然王国走向了自由王国。马克思指出,生产力的发展带动了社会的不断

---

① 马克思. 资本论:第一卷[M]. 北京:人民出版社,2004:874.
② 马克思恩格斯选集:第三卷[M]. 北京:人民出版社,1995:341.
③ 马克思恩格斯选集:第三卷[M]. 北京:人民出版社,1995:633.

进步,从而使得人的个性和自由发展得以可能,当社会与人之间的关系处于良性循环时,即社会的进步促进了人的自由的实现,人的自由又可以促进社会的进一步发展,二者的关系可以是互为支撑、互为目的的。马克思在对未来社会进行描述时指出,只有当我们从必然王国进入自由王国时共同体才能实现,马克思通过以劳动为原型对资本主义社会的现实情况进行分析和考察后,他提出了要在自由人的联合体中实现人的自由发展,最终实现全人类的自由解放,这是马克思的理论落脚点也是他的理论归旨。马克思从"现实的人"出发,对社会的现实情况进行了批判,正是在此基础上他才认为在自由人的联合体中个人的全面发展是有可能实现的,同时也就不难理解马克思所提到的"工人的解放还包含普遍的人的解放"。与以前的社会形式相比,在固有的劳动分工下人只能按照规定来完成自己的工作,这最终导致了人的异化。而在自由人的联合体中则不然,"任何人都没有特殊的活动范围,而是都可以在任何部门内发展,社会调节着整个生产,因而使我有可能随自己的兴趣今天干这事,明天干那事,上午打猎,下午捕鱼,傍晚从事畜牧,晚饭后从事批判,这样就不会使我老是一个猎人、渔夫、牧人或批判者"①。马克思指出,"在自由人的联合体中人可以真正地展现自己,拥有广泛的兴趣爱好,拥有广博的知识和能力,一切都是因为人的自由意愿而去做包括劳动,全面发展的人拥有足够的闲暇时间,劳动实践就不再是,而且必然不再是财富的尺度"②。当进入未来社会时,生产力水平和社会财富已经完全可以满足人们的发展需要,劳动则不再是人为了生存而满足自身的活动,它应该是人的自由自觉的活动,人可以自由地支配时间并拥有充分的发展空间,人不再被物所束缚而是可以自由地在文化、艺术、科学和社会交往中展示自身,个人的发展是全方位的,在真实的共同体中,每个人的全面发展使人们摆脱了生产力的束缚,人与人之间的也恢复到真正的"属人"的交往关系,人们从之前备受限制的社会交往中抽离出来,人可以同整个世界进行生产交往并利用全球性的生产来达到自身的自由全面的发展。

马克思的真实的共同体,以及自由人的联合体必然要经过国家政治形式的消亡和生产力生产方式的变革,只有真正地实现自由个性的全面发展才能证明关于自由人的联合体的设想不是一种乌托邦,而是立足于现实社会情况批判的、立足于

---

① 马克思恩格斯选集:第一卷[M].北京:人民出版社,1995:85.
② 马克思恩格斯全集:第四十六卷下[M].北京:人民出版社,1980:218.

历史现实本身的构想,而这一构想我们可以看作是公共领域被重构的另一样态,在未来社会中,人们以社会个人所有制为基础,生产力高度发达以及物质财富极大丰富,所有生产、消耗的材料都是按需分配,人与人之间的关系不会再因为是否占有生产资料而产生矛盾,人与自然的关系不会因为是否被过于对象化而变得不和谐,人在未来社会中会以高精神境界、高道德水平、更加自由更加全面的方式生存着,马克思则是从现实层面出发来论证了自由人联合体的实现可能性。

二、"言说"和"行动"本真的展开——政治的共同体

在现代社会政治公共领域的衰落已成定局,许多哲学家在面对这种情况时都在认真地考虑如何重构公共领域以解决现代性危机带来的"政治"消失的问题。但是我们需要更深刻地思考这个问题,即对公共领域的重构在我们这个时代何以可能?如何恢复公共领域政治生活曾经拥有的公共性光辉?马克思和阿伦特都为我们提供了坚实的理论基础,阿伦特呼唤我们恢复到古希腊城邦政治生活中人的真实状态,而马克思的劳动理论最终指向了自由人的联合体,他认为自由人的联合体超越了政治的公共领域,因此从政治公共领域走向自由人的联合体,或许是实现人的最终解放的一条可能的道路。

(一)对现代性的双重理解

阿伦特认为我们必须回到传统观念中来对现代性问题进行重新的审视。个体自由的发挥程度是古代社会与现代社会的最大区别,自文艺复兴以来,个体自由成为社会、人类所共同认可和追求的目标,人在精神层面上要求实现个体自由,同时个体自由本身也得到了社会的普遍认可,而之所以个体自由得到如此巨大发展离不开我们对传统养分的汲取。阿伦特的行动思想认为现代社会自由民主制度的确立以及最终对主奴关系的彻底扬弃,这些都使人最终获得了个人价值和政治尊严,现代性的积极一面是结束了人总是要获得他人认可的斗争,但是历史仍然前进。阿伦特对现代性批判的结果就是她看到雅典政治城邦的积极可取之处,她以其为原型呼唤人们回到亚里士多德式的古典政治哲学中来寻找实现人的本质,即政治行动本质的诉求。

阿伦特的劳动理论中时刻都可以体会到古代与现代之间的紧张关系,她肯定了现代性带给当今社会的积极性一面,但是同时她也指出正是现代性的无限扩张

才造成了人对政治的离弃。在她对现代性的批判中我们可以看到阿伦特自身的叛逆性,虽然我们需要革命的力量来批判一切旧事物,但是真正的革命不是在反叛中对政治进行消解,"一个传统的终结并不必然意味着传统中的观念已经完全丧失了对于人类心志的控制。相反,一旦一个传统丧失了活力,对于起源的回忆日渐淡漠,那些陈腐的观念以及范畴有时候会变得更加专横;只有在传统的末日来临人们甚至不再反抗它时,它才可能暴露出它的所有强制性力量"①。所以阿伦特的行动理论需要去除与消极因素有关的所有不利因素并吸收传统中的积极因素,同时人因为其理性的不断扩张致使一个神话代替了另一个神话。

"阿伦特对西方政治哲学传统的批评就揭示出了它最有争议的性质:这种传统关注的是对政治进行思考,而不是作为政治来思考,尽管它最深刻的推动力要求它靠政治生活来自我理解。"②阿伦特对现代性的批判与以往的批判有所不同,她改变了现代性批判的立场,从总体上来说,阿伦特并没有为如何解决现代性问题提出一个明确的答案,她只是为人们提供了一个思考的方向。阿伦特对现代性政治生活本真意义的消失感到失望,她的批判经常被人称为是现象学的现代性批判,这种批判的方式是力图对于人类生活本身的本真面貌的揭示,这既是现象学的本义也是阿伦特现代性批判精神的重点所在。阿伦特的现代性批判以对极权主义的批判为发端,但是我们需要注意的是,她的理论针对点并没有仅仅停留于此,她没有以如何建立一个更好的制度作为从现代性危机中挣脱出来的最终目的,她的行动理论一直关注的是政治方式的转变、立场的转换,她一直想让生活在现代社会中的人看到古代政治生活的公共性光辉,对现代性的批判只不过是阿伦特进入现代政治的一种方式,她最终要实现的是在对现代性进行批判的过程中重构公共领域,同时也是她恢复古希腊时期城邦政治生活中的一步,这正是阿伦特劳动理论的独特之处。

(二)对公共领域的现代性批判

"为了在现代世界中捍卫人的尊严,并因此捍卫人权,我们需要一个有意义的共同领域和共享的现实。阿伦特一生都在尝试着这个重建……"③阿伦特的行动

---

① 贺照田.西方现代性的曲折与展开[M].长春:吉林人民出版社,2002:406.
② 汉森.汉娜·阿伦特:历史、政治与公民身份[M].南京:江苏人民出版社,2007:226.
③ 潘琳.阿伦特与现代性的挑战[M].张云龙,译.南京:江苏人民出版社,2012:135.

理论是要通过对公共领域进行现代性批判把人类重新拉回到现实世界和人的真实境况本身,她坚决反对靠沉思来对外部世界进行想象,用猜测的方式来设想外部世界,因为这些想象对世界本身而言没有任何作用。当然阿伦特不是指为了获得世界的客观性而让我们努力掌握对地球以及我们生存境况的情况,她所要指出的是世界是人的世界,是人们进行交流互动的场所,我们只有无限地去不停触及我们所身处的这个现实世界才能够时刻保持自身不陷入虚无主义,避免自身对世界进行臆想而带来幻想,而这正是需要公共领域出现的根本性原因。当公共领域被重建时,它以祛魅的方式把我们对于世界性、公共性不切实际的幻想通通消解掉,世界不是神的世界也不是充满噩梦的世界,它应该是属人的世界。阿伦特认为公共领域的现代性批判应当经过一次伽利略式的转变,它应该进行区分和改革以达到真正的重建。首先是进行明确区分,其中包括对私人领域、社会领域与公共领域的区分,还应该对公共领域所涉及的事情进行界定和区分,就像康德为理性进行设限一样,我们应该给人的境况留下合理的思考空间,把沉思所带来的猜疑、怀疑通通去掉,阿伦特指出在她所研究的公共领域的范围内不可以掺杂这些不真实的因素。从这一点我们可以看出阿伦特在对现代性批判的过程中所展现出来的一种科学性,她的劳动理论最终要给人们带来的是对政治生活信心的恢复,并指出政治的信心来自于我们不断发生、不断行动以及人不断向自身敞开的过程,而不是产生于人的不断认识及确证理性的过程中。

通过阿伦特行动理论我们可以从一个独特的视角来重新审视公共领域问题,不同于一般性的现实批判,阿伦特想要实现的是人恢复对古希腊城邦政治的理解以及重构公共领域的政治生活。虽然在她的著作中关于政治的论述很少,但是她在构建整个行动理论的过程中却无时无刻不在阐述着什么是政治的本真状态,我们应该如何回到政治生活中去。阿伦特的行动理论可以说一方面为实现公共领域的重构、实现政治革命提供了理论基础,另一方面为人如何认识自身的真实境况打开了一个新的视角。正因为阿伦特自身的犹太人身份及经历让她看到了极权主义时期人们对于政治的冷漠,她看到了如果人没有政治和放弃政治之后社会将会走向何处。在这里我们要注意阿伦特所提倡的政治生活并不是在现代政治制度和规范意义上提出的,她是在呼唤人们重新燃起对政治的热情,唤醒人们曾经在政治生活中所拥有的优良品质,让人们看到政治给人们的生活所带来的合理交往。因为阿伦特的劳动理论的提出是为了给人们提出一种政治改革的可能性,她通过公共领域的现代性批判来让人们转变对政治的认识,对重构公共领域认识的变革,纠正我们已经偏离的世界观,从而达到更好的生存状态来面对美好的生活世界。

(三)用行动和言说来展开的公共领域

阿伦特认为重构公共领域的目的在于让人们的政治生活可以得以真实的展开,她的公共领域在根本上是为了让人在其中可以真正地实现自己,凸显自己的个性的卓越的"个性显现的共同体",即政治的共同体。

阿伦特指出,人们对卓越追求的行动需要这样一个合适的空间,即世界。在公共领域中教育和独创性或者天赋都不足以让人们成为卓越的存在,而只有世界性才真正地实现了人的卓越之所在。所以人为了自身言说和行动得以可能,就必须保证人在公共空间中以展开自身表现出言说和行动的状态。当然人的行动必须使在一个可以展开其自身的空间中进行,在这一空间中任何破坏平等性和相互性的行动都是被禁止的。所以,阿伦特极力批判现代国家的政治体制中的暴力和强迫,她认为真正的政治生活应该是在其中生活的每个公民都自发参与政治,那么强制和其他利益的因素就应该从真正的政治生活中排除,我们只有回到前苏格拉底时期的古希腊城邦中才能真正实现这样的公共政治生活,在这里人们只需要沟通和对话就可以解决一切纷争。只有在真正的政治共同体中才能体现人在言说和行动时的差异性,而在现代国家的政治体制中经常要求公民做到的是完全"一体化",这是阿伦特极力反对现代性的一点,她认为只有真正做到能让行动展开进行言说和行动的空间才是符合政治本真状态的"公共政治秩序"。

阿伦特认为真正的"本真政治"的公共领域,其本质应该包含以下含义,首先是其对政治的定义,真正的公共领域其本质一定是"公开"和"显现"的场域;其次它是公民进行政治生活的重要场所,也是证明公民对政治关心的体现。① 阿伦特为此对"公共领域"和"私人领域"进行了区分,她认为公共领域中不包括人的劳动、工作以及人的情感和伦理关系等,这些都只属于人的"私人领域"范围。公共领域所包含的是人自身的敞开及与他人之间的关系,人可以选择在公共领域"自我彰显",用言行来表达自己;同时他还可以与他人进行对话和沟通,在自由平等的方

---

① 蔡英文.政治实践与公共空间——阿伦特的政治思想[M].北京:新星出版社,2006:242.

式下通过讨论、沟通和说服来共同参与公共事务,以此来开创人自身的政治生活。

我们可以看到,阿伦特所提到的公共领域是一个人自身敞开和行动的场域,这一场域是由人的言行构成的动态性的敞开空间,而不是现代国家政治体制形式下的所谓政治秩序的抽象、固定的结晶体。

阿伦特认为"言说"和"行动"是政治本真状态的显现,正如人的言行通过他的行动来体现一样,政治活动体现出的也是人的个性,人只有在言说和行动的过程中才能真正展现自身的个性,同时与他人形成联系。① 阿伦特指出,当人自然地进行言说和行动时公共领域就随之敞开了,它是人展现自身卓越个性的空间和场域,它"是一个所有人共同聚会的场所,每个出场的人在里面有不同的位置,一个人的位置也不同于另一个人的,就像两个物体占据不同位置一样。被他人看到或听到的意义来自于这个事实:每个人都是从不同的角度去看和听。这就是公共生活的意义"②。

我们可以看到阿伦特的公共领域显然是在一个维度下来阐述的,与马克思的劳动理论所描述的自由人的联合体相比显得单薄且无力。阿伦特的行动理论对政治公共领域的建构似乎并不成功,同样在现代性视阈下阿伦特最终忽视了考察社会的经济维度,把社会现实的因素从理论中刨出像一个古代人一样来看待当今的时代问题,显得有些不合时宜。马克思劳动理论对阿伦特行动理论的超越之处在于,马克思以历史唯物主义为立足点,从资本主义社会的经济情况现实出发分析得出,资本主义的私有制是其问题的根源,并运用历史辩证法来进行批判后指出资本主义制度是必然灭亡的而共产主义却是必然到来的,最终实现自由人的联合体,这是重构公共领域的另一种样态。马克思从阿伦特所说的政治公共领域走向了自由人的联合体,展现了公共政治生活的真实光辉。与马克思的劳动理论相比,阿伦特的"政治"固然精致,但是马克思劳动理论的丰富性内涵具有无限的意义。

本 章 小 结

本章在上一章(分析马克思劳动理论和阿伦特行动理论的不同哲学实现路径)的基础上,主要选取了异化、自由、共同体这三个聚焦问题来对二者的思想进行

---

① 蔡英文.政治实践与公共空间——阿伦特的政治思想[M].北京:新星出版社,2006:244.
② 阿伦特.人的境况[M].王寅丽,译.上海:上海人民出版社,2009:38.

进一步的分析。通过分析我们可以看到,虽然他们都关注人、自由和共同体问题,但是这些概念在二者那里的意义是完全不一样的:马克思所理解的人是从事实践活动的现实的人,而阿伦特所理解的人是在古典视角下的政治性的存在;马克思追求和实现的是人的感觉和一切特性获得彻底解放的"个性自由",而阿伦特却是追求和建立一个自由言谈和行动得以保障和实现的"公共政治空间";马克思追求的是"代替那存在着阶级和阶级对立的资产阶级旧社会的,将是这样一个联合体,在那里,每个人的自由发展是一切人的自由发展的条件",而阿伦特旨在建构一种可以保障人们的政治生活得以开展的"公共空间",一个包含和凸现人的个性和卓越的"个性显现的共同体"。通过在现代性视阈下对马克思劳动理论和阿伦特行动理论所聚焦问题的具体分析,我们可以更加明确地看到,马克思与阿伦特分别代表了透视和超越现代性的两种不同的哲学范式。

第五章　超越与回归:人的解放何以可能

现代社会的不断进步促使人们产生人类必然由不成熟走向成熟,实现自由个性的解放信念。马克思以劳动理论超越西方政治哲学传统,为现代性视阈下人的解放问题提供了一种可能的思维模式:哲学的政治实现。而阿伦特则是以行动理论对西方政治哲学传统进行了修复,期待着向古希腊政治城邦的复归,对于人的解放问题提供了另一种思维模式,政治的哲学实现。这两种模式都是在对人的解放问题的关切下为了正确理解和把握人和人类世界,提供一种尊重差异开放交流的平台来使得解放成为可能。但是,两种模式最终得到的结果却截然不同,马克思走向了真正的人类解放,阿伦特则是止步于政治解放。

第一节　马克思劳动理论——人类解放行进在自由路上

马克思指出,人类的解放就是对人的自由全面发展的最终实现,这是人类一直以来不断追求和不懈奋斗的目标和价值。他认为,人类本质的解放其实就是对人生存方式进行解放,对劳动进行解放,只有对劳动进行解放人类才能最终得到解放,"任何解放都是使人的世界和人的关系回归于人自身"[①],人的解放蕴含在现实的个人身上,从人能动的生活过程中得到确证的可能性。

一、对异化劳动和私有财产的扬弃

马克思认为对资本主义私有制进行扬弃是实现人类解放的根本途径,对于实现人类解放,他认为"共产主义是私有财产即人的自我异化的积极的扬弃,因而是

---

① 马克思恩格斯全集:第三卷[M].北京:人民出版社,2002:189.

通过人并且为了人而对人的本质的真正占有。因此,它是人向自身、向社会的(即人的)人的复归,这种复归是完全的、自觉的而且保存了以往发展的全部财富的"①。

马克思在《德意志意识形态》中对劳动的实质进行了详细的阐述,他指出,社会异化的力量包括资本主义生产力及其社会关系,同时,在资本主义生产关系下劳动也是一种异化力量,"在这里,劳动仍然是最主要的,是凌驾于个人之上的力量"②。正因为人们在资本主义社会中的劳动分工是通过自然形成的而不是出于自身的意愿,所以劳动在生产的过程中变成了异化劳动,"分工和私有制是相等的表达式,对同一件事情,一个是就活动而言,另一个是就活动的产品而言"。在资本主义社会生产力下由于受到了私有制的影响,劳动者由于受到了分工的制约所产生出来的一种社会力量,即异化劳动。马克思指出首先消除异化劳动进行劳动解放才能最终实现人类解放。

马克思进一步指出劳动解放的实质,他认为:"同生产力并同他们自身的存在还保持着的唯一联系,即劳动,在他们那里已经失去了任何自主活动的假象,而且只能用摧残生命的方式来维持他们的生命。而在以前各个时期,自主活动和物质生活的生产是分开的,这是因为他们是由不同的人承担的,同时物质生活的生产由于各个人本身的局限性还被认为是自主活动的从属形式……"③马克思在这里提出与异化劳动相对的"自主活动"就是劳动的本真状态,即人的自由自觉的活动,它曾经以一些片面的活动形式在历史中存在过,即除劳动以外的道德、政治实践及艺术创作等活动。马克思把劳动定义为"自主活动"就是对劳动本身的两种状态进行了区分,他认为劳动不再以一种先验价值假设的形式存在而应该把它看成是人生命实践的过程,劳动从"异化"到"自主"过程就是劳动自我解放的过程。同时,"劳动向自主活动的转化,同过去受制约的个人交往向个人本身的交往的转化,也是相互一致的"④。在这一转化的过程中实现的是人的个体的解放。

马克思在这里已经指明,并不是只有资本主义才会产生异化劳动,在不同的历史形势下,不管是在资本主义社会中还是在资本主义社会以前,"在奴隶劳动、徭役

---

① 马克思.1844年经济学哲学手稿[M].北京:人民出版社,2000:51.
② 马克思恩格斯选集:第一卷[M].北京:人民出版社,1995:104.
③ 马克思恩格斯选集:第一卷[M].北京:人民出版社,1995:128.
④ 马克思恩格斯选集:第一卷[M].北京:人民出版社,1995:130.

劳动、雇佣劳动这样一些劳动的历史形式下，劳动始终是令人厌恶的事情"①。当马克思在不断对经济学进行深入研究的过程中，他对劳动的认识更加深刻和明确了，劳动在不同的历史阶段都表现为不同的形式，在资本主义社会中它表现为雇佣劳动，在人类发展的不同时期都存在异化劳动现象，比如在人类早期，"个人把劳动的客观条件简单地看作是自己的东西，看作是自己的主体得到自我实现的无机自然"②，"这就是劳动同劳动的物质前提的天然统一。……个人把自己看作所有者，看作自己现实条件的主人"③。后来由于生产力的变革以及剩余劳动和私有财产的出现，随着劳动积极力量的不断扩大，劳动自身的消极力量被不断增强。马克思认为异化劳动的产生在于资本主义社会中劳动过程中目的和手段的分离，当二者分离时劳动与劳动者就沦为了一种为了实现生产目的的手段和工具，因此劳动具有了与自身相对的特征，当"物的世界的增值同人的世界的贬值成正比"④时，就产生了异化劳动。

海德格尔对马克思的异化理论进行了高度评价，他认为："因为马克思在体会到异化的时候深入到历史的本质性的一度中去了，所以马克思主义关于历史的观点比其余的历史学优越。但因为胡塞尔没有，据我看来萨特也没有在存在中认识到历史事物的本质性，所以现象学没有、存在主义也没达到这样的一度中，在此一度中才有可能有资格和马克思主义交谈。"⑤当他谈到马克思的共产主义理论时与异化理论同样具有生产论的特征，海德格尔指出马克思的共产主义理论具有存在论意蕴，尽管很多人对于马克思的共产主义理论有着不同的理解，但是可以确定的是如果只是把共产主义作为一种世界观或党派来理解的话，他就没有真正抓住马克思理论的真正精髓。

私有财产是异化劳动的结果，这是马克思对私有财产与异化劳动之间关系的进一步确定，因为人的劳动产生了异化所以才导致了私有财产的产生而不是相反。在生产的过程中，由于生产力的不断快速发展而使得剩余产品的产生，这不仅导致了一个新的阶级出现，生产管理与生产劳动的分离，使得这种分离具有一种必要

① 马克思恩格斯全集：第四十六卷下册[M].北京：人民出版社,1980:112.
② 马克思恩格斯全集：第四十六卷上册[M].北京：人民出版社,1979:483.
③ 马克思恩格斯全集：第四十六卷上册[M].北京：人民出版社,1979:471.
④ 马克思.1844年经济学哲学手稿[M].北京：人民出版社,2000:51.
⑤ 海德格尔.海德格尔选集[M].孙周兴,译.上海：上海三联书店,1996:282.

性。生产中的管理说明了生产产品被占有的前提与条件,而生产劳动则说明了生产产品被谁占有。

马克思指出在私有财产中包含着两种关系,即"私有财产的关系潜在地包含着作为劳动的私有财产的关系和作为资本的私有财产的关系,以及这两种表现的相互关系"①。其中,他把劳动力也作为私有财产之一,因为劳动者除了自身劳动力以外没有任何私有财产了,为了维持自身的生存,他必须依靠出卖自身的劳动力来与生产资料相结合,使自身可以进行生产和再生产;除此以外,资本家的私有财产就是资本,资本家在维持自己生存和进行生产时需要依靠占有生产资料,同时还需要购买生产力,他维持自身的方法就是不停地占有和购买他自身以外的东西来生存。那么这就是劳动和资本的对立,也是马克思所说的活的劳动与死的劳动,活的资本和死的资本的对立。资本主义社会中劳动与资本的对立直接体现为雇佣劳动制度,而这也是资本主义社会私有财产的最高形态的表现形式。

马克思发现了资本主义中劳动的秘密,他认为:"私有财产的主体本质,作为自为地存在着的活动、作为主体、作为个人的私有财产,就是劳动。"②在国民经济学阶段,经济学家对于经济问题的研究经历了重商、重农和重工三个阶段。在重商主义阶段以货币作为财富得以积累的根源,还没有发现劳动问题;在重农主义阶段发现了劳动是积累财富的主要手段,但是在对劳动进行规定时主要采取的是农业劳动,忽略了其他劳动形式;在重工主义阶段,以斯密和李嘉图为代表的经济学家认为一般的普遍性工业劳动是财富积累的根源,"我们看到,只有这时私有财产才能完成它对人的统治,并以最普遍的形式成为世界历史性的力量"③。

资本主义的私有财产制度表现为财产的异化,但是在其现象下最主要的是人也开始变得异化,"私有制使我们变得如此愚蠢而片面,以致一个对象,只有当它为我们拥有的时候,就是说,当它对我们来说作为资本而存在,或者它被我们直接占有,被我们吃、喝、穿、住等等的时候,简言之,在它被我们使用的时候,才是我们的""一切肉体的和精神的感觉都被这一切感觉的单纯异化即拥有的感觉所代替"。④人自身被异化,所有的事物包括所有的人都在被"所属"规定着,什么东西、什么人

① 马克思恩格斯全集:第三卷[M].北京:人民出版社,2002:283.
② 马克思恩格斯全集:第三卷[M].北京:人民出版社,2002:289.
③ 马克思恩格斯全集:第三卷[M].北京:人民出版社,2002:293.
④ 马克思恩格斯全集:第三卷[M].北京:人民出版社,2002:303.

是"你的"，什么东西、什么人是"我的"，在正常的关系下应该是先确定人的"我""你""他"，然后才能跟随人来确定物及其关系，确定"我的""你的""他的"，而在资本主义社会中的关系被异化，在社会中我们都会首先被确定"我的""你的""他的"，从而人自身才被确定"我""你""他"。也就是说，在资本主义私有制的统治下，人成为一种只有不断占有、使用、消费才能使自身生存下去的动物，人在物质上和精神上的富有和贫困都被简单地还原为物质上的富和穷，人的感觉特性和精神需求都被舍弃掉了。因此，马克思提出对人的感觉和特性进行彻底的解放，即对私有财产的扬弃。

私有财产的产生不仅没有满足人的正常需要，它还让人对物产生了一种变态的需要。这种需要不仅没有满足人的正常的生理欲望和心理欲求，而使人变得依赖物来自我实现和自我持存。人对于物尤其是商品和货币有一种贪婪，这种贪婪不仅没有给人带来充实感，反而让人觉得占有的越多他越空虚，因此私有财产的可怕不仅在于它在物质上造成了贫富两极化，阶级上造成了两个对立的阶级，它更是让人在精神上感到了贫穷和空虚，马克思提出对私有财产进行扬弃，人才能回到本真的状态，回到个性充实的状态。上面我们谈到了异化劳动是私有财产的根源，那么要扬弃私有财产首先就要扬弃异化劳动。在现代社会中我们已经进入了工业生产阶段，扬弃异化劳动在这个时代就是对工业劳动进行超越，对工人进行解放，工人解放可以成为对一般的和普遍的人的解放，"社会从私有财产等等解放出来、从奴役制解放出来，是通过工人解放这种政治形式来表现的，这并不是因为这里涉及的仅仅是工人的解放，而是因为工人的解放还包含普遍的人的解放；其所以如此，是因为整个的人类奴役制就包含在工人对生产的关系中，而一切奴役关系只不过是这种关系的变形和后果罢了"①。

二、"人自身的解放"——超越政治解放的人类解放

政治解放只是一种社会革命解放运动，它力图通过把市民社会从国家形式中分离出来而实现最终解放。政治解放经历了一个历史过程，在封建社会时期私人领域中的财产、家庭和劳动上升为国家要素并规定个体与国家之间的从属关系，旧市民社会的政治性质通过人们的政治革命被消灭掉，同时还把市民社会分割为个

---

① 马克思恩格斯全集：第三卷[M].北京：人民出版社,2002:2.

体及构成个体生活内容和规定个体地位的物质、精神要素。这时,政治革命把原来隐藏在市民社会中的政治精神激发出来,并构成了一个人民参与普遍事物的领域,即公共事务领域。公共事务领域与市民社会所具有的物质要素和精神要素没有关系,同时它还把人原有的生活方式和生活地位消解掉,在公共领域中相反每个个体都拥有了政治职能,每个个体的普遍事物成为他的普遍职能。资本主义的政治解放实现了从封建社会到资本主义社会的转变,它消亡了封建制度和封建社会以及它们所依据的旧有市民社会及其政治性质,资产阶级的政治解放最终使人性得到了解放、人的价值获得了尊重;除此以外,资产阶级所代表的个人精神与利己主义也成为新时代的主流;在资本主义兴起时,市民社会与政治国家进行了分离,资产阶级的人权,即自由、平等、财产、安全等内容在受到政府承认和保护的同时也制约着政府行为。

马克思在认识到资产阶级政治解放的积极意义时也指出了这种政治解放形式的限度。他认为,政治解放不是最终的人类解放,但是从历史事实上来看资本主义的政治解放是我们目前走向人类解放所需要经历的其中的环节。政治解放的本质就是把人从宗教当中解放出来,让宗教从公共领域回到私人领域中。因为原有的在市民社会中可以成为人反对一切人的战争精神已经在这一历史阶段失去了它的效用,所以它从先进的精神代表沦落为一种旧的精神,让人同自身的本质以及他人进行了分离。当宗教不是以国家精神的面貌出现时,人的自由才会被实现。

马克思认为,资产阶级所代表的阶级力量进行了政治解放,把人从封建制度及宗教统治中解放出来以及恢复了人的价值和尊严,政治解放的积极意义是承认了人的自主性和人权,这具有十分重大的意义。但是,同时资本主义社会中人与人之间的分离和冲突感越来越强,这就揭露了它所坚持的"天赋人权"观念的背后实际上是利己主义与政治解放之间的现实和理想的矛盾。至此,马克思从劳动角度对资本主义进行了现实批判,同时也指出了近代资产阶级政治解放自身所具有的历史局限性所在。

马克思认为:"政治解放的限度一开始就表现在:即使人还没有真正摆脱某种限制,国家也可以摆脱这种限制,即使人还不是自由人,国家也可以成为自由国家。"①政治解放自身对于人的本质的解放就没有达到人类解放的高度,它对人的

---

① 马克思恩格斯全集:第三卷[M].北京:人民出版社,2002:170.

本质理解并没有超出以个人权利为价值取向的自由主义范畴,人的权力在资本主义的实现方式就是以私有财产作为基础,所以在这样的政治经济体制下实现的只是有产者的自由和解放,那么这种实现中必然就包含着矛盾和冲突,在资产阶级推翻封建阶级时政治解放显示出了它的积极性,政治解放运动把封建制度和封建政治都进行了摧毁,并取消了人的被分类的等级制度,让所有人都有平等的地位,并使得国家成为公共事务的领域,当人可以自由地参与国家事务的时候一个真正的政治共同体就形成了,这不仅是理论上的结果,同时也是资产阶级在现实中通过政治解放所得到的结果。但是我们发现,资产阶级政治解放完成后,在现实情况中资本主义国家政治保障的是有产者、利己人的人权,显然这与理论中政治解放所要坚持的价值不符,这是目的和手段的本末倒置。除此以外,政治解放中所蕴含的冲突和矛盾还表现为理想中要实现的是平等人权,是每个人都拥有且不可被剥夺的,而这一理想在现实中却变成了只有一部分实现了拥有这样的权力。所以马克思认为资产阶级所带来的政治解放只是从政治形式上实现了人与人之间的平等,它只是对市民社会与政治国家进行了分离,人的平等问题在政治形式上得到了解决,但是在社会现实中人的等级差别依然存在,或者说这种政治差别变成了社会等级而已。马克思指出,资产阶级的政治革命所得到的最终结果就像基督教给人以尘世的许诺一样,基督徒在天国的平等与在尘世中的不平等正如政治革命所设想的人的权利平等与在现实世界中的不平等一样,而这种理想与现实生活中的冲突就构成了政治革命的内在限度问题,即资产阶级政治革命解放的只是有产阶级而不是消灭阶级的全部人类的解放。

马克思在了解到资产阶级政治解放的自身局限性后,在《犹太人问题》中对鲍威尔所认为的废除宗教形式就是人类解放的观点进行了深刻批判,马克思指出鲍威尔并没有对政治解放进行批判性的了解,而只是简单地把政治解放与普通人的解放联系在一起,强调"只有对政治解放本身的批判,才是对犹太人问题的最终批判,也才能使这个问题真正变成当代的普遍的问题"①。我们通过马克思对鲍威尔关于政治解放问题的批判可以看到马克思劳动理论已经超越了从"传统"转为"现代"这一解放模式,他基于对现实中资本主义经济情况的分析和判断提出要在"现代"中找到解放的力量,当他说现代的政治解放本身只是"当代的普遍的问题"时

---

① 马克思恩格斯全集:第三卷[M].北京:人民出版社,2002:168.

就已经对政治解放的限度进行了宣判,马克思关于政治解放的理解与以往哲学家对于宗教的批判有所不同,他对于政治解放的批判不是站在"过去"的角度来对现在的事实进行批判,而是一种对政治本质的批判。马克思对政治解放本质问题的理解是,曾经在政治解放之前的积极因素在政治解放完成后的国家中成为阻碍人类解放的力量,政治解放中的利己主义在市民社会中以一种新的宗教形式存在,即货币拜物教。此时,由政治解放所释放出来的物的力量反过来造成了人的异化,物对人的异化过程就是资本通过劳动形式来使自身增值的过程,这一过程最终引起了异化劳动的产生。马克思认为对政治解放的批判与对资产阶级雇佣制度的批判应当是一致的,对资产阶级雇佣劳动制度的批判包括对资产阶级雇佣劳动制度的实质性批判,同时也指出当政治解放的积极因素变为消极因素后,我们应该从雇佣劳动制度走向自由联合劳动制度。

马克思在看到异化劳动的根源所在后,指出正是由于资产阶级的雇佣劳动制度带来了劳动异化现象,并对资产阶级内部资本与雇佣劳动之间的尖锐矛盾进行了抨击,他在《1857—1858 年经济学手稿》中对雇佣劳动进行了定义并指出:"雇佣劳动是设定资本即生产资本的劳动,也就是说,是这样的活劳动,它不但把它作为活动来实现时所需要的那些物的条件,而且还把它作为劳动能力存在时所需要的那些客观要素,都作为同它自己相对立的异己的权力生产出来,作为自为存在的、不以它为转移的价值生产出来。"①马克思在对资本主义生产方式中的劳动异化现象进行科学的分析后指出了劳动异化产生的根源,这使其最终完成了对资本主义社会的经济学批判。

马克思以历史的眼光看到了资本主义社会的最终走向,他指出当资产阶级政治解放之后必然要走向一个以自由联合劳动为主的未来社会形式。因为这是由劳动走向异化劳动再返回到自身之中的劳动辩证法所决定的,资本主义的雇佣劳动制度必然要走向按需分配的劳动制度。马克思指出,无产者的阶级本性要求他们必须要消灭所有目前现存的生存条件,即消灭劳动来让异化劳动回归到自由自觉的活动状态,这就是劳动解放。劳动解放的本质就在于劳动自身从原有的生产活动、生产条件以及生产产品之间的异化关系中摆脱出来,当劳动变为一种自由自觉的活动时它才可以为个人全面自由地发展建立充分的物质条件。

---

① 马克思恩格斯全集:第三十卷[M].北京:人民出版社,1995:455-456.

马克思把劳动解放与人类解放联系在一起,他认为劳动解放是为了人的自由全面的发展,二者具有一致性。不同的生产方式适应不同的生产力,在生产力不断发展的今天,劳动自身要求对自己的本真状态有一个回归,所以这是摆脱异化劳动走向自由自觉的活动所必须经历的转折点和历史起点,资产阶级旧的生产方式已经成为不断发展的生产力的桎梏,同时也对人进行更加进步的生活方式产生了限制,所以我们需要一个更合理的生产方式和社会制度出现,即共产主义的生产方式。马克思指出:"共产主义和所有过去的运动不同的地方在于:它推翻一切旧的生产关系和交往关系的基础,并且第一次自觉地把一切自发形成的前提看作是前人的创造,消除这些前提的自发性,使它们受联合起来的个人的支配。因此,建立共产主义实质上具有经济的性质,这就是为这种联合创造各种物质条件,把现存的条件变成联合的条件。"①他认为,只有在共产主义中人才可以实现自主活动,才能按照自己的意愿来发展。至此,马克思把劳动解放与人类解放联系在了一起,他指出只有通过人类自由联合的劳动对雇佣劳动的扬弃,才能真正实现人类解放,当然马克思指出要想真正实现以自由人的联合劳动去替代雇佣劳动,作为社会革命的历史来看需要相当长的一段时间才能逐步完成。

马克思为了解决人类如何从政治解放走向人类解放问题,提出了"社会解放"概念,它是政治解放到人类解放过程中的必经环节。马克思在阐述政治解放已经无法解放人类,我们需要的是真正的人类解放时,清醒地看到人类解放也不是人大脑所臆想的思想活动,它不是设想的乌托邦式的革命形式,而是一种历史活动。马克思指出受到现实中历史条件的限制人类从政治解放到实现最终的人类解放需要漫长的时间和过程,他在《法兰西内战》中指出:"法国所有的健康力量都承认:在法国和欧洲,共和国只有作为社会共和国才有可能存在;这种共和国应该剥夺资本家和地主阶级手中的国家机器,而代之以公社;公社公开宣布'社会解放'是共和国的伟大目标,从而以公社的组织来保证这种社会改造。"②马克思的"社会解放"区别于"政治解放"和"人类解放",它的主要作用是通过无产阶级专政和民主等思想来帮助我们完成从资本主义社会到共产主义社会的转变。"社会解放"的任务是在消灭资产阶级政治统治权威的同时建立无产阶级国家专政制度,真正消灭资

---

① 马克思恩格斯选集:第一卷[M].北京:人民出版社,1995:122.
② 马克思恩格斯选集:第三卷[M].北京:人民出版社,1995:104－105.

产阶级的私有制制度及其基础上的政治力量以及雇佣劳动制度。"社会解放"的主体是无产阶级,他们必须通过无产阶级革命的形式来打破资产阶级旧的国家机器来最终建立无产阶级专政。马克思和恩格斯在《共产党宣言》中指出:"无产阶级将利用自己的政治统治,一步一步地夺取资产阶级的全部资本,把一切生产工具集中在国家即组织成为统治阶级的无产阶级手里,并且尽可能地增加生产力的总量。"①当然,"社会解放"并没有把无产阶级专政和生产资料公有制的建立视为最终的实现目的,它的主旨是要实现生产力的快速发展以此来为人类解放的到来积累丰富的物质基础,而当无产阶级革命真正来临时国家的形式及其政治的权威将慢慢消失,"公共职能将失去其政治性质,而变为维护真正社会利益的简单管理职能"②。共产主义的根本目标,是找到实现人类解放、促进人的全面自由发展的根本途径。

当然在无产阶级专政建立以后,这个政治国家将长期存在,不是消灭了政治国家形式和阶级对立人类解放就会马上实现。马克思强调了无产阶级专政的必然性和过渡性,并声称无产阶级的历史使命是为了最后实现人类解放的中间环节和前提,在这个过程中我们要首先消灭国家这种政治形式,为人类解放创造良好的经济、政治、文化条件。马克思指出,即使无产阶级是社会解放实现的政治国家形式,但是它自身还是具有之前资产阶级革命所留下的经济、道德等方面的痕迹,而其所提出的"按劳分配制度"也没有从资产阶级的框架中脱离出来,所以这才是存在于无产阶级专政当中的根本矛盾和冲突,这也证明了无产阶级专政只是政治解放迈向人类解放中的一个环节,社会解放最终没有超出由社会经济结构以及由经济结构所决定的社会文化的发展。

马克思指出无产阶级社会解放、资产阶级的政治解放、未来社会的人类解放三种解放方式的不同之处,同时指出了无产阶级的社会解放所具有的政治、经济和文化形态所拥有的自身原则。马克思在《法兰西内战》中对无产阶级专政的基本原则进行了详细解读,他认为公社制度奠定了共和国的民主制度,它是一种民主国家政权的真正体现形式。公社是人民通过社会解放来把原本属于社会、属于自身的权利从国家的手里收回,把原来统治自身和社会、压制自身和社会的力量变为一种

---

① 马克思恩格斯选集:第一卷[M].北京:人民出版社,1995:293.
② 马克思恩格斯选集:第三卷[M].北京:人民出版社,1995:227.

社会自身的生命力，用自身所构成的力量形式来代替原有的压迫他们的组织力量。无产阶级专政是自人类政治文明有史以来的一般性统治形式的一种颠覆，随着政府的纯粹性压迫机构被废除和摧毁，它由压迫人民和统治社会转变成了负责执行社会合理职能。

当然马克思也指出了无产阶级专政所带来的民主制度也不是最终的完全民主，无产阶级专政原则给人们带来的社会政治的和谐以及为人类解放提供的政治保障是其自身的积极性体现，但是毋庸置疑的是它仍然是一种未完成的民主状态。因为无产阶级专政制度所提供的公社形式只是在经济上让社会和人民获得了解放，但是它作为一种政治形式仍未超越阶级统治。只要它还处于阶级统治阶段，它就只是实现真正民主的过程和条件，它就必须向人类解放继续努力。马克思指出，公社只是一种有组织的工人阶级的社会运动所运用的行动手段，它只是社会解放的政治形式而已，虽然它切实地把劳动从私有制与雇佣劳动制度的异化关系中解放了出来，但是它并不能让我们走向真正的人类解放。值得肯定的是，与资产阶级政治解放中所具有的内在限度相比，无产阶级对于自身需要经历不同的历史阶段的这一过程是自知的，他们知道需要时间和过程才能完成由劳动奴役向自由人的联合劳动的转变，而在这一过程中所需要的不只是改变分配制度、产生新的生产形式这么简单，无产阶级的社会解放需要做的是把劳动从各种生产社会形式中解放出来，从政治性的阶级中解放出来，这样才能实现人类解放的最终目标。马克思有关政治解放、社会解放和人类解放的论述使我们看到，要实现最终人类解放、构建一个自由人的联合的理想社会形态，必须要经历一段漫长的过程。但是，我们可以肯定的是，无产阶级专政制度下的公社给我们带来的无产阶级民主原则以及公有制、劳动解放的原则使我们成为自然界和自己及其社会关系的主人，它对消除社会经济关系与政治关系之间的矛盾，对最终实现人类解放是必不可少的环节和过程。我们在进行社会主义现代化的进程中必须要继承并发展这种无产阶级专政所带来的民主性原则。

第二节 阿伦特行动理论——在公共领域中实现政治自由

自由与解放是马克思劳动理论要实现的终极目标，人的自由和解放都是以是否能够摆脱必然性自我进行支配为标准。而阿伦特则是在解放和自由之间做出了区分,阿伦特认为解放与自由并不相同,"解放是免于压制,自由则是一种政治生活方式。问题在于前者,也就是免于压制的意欲,可以在君主尽管不能在暴政,更不用说专制统治下实现,而后者则亟须形成一种新的,或者毋宁说是重新发现的政府形式;它要求构建共和制"①。

一、自由与解放的区别

阿伦特认为自由并非是简单地对必然性的超越,它不是人天然存在的本质,而只能是一种政治自由,也就是说自由只能在公共空间中得以实现,离开政治的自由不是真正的自由,离开自由的政治不是真正的政治。她认为从必然性中解脱出来的是解放而不是自由,而且自由作为政治概念也不应该停留在物质解放的层面,而是必须以政治实践的方式进入公共空间展开才算完成。当自由存在于行动和言说领域而不是在思想和哲学领域时才是真正的自由,所以阿伦特认为主观自由、内在自由、意志自由都不是真正的自由,自由是需要付出勇气、代价的,而收获的则是尊严、光荣和不朽。

阿伦特在《人的境况》中对自由进行了阐述,她指出:"自由意味着不受制于生命必然性或他人的强制,亦不受制于自己的强制。意味着既不统治人也不被人统治。"②她认为受到自然性支配的领域不会产生自由,因为自由本身意味着超越必然性,即超越生物的基本需要,人在摆脱必然性后才能获得自由。阿伦特对自由的理解不同于以往哲学家,她认为自由是超越自身及他人所给予的强制性,这主要是指人的生存需要以及情感控制等,被自然需要和被自然情感控制的人是不可能获得自由的,人自身内就包含着自由的我和不自由的我,在某一个时刻我是自由的,但在下一个时刻我可能是不自由的。她还指出自由也不存在于社会领域,因为社会领域充满的是统治关系,即人被他人统治、他人被我统治,只有超越了社会领域的人才是真正获得自由的人。很显然,古希腊城邦的自由观对阿伦特的思想影响很深,古希腊哲学家把公共领域和真实政治实践看作是真正摆脱了必然性和暴力的空间,阿伦特指出只有在政治领域和公共领域中才能产生真正的自由,而私人领

---

① 阿伦特.论革命[M].陈周旺,译.南京:译林出版社,2007:21-22.
② 阿伦特.人的境况[M].王寅丽,译.上海:上海人民出版社,2009:20.

域和家庭领域由于受到了必然性的统治，它们只能是"自然共同体"和"前政治现象"，人生活在家庭中首先需要满足的就是维持生命需要，在生活紧迫性必然性的统治下，人无自由可言。阿伦特指出，真正的自由在政治领域，即城邦中才能真正地实现，因为人们在建立城邦时他们的目的是参加政治活动，当然参加政治活动的人也需要首先维持生命需要，那么为了做出区分，在古希腊能够首先满足自身需求拥有家庭生活必需品的公民才可以参加城邦政治活动，这也导致了公民对奴隶的需求，可以说暴力是为了让自己拥有生活必需品从而进入政治领域的前政治条件，在私人领域统治和暴力是正当的，但是在进入公共领域时二者却是不合理的。

　　阿伦特将这种从生活必需品中摆脱出来的过程称为"解放"，能够得到"解放"的前提还有免于贫困和疾病，"贫穷和疾病都意味着受制于物理的必然性，此外作为一个奴隶还受制于人为的暴力"[①]，人只有拥有了财富和健康才有可能进入自由领域。当然阿伦特在论述"自由"和"解放"的关系时承认解放是自由的前提和条件，自由意味着人从私人领域的必然性中解放出来，但是她也强调"解放"并不等同于"自由"，"自由"会以"解放"为先导，但是"自由"不会随着"解放"的到来而随之而来，换句话说"自由"不是"解放"的结果。实现自由的必然条件中包括他人的存在和拥有共同的公共空间，当我们与他人在公共领域中遭遇时，人才能真正地体会到自由的意义，人可以通过自己的言说和行动自由地进入公共空间中。阿伦特指出，自由的本质是人的复数性，它需要有他人在场并且人要与他人有交往关系，如果只有一个人存在那就无所谓是否自由，人的本质只是需要在公共空间中自由地敞开自身以及与他人平等地交往。

　　阿伦特进一步阐述"解放"与"自由"在所实现的层面上有所不同，在经济和物质上的超越必然性叫"解放"，在政治意义上的叫"自由"。也就是说经济的解放不一定就会获得政治自由，被解放的人也不一定就追求政治自由，他们也许会在享受丰富的物质生活时把这种解放后的结果等同于自由，或者甚至认为他们不需要政治自由，那是乌托邦似的想象，而解放后所得到的才是真实所在。所以有一部分统治者就是这样做的，一方面改善民众的物质生活同时让他们错误地理解解放和自由的真实含义，将物质解放等同于获得自由。

　　阿伦特之所以强调自由只能在政治领域中实现是因为人可以在共享的公共空

---

　　① 阿伦特.人的境况[M].王寅丽,译.上海:上海人民出版社,2009:20.

间中通过言说和行动来自由地展现自己。所以这就需要形成一个以"自由王国"为核心的公共领域世界,在这个世界中人与人之间进行平等的沟通和交流。然而与政治领域相比私人领域比如家庭中人与人之间也会有交流,虽然他们也是一种共同体但是并不具有政治性,所以他们之间的交流没有政治意义,也就无从谈起是否是自由的。阿伦特认为在家庭或社会共同体中它们并没有超越物质和经济的原则,也就是说他们需要物质原则来维持自身的存在,也许这是一个"天鹅绒监狱",但是即使是天鹅绒也是监狱,在这里没有饥饿、没有痛苦,这种"监狱"的存在是前政治的,同样也没有自由。

阿伦特反复地强调自由一定是在政治领域中实现的,同时自由是政治领域存在的前提。自由、行动和政治就像我们每天都发生的事实一样如果不假设这个问题是否存在,我们就不会意识到这个问题并去证明这个问题一样。然而当我们谈到自由问题时就会意识到政治与人具有行动能力这一事实,所以阿伦特想表达的是自由、行动和政治之间就如同人的本质一样,当我们不是特别地把它列出来作为一个问题进行讨论时,我们可能习惯在生活中就是如此生活。

什么是阿伦特所理解的真正的政治自由呢?她指出,只有政治领域中才能实现真正的自由,即言说和行动展开的空间,其他有关于思想意识和意志的自由都不是真正的自由,"自由现象根本就不出现于思想王国","无论是自由还是不自由在我与我自己的对话中——这种对话曾经导致了伟大的哲学和形而上学问题——都是不能被经验到的"。① 在思想意识和哲学思辨中自由问题只是自我与自我之间的对话,尤其是哲学把自由看作是自身领域内的问题时,就会产生对自由的误解。阿伦特继续指出,自由应该是人的一种敞开的状态,它是通过政治活动所展开的公开实践,所以它与人的思想和感受完全无关。政治实践的本质就是公共性的实现,只有实现了公共性才可能获得真正的自由,如果不能呈现出公共性那就是非政治的,也就与真正的自由无关。阿伦特的这一观点与古希腊城邦政治对于自由的理解如出一辙,在古希腊城邦政治时期人与世界的关系连接是紧密的,所有在公共世界发生的事情都被认为是一种政治,而自由则产生于这样的城邦政治生活中。阿伦特指出,与私人领域和人的内心世界相比世界的本质就是"公共性",现实性作为世界的"公共性"本质,它的意义就在于与他人分享,它是生活在其中的所有人

---

① 贺照田.西方现代性的曲折与展开:第六辑[M].长春:吉林人民出版社,2002:369.

的世界。除此以外，阿伦特还认为，自由不应该是人的动机、意志等心理因素控制或决定的，它是一种行动的展开，"行动之所以是自由的，是因为它既不是智力指导的对象，也不是意志命令的对象"①。

自由不是一种选择，它不是在两个或多个选项中可以进行挑选的权利而是在众多目标中进行选择。在阿伦特看来这种"自由选择"并不是真正的政治自由，它是一种使"预定计划"实现的现实活动。只有行动的自由才能被称为是真正的政治自由，因为"不受作为行动的一种可预见效果的意向目标的规约"②，在公共领域中的政治行动在其实行的过程中不受动机的约束，它的展现过程就是实现自由的过程。与政治行动的自由相对，阿伦特指出了有一些行动的不自由，比如意志选择、未来目标的实现。由于这些行动本身都是"被决定的行动"，它们的共同特点都是在未来目标的指导下，当智力已经完全把握了目标的可行性后，人只需要用意志来命令行动实现目标，而这种行动是否最终完成不涉及自由问题，它只是需要足够坚强就可以实现，然而一个内心再坚强的人一旦没有自由，他还是一个不自由的人。

阿伦特指出政治自由应该是在没有任何必然性以及附属关系的前提下人在公共领域的自由敞开，政治自由所行使的自由原则不是产生于政治之外的，它不是一般意义上的对动机、意志等心理现象的规定，真正的自由原则并不是每一次政治行动的标准，它是当具体的政治行动在展开时都可以根据自己的情况来判断。

行动的原则与智力判断、意志命令不同，只有不带任何意志、目的、目标的行动本身才是自由"原则"的最充分体现，智力判断与行动相比具有优先性，意志在行动的展开过程中先于一切，当行动在展开的过程中判断失去了自身的"有效性"（validity）后，这表示了这次政治行动中判断的失误，命令的强度也会随着行动的过程时间逐渐拉长而变得消耗殆尽，唯一可以保持自身的就是行动的原则性，"与行动的目标不同的是，一项行动的原则可以不断地重复自己，取之不尽，用之不竭，而与行动的动机不同的是，一项原则的有效性是普遍的，与任何特定的个人或特定的团体并无不可分割的联系"③。行动的强度和有效性在过程中不会受损，可以说当行动展开时原则就开始有效，当行动结束时原则也就结束了，它与行动的时间

---

① 贺照田.西方现代性的曲折与展开：第六辑[M].长春：吉林人民出版社,2002:376.
② 贺照田.西方现代性的曲折与展开：第六辑[M].长春：吉林人民出版社,2002:376.
③ 贺照田.西方现代性的曲折与展开：第六辑[M].长春：吉林人民出版社,2002:377.

一致。

阿伦特的自由观主要强调的是自由与动机、意志、判断的不同,自由是人的本质,是必须呈现出来的和必须成为实际行动的,它是人的意识或心理。自由、行动是合二为一的。阿伦特指出,人的自由与自身所拥有的自由能力有所不同,行动与自由是同一的过程,当行动展开时自由也就呈现,当行动结束时自由的呈现也结束了。

二、政治参与理论的局限性

阿伦特的行动理论对于公共领域的阐述实际上是一种政治参与理论。"政治"概念进入现代以来被人们认为是一种权谋诡诈之术,是一种精于算计的策略活动,它被人们认为是一种恶的代表。但是阿伦特认为政治的本真状态并非如此,我们应当像古希腊城邦对于政治的理解一样来看待它,政治的本真状态应该是一种人的言说与行动的展开,也是人与人平等进行交往的状态,它是一种积极参与政治行动的状态。阿伦特看到政治在进入现代后的转变后,大声呼吁我们应该重新理解政治参与的重要性,反复强调何为行动、何为自由、何为公共领域和政治精神。阿伦特的行动理论有着典型的古典共和主义的鲜明立场,这与当代的自由主义有着明显的区别,与自由主义者把政治理解为制度和场所有所不同,阿伦特认为政治应当是古典理论对现代自由民主制度的猛烈批判,当然在自由主义那里阿伦特的行动理论很难得到承认。但是阿伦特指出,目前在现代社会中占主流思想的自由主义虽然认为人人都应该享受参政的权利,并视这一点为民主制度的基础,但是自由主义内又蕴含着一定程度的政治冷漠,阿伦特面对这种政治冷漠表达了她的不满,她认为正是人对政治的冷漠才导致了现代性政治危机,而这也正是现代性危机的起源。

阿伦特指出人在公共领域中行动,他愿意被人看到和听到,来展现自身时,他的价值和意义就被体现出来了,这是一种政治行动。但是显然我们可以找到反驳阿伦特观点的例子,并不是所有发生在公共领域中具有"显示性的行动"都是政治行动,比如师生在教室里就一个问题进行热烈的讨论,一方面展示了自己个性的一面,一方面也促进了彼此的沟通,但这并不是政治行动。所以,我们可以看出阿伦特政治行动中的宽泛性和空洞化,她对公共领域的实质性内容并没有严格的规定,她忽略了政治行动中对行动动机、政治行动策略和目的的考察,阿伦特认为只考虑纯粹的行动性时才会有纯粹的政治性，但是在现实中这点无法实现。阿伦特所坚持的行动的目的就是行动本身，在自由主义者看来，这是她的理论弊病，他们认为在现代的社会政治目的不可能是政治自身。

阿伦特在反复强调政治的过程中言说和行动展开的重要性，二者共同构成了政治生活的可能性。但是如何来理解言说，阿伦特指出人在公共领域中相互平等地进行沟通、商谈最后达成一致的意见，这确实是一个有效的政治形成的过程。但是言说的政治性是如何形成的？在生活中每个人都需要通过说话来表达自己的主张，人与人之间的交流都是依靠说话和言谈来构成的，但是这个日常生活中的言说与阿伦特所说的排除了物质经济、目的、意志等一切外在关系的政治语言有什么区别，在日常生活中很多言行都难以符合阿伦特所说的具有政治性的言说。当阿伦特把公共空间中的人与人之间的言行互动当作是一种政治行动的展开时，其实里面充满了各种矛盾，而对此她并没有给出明确的回应。

阿伦特的行动理论明确地强调权力的作用，并且对暴力进行否定。她认为暴力只能作为前政治的条件存在，它在私人领域中是合法的，但进入公共领域中就是非政治的。对于这点，阿伦特并没有看到公共领域中权力演变成暴力的可能性，她只是反复强调公共领域中的人们在共同行动的过程中产生了权力，人们在公共领域中通过言说和行动来进行沟通就避免了暴力产生的可能性。显然，在阿伦特这里权力是不可能向暴力进行演变的，但是事实并非如此，国际政治中的复杂的政治斗争以及各阶级之间的斗争都提供了有力的反驳证据，证明阿伦特关于权力和暴力的观点过于理想化。阿伦特行动理论的最突出问题就在于她为了向古希腊时期的城邦政治生活靠拢，把现代政治中的所有因素进行了过滤，创造了一个真空状态的公共领域，在这一空间中没有任何困扰和影响政治的因素，只有政治行动。然而在空间外的现实世界中，权力往往不仅仅是人们的一致联合行动，它要具有更为复杂的内涵和目的，对于这点阿伦特并没有考虑到，那么在她所构造的纯洁的公共领域中没有政治的技巧、没有各种利益之间的博弈、没有面对利益时选择不去行动的人，有的是向古希腊公民一样为了追求伟大和不朽而自愿参与政治生活的理想中的人，这种人就是具有公民的一切美德却对利益不屑一顾，但是在现实生活中却正好相反。

阿伦特以美国的政治和社会制度为例来分析重建公共领域的可能性，她认为在革命后如何使得革命精神继续发挥作用,我们除了需要建立相关的政治制度以保证革命精神的存在外还需要重建公共领域。阿伦特谈及了代议制和评议会制度,她指出美国采取的代议制民主是对革命精神的遗忘,因为代议制给人们带来的是把政治变成了一种行政管理,同时只有少数代表才能参与政治活动,选举制度的产生让重建公共领域的想法落空了,这最终造成的是公民们对于参与政治活动的冷漠,人们尝试在公共领域中体验政治活动带来的幸福和自由再一次失败了,他们不得不再次选择退回到私人领域中。总体来说,阿伦特对于现代政治的态度是非常失望的,在阿伦特的眼里只有像古希腊城邦的政治生活那样,让所有公民都参与到公共事务当中,从而体验政治带给人的热忱以及人对政治自由精神的向往,除了公共生活外对其他一切包括私人利益都要摒弃掉,现代的政治给予公民的选举权利并不是一种真正的政治权利,阿伦特认为公民在公共空间中通过言说来发表自己的意见,并在双方的交流中达成一致的意见,这才是真正的参与政治性活动。而这一点完全体现在评议会这个真正的共同体中,只有真正体现公共自由的革命精神时它才是真正的公共领域。乔治·凯特布对阿伦特进行了批判,他认为阿伦特并没有真正认识到美国政治中的代议制度,凯特布认为代议制形成了真正的行动场域。阿伦特指出美国代议制民主的缺陷在于,从行动本真的含义来看代议制只是关注了经济利益等问题,它对政治问题毫不关心,这是对政治本真状态的破坏。从阿伦特对美国政治制度的态度中我们可以看到,她认为政治应该是一种纯粹化的概念,与现实中的国家政治概念有所不同,在现实中福利国家的政治概念成为代议制的重要组成部分,"经济政治为真正的政治行动提供了根据"[①],现代政治的构建需要代议制的应用,所以它理应成为一种政治选择,但阿伦特并不同意这个观点,她认为只有议事会制度才能保证公民们进行充分的沟通和交流从而交换政治意见,但是这种过于理想化的制度如何保证政治效率,如何持存到最后都会成为一个问题。

哈贝马斯的公共领域理论深受阿伦特行动理论的影响,他对阿伦特所提出的"公共领域是意见的领域,它是一个人们经过自由言谈、讨论从而形成统一意见的公共领域"表示赞同,并且更加深化了这一观点。哈贝马斯赞同阿伦特对公共空间"自由性"的认定,在公共领域中人们自由地参加政治事务并自由地表达自己的意

---

① 汉森.汉娜·阿伦特:历史、政治与公民身份[M].南京:江苏人民出版社,2007:81.

见,这是阿伦特和哈贝马斯所共同强调的。但是二者在对公共领域继续深刻研究的过程中走向了两个不同的方向,阿伦特坚持政治应该回到古希腊城邦那种状态下才能实现,要摒弃经济、国家等外在形式而只关注政治本身,而哈贝马斯则跳出了阿伦特所要求的纯政治状态,他将目光集中在了资本主义现实中的公共领域中,他认为资产阶级的公共领域主要是为了解决普遍利益的问题而形成的一个由私人所自愿组合成的公共领域,在这一公共领域中哈贝马斯不像阿伦特一样追求的是伟大、卓越和不朽,哈贝马斯一直以市民社会作为公共领域的根基所在来进行分析,他关注的是公共生活的物质基础,研究的是人与人之间在公共领域中的交往行动,这是一种理性的沟通。而阿伦特则是强调公共生活的纯政治意义,去掉了公共生活中的经济、社会因素而把它放在了政治学范畴中进行抽象的研究,所以阿伦特的公共领域理论最终只能提出一个乌托邦似的政治共同体,而哈贝马斯则对阿伦特进行了超越,形成了自己独特的公共领域交往行为理论。

阿伦特在阐述关于政治本真状态的设想时总是在反复强调个体只有参与政治活动才能展现自己的意义所在,人自然地具有参与公共领域行动的热情,人对政治的参与精神必然要超过自身对物质经济的追求和渴望,阿伦特主张的是去追求公共生活的荣耀和不朽,这也是阿伦特以古希腊城邦作为政治生活典范的原因,阿伦特的行动理论可以看作是在现代意义对亚里士多德"人是政治动物"的重新阐释。阿伦特"古典政治"的倾向在现代社会显得有一些不合时宜,因为纯化政治在现实社会中没有持存的经济基础,政治得以实现的前提是它应该可以成为现实的物质和实际事物的理论保障,当一个概念的内涵足够丰富时它才可能具有现实可能性;除此以外,阿伦特对于人天生具有参与政治的热情这一观点并不十分可靠,但是她一直没有具体说明为什么人要天生对政治保有热情,而且天生是政治的动物,阿伦特对参与政治的强制性在现代多元主义自由民主的社会下变得很难寻找到具体的事例来确证,人并非是天生的政治动物,阿伦特劳动理论中所论述的纯化政治的状态在现实社会中只能是一种理想的乌托邦。

三、不涉社会、经济的政治如何可能

阿伦特强调公共领域行动中的"纯化政治"常常受到诟病,她认为只有公共领域中的政治生活才是人真正的生活状态,因为这种生活摒除了经济和社会因素,剩下的只有毫无物质利益等外在因素影响的"政治本真状态"。我们需要明确的是,阿伦特在何种意义上讨论政治生活？政治在抛却经济和社会因素后如何得以可能？显然，阿伦特在阐述行动理论时所涉及的政治概念并不是现代意义上的政治概念，她与马克思所谈的政治自由主义无关，也与国家政治和社会关系的政治制度无关，她仅仅是在自己设定的理论框架即类似于古希腊城邦政治生活的共同体中来讨论政治问题，所以阿伦特的政治概念是除去经济、社会因素的纯粹政治形态，但是她并不是否定了政治当中不应该含有经济与社会因素，而是力图排除这些因素的影响来考虑政治，是为了保证政治的纯粹性。阿伦特在坚持希腊城邦的意义上对现代社会的公共领域和私人领域进行了划分，并对行动与劳动、政治自由与社会解放等概念进行了重新阐释。但是这种不以现实社会为考察对象的公共政治空间，在现代社会是难以想象的。可以说，当阿伦特提出行动理论时就注定了对脱离社会、经济追寻的政治行动只能是徒有其表。

那为什么阿伦特要提出纯粹政治的本真状态呢？原因在于阿伦特看到了人在现代社会中政治生活已经被彻底颠覆的真实面貌。在现代社会中经济和社会问题已经成为人们所关注的核心问题，利己主义代替了人们对于道德、良知的追求，曾经以言行的卓越性、伟大的生活模式为理想的政治生活的行动被彻底打破，现代的政治生活已经走向了没落，人们在公共空间中体现的不是对政治生活的热情而是成为了更好地进行经济利益的划分而聚在一起进行沟通和商谈的场所。在现代社会经济成为所有一切关系的主宰，古老的政治崇高的地位已经消失殆尽，人不会再具有政治尊严。阿伦特在洞察现代性危机后指出现代性危机就是现代性政治的危机问题，而解决现代性政治危机的方法必须从古代中寻找，因为只有古希腊的城邦政治生活才是政治本真状态的典范，古希腊的城邦政治就摒弃了经济、社会等一切外在因素的影响，所以才能实现政治真正的尊严，才能体现出人的价值所在。阿伦特认为只有回归到古希腊政治城邦生活的状态才有可能解决现代性所带来的世界异化，才能够解决现代政治危机。

阿伦特强调公共领域中政治的自由性，因此与维持人生命必然性相关的因素都被排除在外，但是这不并不是说阿伦特坚决不承认经济和社会因素对政治的影响，她明确提出了拥有私人财产和社会地位是进入公共政治领域的前提条件。阿伦特主要反对的是现代社会人们对经济过于关注以至于把所有热情都投入经济中而忽略了政治生活从而打破了公共领域与私人领域之间的界限，她认为这是一种不当的行为。所以为了拯救公共领域阿伦特提出了与社会现实相反的观点,她把现代社会中的贫困问题、分配正义问题都归为在社会问题中而只关注公共领域的政治行动本身,她指出这些问题都可以用政治制度来解决,但是事实上如果把这些问题都纳入公共领域之内来进行分析和考量的话,它们也可以成为政治活动,但是阿伦特并不赞成这种做法。韦尔墨指出社会正义问题本身就是一个政治问题,对于社会正义问题的答案我们必须回到现实的经济、历史状况中去寻找答案。非政治的内容在阿伦特的理论中受到排斥是因为她认为经济的、生态的、制度等等方面都是影响政治行动进行的不必要的因素,这一点表明了阿伦特政治概念的过于纯粹性。

哈贝马斯和韦尔墨都对阿伦特的过于纯粹性的政治概念进行了批判,他指出社会、经济问题是现代政治的一部分,我们所遇到的所有政治问题都与社会和经济问题有关,所以不可能脱离它们单独谈政治问题,二者都认为阿伦特所设想的是一条排除所有社会经济问题的政治道路,她的行动理论排除了物质生产、社会阶层等一切相关内容,因此阿伦特走上了一条与现代社会相反的极端的自由绝境。纯粹的政治意味其内部不含有任何显示的内容。马歇尔·伯曼指出阿伦特给予政治行动和公共领域的是"编织了一堆华丽的辞藻"①,她从没有说清楚政治生活中包含什么,只是通过说明政治领域不包括社会、经济等外在因素来对其进行了说明,阿伦特的劳动理论力图构建一个纯粹的政治公共领域,这里面没有如何分配、没有福利、没有必然性需要等等与人息息相关的一切都被抛弃了。政治由于缺少是在内容成为一种理想和空壳,大部分的学者都认为这一点是阿伦特行动理论的主要弊病,正是这种纯政治化倾向使得她的劳动理论缺少了现实的根基。当然阿伦特的本意是想把政治与社会、经济进行严格的区分,但并不意味着她要消除一切只留下政治,她只是想通过这样的做法来突出政治行动的重要性,她在看到现代政治的没落后试图重新唤起人们对政治行动的热情,她认为人们应该对公共领域进行重建,并指出与现代人方式截然不同的政治生活的合理性存在。正像她对美国革命与法国革命进行比较时指出,美国发达的生产力为其进行革命提供了物质条件的保证,为人们进行政治行动提供了前提条件,而法国革命却不然。阿伦特对现代性所取

---

① 伯曼.一切坚固的东西都烟消云散了——现代性体验[M].徐大建,张辑,译.北京:商务印书馆,2003:165.

得经济成就也表示赞赏,但是她认为值得人们拥有的还是可以自由展现自身的公共领域的政治生活。无论如何,阿伦特所具有的排除社会经济因素的纯政治化概念仍为后人所诟病。

阿伦特的行动理论证明了其对现代性的态度还是过于消极的。她指出,目前的社会状况是现时代政治缺失的产物,政治生活和公共空间都被社会所吞噬,其空间慢慢变得萎缩,当政治彻底消逝后人的价值和尊严问题我们无从谈起。所以阿伦特呼吁人们应该重新重视政治生活并要恢复像古希腊城邦政治那样的自由状态。因为只有在那里人才能过上优良的政治生活。阿伦特为了对现代的公共领域重构,她采取了"宣扬政治参与的内在价值与贬低私人生活的价值"①的中间政策,她一方面推动公民对政治生活积极参与,另一方面对私人生活进行贬低,社会是私人领域的放大,家庭内部的管理转化为对国家事务的管理,个人仅在社会中进行政治生活是远远不够的,更重要的是人要积极参与政治活动。但是阿伦特低估了现代人们的真实需求,人们之所以远离政治生活是因为政治生活无法满足人类的实际需要,她指出:"我们迷恋于私人生活并不是(或不仅仅是)公共生活的贫乏的结果,而是私人生活的丰富的结果。我们之所以不再通过从事政治去寻求满足,是因为与古希腊人相比,我们的私人生活和社会生活更为丰富。……我们'现代人'却能够在亲密关系、爱恋、闲暇、消费和工作中得到很大的欢乐。"②阿伦特认为正是因为现代社会的人的私人领域的内容十分丰富,人们在私人领域已经获得了幸福感和充实感,所以人们鲜少再关心公共政治生活,就正如在古希腊时期人们对公共领域生活的热情一样,在现代社会人们把这种热情放在了私人领域中,这是一种必然性,也是一种现实性。

阿伦特对公共领域与私人领域这种"城墙之外无政治"的严格划分带有一种不切实际的浪漫主义情怀和精英主义的味道。阿伦特的劳动理论时刻体现出对希腊城邦政治生活的过于理想化以及对现代社会消极性的过于夸大,通过对阿伦特劳动理论的解读我们可以看到她所描述的理想的政治生活的美好,但是在现实中却无法实现。也许称阿伦特的劳动理论所构建的公共领域是一种乌托邦,因为它从未涉及现实社会中真实的政治所关注的问题,现实中的政治问题总是伴随着不

---

① 金里卡.当代政治哲学:下[M].刘莘,译.上海:上海三联书店,2004:533.
② 金里卡.当代政治哲学:下[M].刘莘,译.上海:上海三联书店,2004:533 – 537.

可调和的经济矛盾、文化差异、宗教分歧、阶级对立等等反面内容，但是阿伦特为了维护政治的纯粹性所以用政治行动清除了这些因素。她试图用这种方式来改变现代社会中的政治问题，但是事实上问题并没有得到真正的解决，相反阿伦特对现实和政治中所存在的问题越来越逃避，但是这些问题并不是摒弃就可以消失的，这些现实问题使得阿伦特劳动理论对于现实政治问题的回应稍显苍白无力，使得她陷入了政治与社会相分离的虚无主义的泥沼中。

第三节　在哲学与政治之间的马克思与阿伦特

马克思与阿伦特都对公共性问题进行了审视，虽然马克思并没有明确提出有关公共性的概念，但是在这一维度下对马克思劳动理论与阿伦特行动理论进行深化研究，有助于让我们重新理解现代社会的真实情况并为我们指明了如何构建未来社会提供了坚实的理论基础。

在阿伦特的行动理论中公共领域的特性就体现在公共性上，它具有政治、共同世界的丰富内涵。阿伦特明确表示，公民通过自己的言说和行动在公共空间中展现自身并与他人进行相互交往，"公共"是指"任何在公共场合出现的东西能被所有人看到和听到，有最大程度的公开性"①，它同时还意味着"世界本身"②。

人在公共领域中被他人看见、听见和感知的同时，他也去看见他人、听见他人和感知他人，在这一过程中他展现着自身并构成了实在。在这个相互的过程中人的差异性和复数性被完整地体现出来，阿伦特认为公共领域的存在保障了人的本质及其意义的存在，并且在人与他人的沟通过程中体现出了人的复数性和差异性。

总体来说，马克思的劳动理论中并没有关于公共性这一概念的明确表述和系统梳理，他对这一问题并没有进行过专门的分析和考察。但是我们可以从马克思的共产主义理论中发现其中所蕴含着的"公共"含义，而他思想中所蕴含着的丰富的公共性维度为后来的思想理论提供了丰富的理论资源。马克思以劳动作为原型对资本主义社会的生产方式进行了深刻的考察，从中发现了异化劳动的秘密，从而开启了对人现实自由本质的探寻之旅，马克思劳动理论中所提到的要实现共产主义的最终主旨是为了要实现人类解放，这一点与公共性所要实现的目标是一致的。

---

① 阿伦特. 人的境况[M]. 王寅丽，译. 上海：上海人民出版社，2009：32.
② 阿伦特. 人的境况[M]. 王寅丽，译. 上海：上海人民出版社，2009：34.

"公共"表示与他人共在,它不是抽象的存在,而是立足于实践本身的一种价值预设,马克思在对人的本质问题进行阐述时指出,"人的本质不是单个人所固有的抽象物,在其现实性上,它是一切社会关系的总和"①。人既不能作为一个孤立的个体存在,也不能被理解成一种从无数个体中抽象出来的普遍性的集合。人在马克思的劳动理论中被理解为是一种实践中的社会关系的体现,人身份的确证和显现需要有他者在场提供保障,那么他者在场就证明了人的存在需要公共性作为其前提条件。

除此以外,马克思还在分析社会形态发展的同时把公共性放在历史视阈中进行了考察。首先是在最初的社会形势下,人的生产能力还十分弱小,个人一般都需要依靠集体的力量才能生存下去,个体与他者之间必须存在某种依附关系人才能进行自身发展,这就是集体,即共同体的力量是十分巨大的,这是"人的依赖关系"阶段。在这一阶段,交换同劳动产品之间的关系取决于交换手段拥有社会力量的大小,交换手段拥有社会力量越小,它与劳动产品之间的关系越是密切,相反交换手段拥有社会力量越大,它与劳动产品之间的关系越疏远,在"人的依赖关系"阶段能把个体的人相互连接起来的共同体的力量是十分强大的,比如家长制、封建制度和行会制度等都是强大的古代共同体的代表。由于这一时期的共同体还属于封建制阶段的共同体,所以公共性在这一阶段内虽然有一部分自身的特性被展现出来,但是总体上来说它还带有一种虚幻的色彩。当生产力不断发展后逐渐形成了社会物质的变换和人多方面的需求,由此人进入了受到资本主义生产关系奴役的"物的依赖性"阶段,但是在这种生产关系下人们从原始的等级关系中摆脱出来。至此,公共性的内涵在人的交往不断扩大的基础上变得丰富起来。但是资本主义社会所带来的公共性并不是人与人之间的真正关系的体现而是一种虚假的公共性,因为资本主义社会本身的根源在其私有制上,而私有制带来的人的异化和物统治人的现象在现代社会都已经成为一种常态,人与人的关系也是异化的,所以从其社会性质上就不可能体现出真正的公共性,它能表现出的只是一种为了巩固和促进资本制度的公共性意识形态化,在资本主义私有制下公共性被私有制所统治,它被转换为一种维护其统治的私人意志的话语。当人类进入"自由个性"阶段,私有制被废除,人的自由本质被恢复,生产资料和生产力都被社会所有制共同占有并按

---

① 马克思恩格斯选集:第一卷[M].北京:人民出版社,1995:56.

需分配,马克思通过对劳动形式的分析看到了资本主义私有制的弊端并为了对其进行扬弃而最终对未来理想社会进行了描述,他认为未来的理想社会形式应该是共产主义——一个真正的"公共世界","共产主义是私有财产即人的自我异化的积极的扬弃,因而是通过人并且为了人而对人的本质的真正占有;因此,它是人向自身、向社会的即合乎人性的人的复归,这种复归是完全的、自觉的和在以往发展的全部财富的范围内生成的"①。

马克思指出,政治解放并不是真正的解放,社会解放是政治解放通向人类解放的必经环节。他主张通过对私有制进行扬弃而最终实现人类解放,构建一个自由人的联合体来代替被消灭的资产阶级旧制度,"每个人的自由发展是一切人的自由发展的条件"②。共产主义的理想是在生产力与生产关系相适合的公有制之下,用社会占有即公共的生产资料来进行劳动,在原来的资本主义社会中人的发展只是社会生产的手段,积累财富才是最终的目的,而在未来社会中人的发展成为目的,所以这是一个从"必然王国"走向"自由王国"的过程,但是我们也要注意到"自由王国"的实现必须以"必然王国"为基础而不能凭空实现。从本质上来看马克思劳动理论中的人类解放、共产主义与自由人的联合体都是相一致的,可以说这些概念的提出是在马克思对资本主义社会经济现实的批判中得出的,它们是马克思对未来社会的美好构想,是对人类美好生活的愿景。而在这种展望和构想中我们看到了马克思的公共性体现所在,即"人的个人性、群体的公共性、类的公共性统一了"③。在马克思的劳动理论中我们可以看到公共性概念的内涵演变,这正证明了他的理论是基于不同历史阶段以及现实基础上建立的,可以说,他正是在不断深入地对生产力与生产关系的考察中更加准确地阐发公共性的内涵,最后在自由人的联合体中人的自由个性才能显现出来,公共性通过保证人的自由全面发展和社会的理想状态来促进人自由本质的真正回归。

在对待公共性问题上,阿伦特认为马克思劳动理论最终主张通过消亡政治国家的形式来消灭国家与市民社会之间的矛盾,从而实现人类解放,但是这最终取消了政治的维度,她认为"在马克思的时代政府已经开始萎缩了,即被改造成了一种

---

① 马克思.1844年经济学哲学手稿[M].北京:人民出版社,2000:81.
② 马克思恩格斯选集:第一卷[M].北京:人民出版社,1995:294.
③ 贾英健.公共性视域——马克思哲学的当代阐释[M].北京:人民出版社,2009:15.

全国性的'家务管理'"①,阿伦特对于马克思的理解主要是基于她自身的政治存在论的立场,她不能接受马克思对国家政治形式的取消,她认为应该把经济和社会因素都排除在公共领域之外,人的本质的体现是公共性的政治。但是政治在马克思那里却是一种需要被消灭的异化力量,当阿伦特以政治存在论的角度看到政治维度在马克思劳动理论中被消解掉时,她断定了人的存在意义和价值已经不复存在,公共领域至此消失了。

虽然二者在公共性问题上的立场迥异,但是二者对于资本主义社会的批判态度是一致的,甚至从某种程度上讲二者有着一定的"相似性"。马克思对资本主义社会私有制所造成的人的异化以及资本统治进行了深刻的的批判,并试图通过消灭私有制来建立自由人的联合体以恢复人的自由本质,而阿伦特则是批判了当私人领域进入公共领域之时给公共领域带来的灾难,资本主义社会的兴起给政治行动带来了危机,随着一系列现代性政治困境的出现,公共领域逐渐衰落,我们失去了实现自身本质的机会。在马克思的劳动理论和阿伦特的行动理论之间有着相似之处,但是二者对于资本主义批判的本质以及方式却完全不同。面对现代性政治危机,阿伦特希望能够在古希腊城邦政治中找到解决现代性危机的方法,这不是一种向前看或者向后看的选择。阿伦特对马克思的劳动理论进行了深刻解读,但是她与马克思之间思想逻辑的不一致,最终导致了她对马克思劳动理论的解读并不精准或者说是一种误读。但是,我们无法否定在阿伦特行动理论与马克思劳动理论之间存在着相似之处,即二者都把自身的理论关注点放在了现实状况下的人的生存境遇和危机上,进而对资本主义社会的不同方面进行了批判。阿伦特认为虽然人从生产力奴役中被解放出来但是所有人仍处于被奴役的状态,当人受到必然性奴役而没有时间参与政治行动时就形成了现代性政治危机,而这最终导致了现代性危机以及公共领域衰落。而马克思则是通过资本主义社会中生产力与生产关系的矛盾分析出来异化劳动的存在,从而得出消灭私有制构建一个生产资料被社会集体占有,每个人联合起来形成自由人的联合体,即共产主义社会。在阿伦特与马克思的比较中我们看到,有一种古典和精英主义的倾向存在于阿伦特的行动理论中,但是值得肯定的是她的行动理论是对生活在现代社会中所有人生存境况的反思,从这一方面上来看阿伦特与马克思都看到了现代性人的生存境况出现了根

本性问题。马克思劳动理论中所提到的自由人的联合体以及所追求的人的自由全面的发展与阿伦特所描述的公共领域有着异曲同工之处,二者所描述的未来社会都以追寻自由和人的本质为最终目的,马克思的劳动理论提出从"必然王国"迈向"自由王国",而阿伦特的公共领域也是追求人的自由,具体来说应该是人的政治自由。所以阿伦特和马克思在公共性的价值认同方面有着相似之处。但是,最终阿伦特与马克思是不同的。马克思站在历史的洪流中,以资本主义社会的现实情况为基础展开自己对现代性的批判,并通过构建未来社会的图景来审视现代危机的情况,最终认为政治解放和社会解放都无法实现的自由全面发展,人类获得最终的自由只有通过解放自身才能得以实现。马克思绝不像阿伦特那样从政治出发来进行政治批判,他对政治的思考是在对资本主义经济生产过程进行批判的基础上来探讨的,以资本主义社会经济关系作为批判的基础对未来社会提出构想的。因此马克思的劳动理论是实践哲学层面上的比阿伦特的纯粹政治显得更为深刻。阿伦特的公共性思想与马克思的公共维度相比理想足够,但是实现的力量薄弱,马克思对资本主义社会的现实情况是现实有力的,而阿伦特抛却经济、社会因素而构建一个真空的状态让政治行动在其中展现。通过阿伦特行动理论与马克思劳动理论的比较,我们可以看到,阿伦特的行动理论为更加深入地理解马克思的劳动理论提供了一个多元的视角,但是阿伦特的理论并没有超越甚至是没有准确理解马克思所提出的自由人的联合体,即共产主义的设想,所以注定了阿伦特的理论最终只能是一种返回到古希腊城邦政治的乌托邦。

本 章 小 结

　　本章总体上来说属于结论部分,主要是在现代性人类解放问题的视阈下对马克思的劳动理论、阿伦特行动理论的当代意义和限度进行分析和阐释。马克思和阿伦特对于解放和自由的不同理解导致了二位哲学家哲学实现目标和理想的不同,即马克思的劳动理论最终走向了追求人类解放,阿伦特的劳动理论止步于政治解放。马克思劳动理论认为劳动是人的自由本质的自我确证,革命是人实现自由解放的"助产婆",通过革命,即推动劳动解放来实现人的个性自由,而阿伦特的行动理论虽也一直对人类生存状况及人的理想生存状态等问题保持关切,但是由于她认为真正的自由不可能在革命中实现,它只能存在于公共政治领域里,通过行动即人的言行来实现。对人的关切及终极关怀是所有哲学的最终归旨,在前四章里我们已经对马克思劳动理论和阿伦特行动理论的概念性分析、与政治哲学传统的关系、在现代性视阈下对二者的聚焦问题进行考察,最后我们把马克思劳动理论、阿伦特行动理论放在现代性视阈下人类解放的问题域中再对其进行反思和批判。通过这种批判性对话来揭示阿伦特行动理论的局限性并阐释马克思劳动理论在当代的理论意义,证明了马克思劳动理论在我们现实问题中还在为我们提供坚实的理论支撑和保持继续前行的动力。最后,再次回到哲学与政治之间来考察马克思和阿伦特,肯定二者对解决哲学与政治分裂、现代性危机问题所做出的积极努力,并提出两种不同的解决路径和方法,为新的政治哲学范式做出了伟大的尝试。

结语:继续前行的马克思
与回归传统的阿伦特

哲学与政治之间的关系问题在哲学史上一直是一个扑朔迷离的问题。对于这一问题,马克思和阿伦特从不同的视角分别给出了自己的答案。

阿伦特试图通过对人的精神生活进行考察以及使精神生活与行动生活进行融合的方式来重建公共领域,这种重建有利于我们恢复人的复数性特征,寻找消失的革命精神,重新理解权力的意义。阿伦特一直怀有恢复古典共和式的城邦政治生活的愿望,虽然古典时代的政治本真含义早已消失殆尽,但是她仍然向现代人大声疾呼表达政治生活的重要性。这是阿伦特在面对哲学与政治之间分裂关系所做出的主动回应,同时也是阿伦特行动理论的立足点、出发点和最终归宿。我们看到公共领域的衰落已成事实,回归政治生活的路注定漫长,但是阿伦特始终坚信着人"回家"的必要性和信心。阿伦特身体力行地告诉我们,行动才是人的本真存在和本真生活,只有实现人类政治自由才能获得最终与这个世界的和解,而要实现这一点我们必须回到古典共和的政治生活中去寻找答案。

与阿伦特不同的是,超越西方政治哲学传统的马克思哲学创建了一种救赎的政治,一种解放的政治,一种普世的政治,马克思的哲学所提出的这种"政治"解决之路是处在现代性危机下的我们所需要的。他通过对劳动的分析深入到现代性危机的实质性内容之中,通过对异化劳动的批判,对生产方式的变革,对社会制度的更迭,以实现人自由全面的发展,在马克思的自由人的联合体中,对资本主义私有制经济制度的根本变革,重建社会个人所有制,这是一条根本性的超越之路,一条是走向回归之路,一条是走向超越之路,从马克思和阿伦特开始分别选择劳动和行动作为二者哲学的阿基米德点的时候,就决定了二者方向的不同、结局的不同。一个是以劳动为基点,通过政治经济学批判,最终实现全人类的救赎和解放;一个是把行动作为始点,通过对政治和德性的拯救,最终实现人与世界的和解。从二者的哲学目标和哲学实现路径我们可以看到,阿伦特所坚持的并非是根本的方法,而是对现代性方向的一种修正而已,现代性的危机依然存在。但马克思的态度则完全不同,他不是对现代性的修正,而是对其进行整体性的超越。

马克思与阿伦特,两位相差近百年的哲学家,因为都关注人的自由解放问题而在当代进行了一场隐性对话。两位哲学家在哲学之路上的羁绊比我们想的要深得多,不仅是因为二者的理论都与西方政治哲学传统密切相关,更是因为阿伦特在某种程度上把自己的思想置于与马克思的思想相比较的过程中,把马克思的思想作为坐标轴以此来锤炼自己的哲学思想。所以,在一定意义上,我们可以说马克思是阿伦特哲学的引路人。马克思劳动理论与阿伦特行动理论的比较研究,为我们理解马克思和阿伦特的思想提供了新的视角。但是,最终马克思超越了阿伦特,两位哲学家坚持的哲学路径,即哲学的政治实现与政治的哲学实现,让阿伦特的公共领域的政治活动只能永远存在于纯净的政治世界之中,它只能是一种理想的乌托邦构想,"行动"问题只能止于此。而马克思的自由人的联合体则通过"劳动"这一现实的人类实践活动存在于历史经济的发展运动之中,现实性让马克思的劳动理论的革命意义在今天依然为我们所用。也许,阿伦特提出的"行动何以可能"的问题应最终复归于实践,公共领域问题可以从自由人的联合体中得到借鉴,未来政治哲学的走向应该是从阿伦特向马克思的复归。

无论是马克思还是阿伦特都是我们这个时代的伟大哲学家,尤其是在那个饱含困苦的年代中依然能够坚定"改变世界"和"爱这个世界"的理想。对马克思的劳动理论与阿伦特的行动理论的比较研究,为解决现代性危机提供了不同的道路,也为我们寻求新的政治哲学范式提供了丰富的理论资源。虽然阿伦特的尝试最后以失败告终,但是她给我们带来的关于哲学与政治问题的思考,让我们从另一个角度了解了马克思所坚持的"改变世界"的革命性意义所在,同时也让我们看到了马克思的劳动理论在今天依旧保持着前行的状态。

参考文献

一、中文译著与著作

[1]马克思,恩格斯.马克思恩格斯全集:第一卷[M].中共中央马克思恩格斯列宁斯大林著作编译局,编译.北京:人民出版社,2002.

[2]马克思,恩格斯.马克思恩格斯全集:第二卷[M].中共中央马克思恩格斯列宁斯大林著作编译局,编译.北京:人民出版社,2002.

[3]马克思,恩格斯.马克思恩格斯全集:第三卷[M].中共中央马克思恩格斯列宁斯大林著作编译局,编译.北京:人民出版社,2002.

[4]马克思,恩格斯.马克思恩格斯全集:第三十卷[M].中共中央马克思恩格斯列宁斯大林著作编译局,编译.北京:人民出版社,1982.

[5]马克思,恩格斯.马克思恩格斯全集:第四十六卷上[M].中共中央马克思恩格斯列宁斯大林著作编译局,编译.北京:人民出版社,1979.

[6]马克思,恩格斯.马克思恩格斯全集:第四十六卷下[M].中共中央马克思恩格斯列宁斯大林著作编译局,编译.北京:人民出版社,1980.

[7]马克思,恩格斯.马克思恩格斯选集:第1—4卷[M].中共中央马克思恩格斯列宁斯大林著作编译局,编译.北京:人民出版社,1995.

[8]马克思.1844年经济学——哲学手稿[M].中共中央马克思恩格斯列宁斯大林著作编译局,编译.北京:人民出版社,2000.

[9]马克思.资本论:第1—4卷[M].中共中央马克思恩格斯列宁斯大林著作编译局,编译.北京:人民出版社,2004.

[10]阿伦特.极权主义的起源[M].林骧华,译.北京:生活·读书·新知三联书店,2008.

[11]阿伦特.马克思与西方政治思想传统[M].2版.孙传钊,译.南京:江苏人

民出版社,2012.

[12]阿伦特.人的境况[M].王寅丽,译.上海:上海人民出版社,2009.

[13]阿伦特.过去与未来之间[M].王寅丽,张立立,译.南京:译林出版社,2011.

[14]阿伦特.耶路撒冷的艾希曼:伦理的现代困境[M].孙传钊,译.长春:吉林人民出版社,2003.

[15]阿伦特.黑暗时代的人们[M].王凌云,译.南京:江苏教育出版社,2006.

[16]阿伦特.独裁统治下的个人责任[M].陈联营,译.上海:上海人民出版社,2011.

[17]阿伦特.论暴力[M].郑辟瑞,译.上海:上海人民出版社,2012.

[18]阿伦特.康德政治哲学讲稿[M].曹明,苏婉儿,译.上海:上海人民出版社,2013.

[19]阿伦特.黑暗时代的人们[M].王凌云,译.南京:江苏教育出版社,2006.

[20]阿伦特.精神生活·思维[M].姜志辉,译.南京:江苏教育出版社,2006.

[21]阿伦特.精神生活·意志[M].姜志辉,译.南京:江苏教育出版社,2006.

[22]阿伦特.责任与判断[M].陈联营,译.上海:上海人民出版社,2011.

[23]阿伦特.马克思与西方政治思想传统[M].孙传钊,译.南京:江苏人民出版社,2006.

[24]亚里士多德.尼各马可伦理学[M].廖申白,译.北京:商务印书馆,2003.

[25]亚里士多德.形而上学[M].苗力田,译.北京:中国人民大学出版社,2003.

[26]亚里士多德.政治学[M].吴寿彭,译.北京:商务印书馆,1965.

[27]柏拉图.理想国[M].郭斌和,张竹明,译.北京:商务印书馆,1986.

[28]柏拉图.柏拉图对话集[M].王太庆,译.北京:商务印书馆,2004.

[29]柏拉图.蒂迈欧篇[M].谢文郁,译.上海:上海人民出版社,2005.

[30]奥古斯丁.上帝之城[M].王晓朝,译.北京:人民出版社,2006.

[31]奥古斯丁.论信望爱[M].许一新,译.北京:生活·读书·新知三联书店,2009.

[32]奥古斯丁.论自由意志[M].成官泯,译.上海:上海人民出版社,2010.

[33]康德.判断力批判[M].邓晓芒,译.北京:人民出版社,2002.

[34]康德.道德的形而上学原理[M].苗力田,译.上海:上海人民出版社,2005.

[35]海德格尔.存在与时间[M].修订本.陈嘉映,王庆节,译.北京:生活·读书·新知三联书店,2006.

[36]海德格尔.对亚里士多德的现象学解释——现象学研究导论[M].赵卫国,译.北京:华夏出版社,2012.

[37]雅斯贝尔斯.时代的精神状况[M].王德峰,译.上海:上海译文出版社,1997.

[38]雅斯贝尔斯.生存哲学[M].王玖兴,译.上海:上海译文出版社,2005.

[39]伽达默尔.伽达默尔集[M].邓安庆,译.上海:上海远东出版社,2002.

[40]汉森.汉娜·阿伦特:政治、历史与公民身份[M].刘佳林,译.南京:江苏人民出版社,2004.

[41]卡诺凡.阿伦特政治思想再释[M].陈高华,译.北京:人民出版社,2012.

[42]布鲁尔.阿伦特为什么重要[M].2版.刘北成,刘小鸥,译.南京:译林出版社,2009.

[43]布鲁尔.爱这个世界:阿伦特传[M].孙传钊,译.南京:江苏人民出版社,2009.

[44]潘琳.阿伦特与现代性的挑战[M].张云龙,译.南京:江苏人民出版社,2012.

[45]川崎修.阿伦特——公共性的复权[M].斯日,译.石家庄:河北教育出版社,2002.

[46]施米特.政治的浪漫派[M].冯克利,译.上海:上海人民出版社,2004.

[47]施米特.政治的概念[M].冯克利,译.上海:上海人民出版社,2003.

[48]韦伯.学术与政治[M].冯克利,译.上海:上海三联书店,2005.

[49]韦伯.新教伦理与资本主义精神[M].彭强,译.西安:陕西师范大学出版社,2002.

[50]阿尔都塞.保卫马克思[M].顾良,译.北京:商务印书馆,2006.

[51]阿尔都塞.读《资本论》[M].李其庆,冯文光,译.北京:中央编译出版

社,2001.

[52]阿多尔诺.否定的辩证法[M].张峰,译.重庆:重庆出版社,1993.

[53]麦克莱伦.马克思以后的马克思主义[M].李智,译.北京:中国人民大学出版社,2004.

[54]巴利巴尔.马克思的哲学[M].王吉会,译.北京:中国人民大学出版社,2007.

[55]德赛.马克思的复仇[M].汪澄清,译.北京:中国人民大学出版社,2006.

[56]金里卡.当代政治哲学[M].刘莘,译.上海:上海三联书店,2004.

[57]吉登斯.现代性的后果[M].田禾,译.南京:译林出版社,2000.

[58]詹明信.晚期资本主义的文化逻辑[M].上海:上海三联书店,1997.

[59]道格拉斯·凯尔纳,斯蒂文·贝斯特.后现代理论[M].张志斌,译.北京:中央编译出版社,2004.

[60]伯格.尼各马可伦理学义疏:亚里士多德与苏格拉底的对话[M].柯小刚,译.北京:华夏出版社,2011.

[61]赫费.实践哲学:亚里士多德模式[M].沈国琴,励洁丹,译.杭州:浙江大学出版社,2011.

[62]贺来.边界意识和人的解放[M].上海:上海人民出版社,2007.

[63]张盾.马克思的六个经典问题[M].北京:中国社会科学出版社,2009.

[64]张一兵.回到马克思[M].南京:江苏人民出版社,2005.

[65]俞吾金.从康德到马克思[M].南宁:广西人民出版社,2004.

[66]陈学明,马拥军.走近马克思[M].北京:东方出版社,2002.

[67]赵汀阳.坏世界研究:作为第一哲学的政治哲学[M].北京:中国人民大学出版社,2009.

[68]刘森林.辩证法的社会空间[M].长春:吉林人民出版社,2006.

[69]丁立群.实践哲学:传统与超越[M].北京:北京师范大学出版社,2012.

[70]张奎良.实践哲学与以人为本[M].郑州:河南人民出版社,2011.

[71]张奎良.马克思的哲学历程[M].上海:上海人民出版社,1993.

[72]康渝生.马克思主义哲学的人学致思理路[M].北京:社会科学文献出版社,2004.

[73]李楠明.价值主体:主体性研究的新视阈[M].北京:社会科学文献出版社,2005.

[74]臧峰宇.马克思政治哲学引论[M].北京:中央编译出版社,2009.

[75]徐长福.走向实践智慧——探寻实践哲学的新进路[M].北京:社会科学文献出版社,2008.

[76]孙磊.行动、伦理与公共空间:汉娜·阿伦特的交往政治哲学研究[M].北京:北京师范大学出版社,2013.

[77]涂文娟.政治及其公共性:阿伦特政治伦理研究[M].北京:中国社会科学出版社,2009.

[78]俞可平.社群主义[M].北京:东方出版社,2015.

[79]郁建兴.自由主义批判与自由理论的重建[M].上海:学林出版社,2000.

[80]应奇.从自由主义到后自由主义[M].上海:上海三联书店,2003.

[81]白刚.瓦解资本的逻辑[M].北京:中国社会科学出版社,2009.

[82]刘同舫.马克思人类解放理论的演进逻辑[M].北京:人民出版社,2011.

[83]欧阳光伟.现代哲学人类学[M].沈阳:辽宁人民出版社,1986.

[84]蔡英文.政治实践与公共空间——阿伦特政治思想[M].北京:新星出版社,2006.

[85]崔卫平.积极生活[M].北京:中国人民大学出版社,2003.

[86]王寅丽.汉娜·阿伦特:在哲学与政治之间[M].上海:上海人民出版社,2008.

[87]陈伟.阿伦特与政治的复归[M].北京:法律出版社,2008.

[88]袁久红.西方马克思主义的政治哲学[M].南京:东南大学出版社,2004.

[89]李英.历史唯物主义视阈下的自我实现研究[M].北京:中国社会科学出版社,2013.

二、中文论文

[1]丁立群.亚里士多德实践智慧思想及其复兴[J].世界哲学,2013(1).

[2]丁立群.理论与实践的关系:本真含义与变质形态——从亚里士多德实践哲学说起[J].哲学动态,2012(1).

[3]丁立群.理论哲学与实践哲学:孰为第一哲学?[J].哲学研究,2012(1).

[4]丁立群.实践哲学:两种对立的传统及其超越[J].马克思主义与现实,2012(2).

[5]丁立群.亚里士多德的实践哲学及其现代效应[J].哲学研究,2005(1).

[6]罗跃军.论托马斯·阿奎那对实践——行为的区分[J].现代哲学,2007(4).

[7]乐小军.汉娜·阿伦特论"拥有权利的权利"[J].哲学动态,2012(2).

[8]邓安庆."无形而上学的伦理学"之意义和限度——以亚里士多德《尼各马可伦理学》的三种论证为例[J].哲学动态,2011(1).

[9]金寿铁.雅斯贝尔斯与阿伦特:历史记忆和新的开端[J].社会科学,2011(1).

[10]乐小军.汉娜·阿伦特与伦理学问题[J].哲学动态,2011(6).

[11]舒红跃.对阿伦特技术观的解读与追问[J].自然辩证法研究,2011(8).

[12]谭安奎.政治行动与制度规范——对一个古典对立的再阐释[J].哲学研究,2007(7).

[13]张汝伦.极权主义和政治现代性——读《极权主义的起源》[J].现代哲学,2005(4).

[14]应奇.政治的审美化与自由的绝境[J].哲学研究,2003(4).

[15]刘英.汉娜·阿伦特关于"恶"的理论[J].武汉大学学报:人文科学版,2009(3).

[16]吴兴华.行动的没落——阿伦特论异化之源[J].华东师范大学学报:哲学社会科学版,2014(1).

[17]许章润.城墙之外无政治[J].读书,2010(2).

[18]仰海峰.阿伦特眼中的马克思——思想史语境中的重读与误释[J].吉林大学社会科学学报,2007(5).

[19]陈伟.汉娜·阿伦特与自由主义之反思[J].天津师范大学学报:社会科学版,2009(4).

[20]涂文娟.阿伦特政治哲学研究述评[J].哲学动态,2005(9).

[21]张云龙,陈合营.从生活世界到公共领域:现象学的政治哲学转向[J].人文杂志,2008(6).

[22]王宝霞.汉娜·阿伦特论政治的现代性及其危机[J].山东大学学报:哲学社会科学版,2009(6).

[23]白刚.西方政治思想传统中的马克思政治哲学[J].马克思主义研究,2010(4).

[24]王福生,曹广开.革命、解放与自由:阿伦特与马克思[J].东岳论丛,2012(7).

[25]冯婷.革命与政治自由——读汉娜·阿伦特《论革命》[J].中共浙江省委党校学报,2009(2).

[26]高信奇.共和主义视界中的政治参与图景[J].云南行政学院学报,2011(4).

[27]马俊峰.论阿伦特的共和主义思想[J].中南大学学报(社会科学版),2011(3).

[28]孙磊.谁之行动?何种自由?——阿伦特对马克思的思想挑战[J].南京社会科学,2012(3).

[29]龚群.何为政治哲学[J].吉首大学学报:社会科学版,2014(5).

[30]韩志伟,倪娜.论马克思哲学的实践概念[J].天津社会科学,2008(6).

[31]贺来.论马克思实践哲学的政治意蕴[J].中国哲学前沿,2008(2).

[32]黄洋.希腊城邦的公共空间与政治文化[J].历史研究,2001(5).

[33]张维垲.自由主义与共和主义自由观之比较分析[J].中共福建省委党校学报,2012(1).

[34]龚群.当代社群主义的共同体观念[J].社会科学辑刊,2013(1).

[35]任剑涛.当代西方关于"公共"的三种政治哲学的辩难与共识[J].中国人民大学学报,2011(1).

[36]顾肃.古典共和主义的当代阐释者——纪念阿伦特诞辰100周年[J].浙江学刊,2006(6).

[37]谭清华.马克思公共性思想初探——基于阿伦特、哈贝马斯和罗尔斯的比较视角[J].中国人民大学学报,2013(3).

[38]姚大志.社群主义和共同体的限度[J].江苏社会科学,2013(2).

[39]史献芝,刘建明.自由主义与社群主义之争:国家观的视角[J].湖北社会

科学,2010(7).

[40]王志东.自由人联合体:重新建立个人所有制[J].长沙理工大学学报(社会科学版),2015(3).

[41]高广旭.论马克思对现代政治结构的批判与超越[J].兰州学刊,2015(4).

[42]马俊峰,杨晓东.政治哲学视域中共同体概念的嬗变[J].华北电力大学学报:社会科学版,2012(4).

[43]马俊峰,杨晓东.马克思与公社共同体[J].燕山大学学报:哲学社会科学版,2012(3).

[44]高明,从霍布斯状态到永久和平——康德宗教哲学中的伦理共同体思想[J].甘肃理论学刊,2012(1).

[45]王代月,万林艳.从共同体到虚幻的共同体:马克思国家观嬗变的原因探究[J].北京行政学院学报,2011(1).

三、外文著作

[1]CANOVAN M. Hannah Arendt:A Reinterpretation of Her Political Thought[M]. Cambridge:Cambridge University Press,1992.

[2]PASSERIN M. The Political Philosophy of Hannah Arendt[M]. London:Routledge,1994.

[3]RING J. The Political Consequences of Thinking[M]. Albany:State University of New York Press,1997.

[4]DOSSA S. The Public Realm and The Public Self:The Political Theory of Hannah Arendt[M]. Waterloo,Ontario:Wilfred Laurier University Press,1988.

[5]HANSEN P. Hannah Arendt:Politics,History and Citizenship[M]. Cambridge:Polity Press,1993.

[6]VILLA D. Arendt and Heidegger:The Fate of the Political[M]. Princeton:Princeton University Press,1996.

[7]BOWEN-MOORE P. Hannah Arendt's Philosophy of Natality[M]. London:Macmillan,1989.